INDIA
A History in Objects

大英博物館裡的
印度史

T. RICHARD BLURTON
T. 理查・布朗頓

著

洪世民——譯

INDIA
A HISTORY
IN OBJECTS

目次

阿富汗

喀什米爾史馬斯特　吉爾吉特

馬爾丹
巴米揚　賈拉拉巴德
喀布爾　　　　　巴格　　斯里納加爾　　　阿爾奇
白沙瓦　塔克西拉
賈斯羅塔　巴斯霍赫利
拉合爾　阿姆利則　巴胡

喜馬拉雅山

哈拉巴　　　　　　　　亞穆納河

卡利班甘　　　　　　　恆河

尼泊爾
梅赫爾格爾　　　　　　　密拉特
新德里
納爾　　　　　　　　　　沃林達文
莫汗佐—達羅　　　齋浦爾　馬圖拉　　勒克瑙
巴基斯坦　　　吉申格爾　阿格拉
久德浦　　　　　　　　　瓜廖爾　　　安拉阿巴德　鹿野苑
阿傑梅爾　　　　　　　　　　　憍賞彌　瓦拉那
喀拉蚩　　　　納特德瓦拉　　本迪
烏代浦　　　　科塔
普傑
艾哈邁達巴德　　　　　桑吉
巴羅達　納爾默達河　比莫貝特卡
達布蒂河　　甘傑利亞　默哈訥迪
蘇拉特
阿旃陀
埃洛拉　　　　　　　印度
哥達瓦里河
孟買　　　　　　德干高原
象島
浦那　　比德爾
比賈布爾　海德拉巴
戈爾孔達　　阿馬拉瓦蒂
奎師那河
果阿　　毗奢耶那伽羅

阿堤蘭帕坎　清奈
什拉瓦納貝拉戈拉　甘吉布勒姆　馬馬拉普拉姆
邁索爾
尼爾吉里里丘陵
奇丹巴拉姆
卡弗里河　坦賈武爾

阿拉伯海

印度洋

阿努拉德普勒
波隆納魯瓦
可倫坡
斯里蘭卡

薩特列

印度河

印度河

0　　　　　　　　500 哩
0　　　500　　　1000 公里

印度及鄰近地區

在這本書裡，「印度」一詞是取用其歷史意義，泛指南亞，多數情況下非指印度這個現代國家。因此，現今巴基斯坦、印度、尼泊爾、孟加拉、斯里蘭卡都在討論之列。

現代南亞有些地名在最近數十年變更，且進一步的易名持續進行。本書在指古代地點時會沿用舊名，但在講述現代地點時會寫出現代名稱；例如過去的城市使用 Bombay，現今的城市使用 Mumbai。

序

　　本書探討南亞文化史。這個區域今天是由下列國家組成：巴基斯坦、印度、尼泊爾、孟加拉和斯里蘭卡。在今日南亞，印度是全球人口第二多的國家，僅次於中國。不過這個統計可能馬上就會出現變化，使印度成為人口最多的國家：目前已接近 14 億。這巨大的數字暗示這座次大陸具有另一項特色——文化多采多姿、包羅萬象。本書將以圖例介紹從中挑選的文化題材；但種類實在太多太廣，我們只能精選其中一部分。這些主題將置於寬廣的時間框架中，不過其中一些，例如象牙的使用、說故事的悠久傳統，或是諸如《羅摩衍那》等史詩，則跨越了年代的界線。本書討論的物件最早來自 150 萬年前的舊石器時代；最新的則是一件 2016 年製作的藝術品。

　　南亞的多元也清楚反映在語言、文字、族群、宗教和建築上。光是語言就夠豐富龐雜了。在南亞說的數百種語言以四大語系為代表：印歐語系、德拉維達語系、南島語系、藏緬語系。今天光是在印度，就有超過 20 種官方語言和好幾種文字。這些造成巨大的區域差異和分別發展。南亞許多文字都承襲自古代的婆羅米文字，而婆羅米文或許是經由接觸亞蘭文字而產生（亞蘭文是古波斯帝國使用的文字，帝國領土曾涵蓋今巴基斯坦）。後來的文字，例如波斯語和烏爾都語使用的阿拉伯文，以及英語使用的羅馬字母，則反映較近期的歷史。

　　20 世紀時，語言一直是備受爭議的領域，不時被用來劃定國家（說烏爾都語的劃為巴基斯坦，說孟加拉語的劃為孟加拉），以及現代印度的區域單位（安得拉邦說泰盧固語〔 Telugu 〕；泰米爾納德邦說泰米爾語；喀拉拉邦說馬拉雅拉姆語）。討論這個主題會產生各種可能的誤解，不過，大致而言，印度次大陸北部的語言，包括烏爾都語、旁遮普語、印地語、孟加拉語等，都屬於印歐語系。這並不代表說這些語言的民眾都有相同的起源；族群和語言是兩回事。事實上，顯而易見的是，南亞的民族複雜多元，且反映了接觸、旅行、貿易和軍事參與的歷史。既然有這種情況，多語制度自然普遍、深刻且有其必要。

土地

就地質而言，南亞次大陸是由南部和北部兩個基本單位組成。南部，也就是地圖上那個倒三角形、西濱阿拉伯海、東臨孟加拉灣的部分，主要由中央的德干高原構成，地勢由西向東傾斜，南方的頂點則為今泰米爾納德邦的平原。更南邊的斯里蘭卡今天被視為島嶼，但地質上與泰米爾納德相連。德干高原山地的地質相當古老，當今世上最久遠的一些露頭岩層表面，可溯至大陸漂移將此地區連上北方的歐亞大陸板塊之前。由於岩石無所不在，石工建築在這個地區相當普遍。（圖一）

德干高原以北的北部地區，以橫貫北方的喜馬拉雅山脈（圖二）為特徵。這些山脈是在較近的地質年代，因古德干大陸碰撞歐亞大陸板塊而隆起，這個過程持續至今。由於南方板塊擠壓到北方板塊底下，因而推升出喜馬拉雅山脈。多條發源自喜馬拉雅山脈的河流，最重要的包括印度河、亞穆納河、恆河和布拉馬普特拉河，數萬年間在河谷沉積了大量淤泥，使印度平原北部土壤肥沃，且在古代林木蓊鬱。不過，林地清除殆盡後，這些地區的肥沃就須仰賴季風：北部每年六月開始的雨季（東南部的雨則從十月開始下）方能維繫。這些河

喜馬拉雅山橫貫巴基斯坦、印度、尼泊爾和不丹北部，坐擁世界最高峰，即位於尼泊爾和西藏邊境的聖母峰，以及巴基斯坦的K2和印度尼泊爾邊境的干城章嘉峰（分別為世界第二、第三高峰）。對印度次大陸多數居民來說，這些遠山沁人心脾的涼爽，也是宗教苦行與成就之地，更是神明的住所，永遠令人嚮往。

谷富於沖積土，但並不盛產岩石。因此這裡成了以磚造建築為主的地區。自古以來，只有宮殿、堡壘、富人宗教場所會用石造，石塊多半是從遠方採石場運來（主要的例外是西南部的信德、古加拉特、拉賈斯坦等地區，當地找得到建築石材）。從山脈往西北方開闊的河谷為商人提供雙向貿易路線，也為軍隊提供進犯南亞的途徑。

　　南亞的地理多樣性造就了豐富的植被，從山地的松林到亞熱帶的闊葉林，以及介於中間的種種。這意味這座次大陸的歷史故事在外圍，而非中心。史上固然不乏中央強權獨霸的時候，但這些其實是例外。不同的外圍地區——多半是以地理區為基準——常與前文提到的互異語言區相一致。

宗教

　　南亞向來是宗教多元之地。有四大世界主要宗教發源於此——佛教、印度教、耆那教、錫克教。其他來自次大陸外面的宗教，例如祆教、伊斯蘭和基督教，也一直占有顯著地位。佛教、印度教、耆那教都留下橫跨過去兩千年的建築和雕塑等物證，基督教紀錄較短，但也很重要。錫克教和伊斯蘭較不注重形象營造，但在建造敬拜場所，

如錫克廟（gurudwara）和清真寺則表現突出。

　　將神明想像成人形向來是印度文化的特色，在佛教和印度教尤其顯著；寺廟外擺滿人形雕塑的裝飾風格，就非常清楚地反映這點。南亞文化中，人形常被用來表現概念：如語言被賦予瓦赫（Vach）女神的形象加以崇敬，諸如喜馬拉雅山和恆河等自然特徵都被賦予男女性別，在文本裡奉為神聖的哲學概念也被人格化——例如佛教的「般若波羅蜜多」意味「智慧圓融」。

　　所有在南亞實踐的宗教都回應朝聖的概念：朝聖者行走的路線在這塊大陸縱橫交錯，虔誠信徒蒐集的神聖紀念物從此端帶到彼端。與此息息相關的是這片土地，以及它的自然要素——河流、山脈、神聖島嶼——具有神聖性質的概念。這樣的特點在印度教及佛教的朝聖中得到充份證明，不過南亞所有宗教都有朝聖的慣例（圖三）。

　　雕塑所用的材料不一而足。岩石和青銅是優越背景的首要材料，例如寺廟（我們主要就是從寺廟開始理解南亞文化）。木材只用於山區，例如喜馬拉雅的山麓丘陵或孟買南方的高止山脈。不過，從以往到現在，赤陶一直是最常見的雕塑材料。陶土雕塑在西元前 6000 紀即已出現，一路延續到當代，鄉村工坊和城市畫室仍在創作的事實提

圖三　尼札穆丁・奧利亞聖祠，或「達爾噶清真寺」

尼札穆丁・奧利亞（Nizamuddin Auliya，1238–1325）是蘇菲派契斯提教團（sufi Chishti order）最知名的成員之一，定居於德里，後來也葬在那裡。他的陵墓吸引次大陸各地的朝聖者，特別是在每年「烏爾斯」（urs），即忌日時。穆斯林和印度教徒都會前來紀念這位聖者，並參與「卡瓦力」（qawwali，蘇菲派在聖祠裡情感豐沛的吟唱）演出。同一建築群裡也有其他人的陵墓，包括詩人阿米爾・庫斯洛（Amir Khusrau，1253–1325）。

圖四　在維拉里馬來（Virali-malai）獻祭給阿耶納神的陶馬，蒂魯吉拉帕利（Tiruchirappalli）附近。

這些色彩鮮豔、獻祭給「村界之神」阿耶納（Ai-yyanar）的馬匹，是泰米爾納德邦的一大特色。這位負責照看村落安全的村神向信徒收取馬匹，以便在天黑時能繼續監視。這些馬形雕塑的個別部分如腿、身體、頭，是分別在陶輪上製作，用濕黏土黏合後再雕刻細節、全身上色。這類獻給地方神明的禮物除了陶馬，有時也有象和虎，在印度各地鄉村的戶外神殿都看得到。

醒我們，泥土在南亞具有神聖的價值（圖四）。

從西元後第一個千年的中葉開始，南亞的地貌不再由王公貴族的宅邸獨霸，而是遍布神明的住所——寺廟、清真寺、神殿和陵墓。例如，我們對南印度朱羅國王的宮殿幾乎一無所知（那無疑是木造，因此沒有存留下來）。然而，同時代的寺廟，例如坦賈武爾的布里哈迪希瓦拉神廟（Brihadishvara），至今仍雄偉莊嚴地屹立。在南亞，宗教建築的營造是展現地位、財富與權力的標準方式。一直要到近代之初，伊斯蘭來到次大陸開始，歷經最重要的蒙兀兒人、其繼任者，以及最後的英國人統治時期，世俗的建築才變得重要。在這裡，我們或許可以把蒙兀兒皇帝沙賈漢在阿格拉（Agra）興建的堡壘、久德浦（Jodhpur）的梅蘭加爾堡（Mehrangarh），或英國人在新德里建造的宮殿，想成總督府和現在印度總統的官邸。這些世俗建築之豪華壯麗不遜於早七、八百年建造的布里哈迪希瓦拉神廟。

紡織品與色彩

色彩是南亞文化最明顯、最一致，確實也是最令人愉快的元素之一（圖五）。從過去到現在，印度世界一直被認為色彩繽紛，不論是南印度神廟入口外面的彩繪人物雕塑，或在市集販售的流行印花布。

圖五　馬拉巴爾的泰暘迷幻劇

一年一度，在喀拉拉邦北部的寺廟區，「泰暘」（theyyam）的儀式執行者會被神明附身。這裡（喀拉拉邦北部坎努爾區伽魯坤奴的 Ukkummal Chamundi 神廟），濕婆神的化身「古厲坎」（Gulikan）頭戴彩繪木雕面具，身穿嫩椰葉切絲製成的服裝。他揮舞著三叉戟，身體塗滿米糊。女神「查蒙蒂」（Chamundi）的鮮紅頭飾反過來擺，形成反襯古厲坎人形的戲劇性背景。南亞文化的古老元素在此一覽無遺——神的世界透過戲劇敘事、濃豔的色彩、戴面具的儀式者、迷幻狀態來呈現——也讓我們了解，神有多容易在人類世界現身。

藝術家和工匠代代相傳，是技藝精湛的色彩搭配倡導者。印度繪畫即為明證，而不同心智狀態有不同專屬色彩的理論，更讓賞畫成為令人興奮的體驗。深諳色彩的力量，加上很早就精通棉絲紡織技術（都是在西元前 3000 紀即已熟悉），意味世界各地至少已為五顏六色的印度紡織品目眩神迷兩千年，不論在古羅馬時代，中世紀東南亞、中國和日本，或近幾百年的歐洲和非洲——就連 21 世紀的米蘭時裝店也不例外。

總結

　　本書的目標是在藝術作品與歷史變遷之間建立連結。我們已憑藉大英博物館的收藏做到這件事。這批收藏是在過去兩百五十多年的累積，琳瑯滿目，充分反映印度次大陸的文化。本書介紹的許多作品純粹是以美學標準挑選；然而，在我們全球化的世界，這還有更深一層的目的。誠然，不去了解本身以外的文化，我們的心靈會愈來愈貧瘠。南亞人——包括身在亞洲，以及今天散布其他大陸的南亞人——占了世界五分之一的人口，因此我們有必要加以了解。這本書只是個微不足道的嘗試。

大事紀

約 150 萬年前	泰米爾納德阿堤蘭帕坎遺址出土最早的人造工具
西元前 45,000–10,000 年	南亞細石器文化
約西元前 7000 年	俾路支斯坦出現最早的都市文明
約西元前 2500–1800 年	印度河文明
約西元前 2450–2220 年	南亞出現最早的棉織和紡紗證物
約西元前 2000–1000 年	印度中部的銅窖藏文化
約西元前 1500 年	《吠陀》口述彙編
西元前 2 世紀晚期 – 約西元前 100 年	南印度鐵器時代
約西元前 8 世紀	恆河谷地都市化
約西元前 700 年	最早的《奧義書》口述彙整
約西元前 5 世紀	佛陀傳道
約西元前 5 世紀	摩訶毘羅傳道
約西元前 400 年	首度鑄幣
約西元前 4 世紀或更早	梵語語法家般尼尼
西元前 4 世紀初	斯里蘭卡阿努拉德普勒設防
西元前 269/8–232 年	阿育王統治；阿育王的石刻碑文中出現印度文字的首例，即婆羅米文字

1 史前時代及歷史時代初期

150萬年前至西元前3世紀

　　南亞的早期文化史支離破碎，不過相當明確的是，人類已經在那裡生活很久了。從泰米爾納德邦的阿堤蘭帕坎（Attirampakkam）等遺址，都發現了狩獵、剝除野生動物毛皮和挖根的工具（圖一）。時間最早可能在一百五十萬年前。從這些工具，我們可以略知當時的社會是如何與世界接觸，甚至欣賞怎樣的美學。印度南部的舊石器時代為時甚久，但是到西元前四萬五千年，削鑿石頭的技術已充分發展，可製作出細石器了。也在這時，南亞人開始使用洞穴遮蔽。這是當地漫長穴居傳統的濫觴，後來，這項傳統在佛教及耆那教建築，以及《羅摩衍那》等史詩發揚光大。這樣的洞穴也誕生一些最早的繪畫（圖二）。

　　從西元前 7000 紀開始，這些分布甚廣的文化逐漸被新石器文化取代，陶製品和小麥、綿羊、山羊的馴化都是證據——不過距離印度南部很遠。俾路支斯坦梅赫爾格爾（Mehrarth）的挖掘成果徹底扭轉了我們對早期南亞的了解。印度河文明在 20 世紀被發現，也同樣具啟發意義；在現今巴基斯坦、印度、阿富汗等國，先後發現西元前 2500 至前 1800 年左右的遺址。諸如莫汗佐—達羅（Mohenjo-daro，圖三）和哈拉巴（Harappa）（巴基斯坦）、卡利班甘（Kalibangan）和多拉維拉（Dholavira）

（印度）都市中心，暗示這些聚落的發展精細複雜。

印度河文明衰弱的原因不明，在考古學紀錄中沒有明顯的單一災難性事件。我們從口語傳播的文本《吠陀》（數個世紀後寫下，但或許是反映西元前 1500 年左右的時代）認識說早期梵語（屬印歐語系）的民眾。《吠陀》是南亞現存最早的文獻，分成四集，第一集為《梨俱吠陀》，記錄五河流域（今旁遮普）的生活，後三集則記錄印度河─恆河分水嶺以外的地區。這暗示當時的民眾是從西向東遷徙，而現今學者大多認定有一群印歐語系移民來到這裡，和原有印度河人口通婚。《吠陀》沒有提到城市聚落，只說到一支游牧的牧牛民族，且主要講述獻祭及獻祭的正確方式，以及如何祈求神祇庇護；這些不是歷史。

沒有任何考古遺址或工藝品被鑑定出跟這些人有關。不過，到西元前 8 世紀時，都市主義又回到印度北部河流沿岸（圖四）。這些城邦也提供哲學思辨的空間，其中不少人質疑《吠陀》所記載流於刻板的獻祭，也有人質疑種姓制度：它規定婆羅門是唯一可親近神明的社會階級，地位優於武士（剎帝利）、商人（吠舍）和農工（首陀羅）。其他族群成員，尤其是印度的森林人口（或許是這座次大陸最早的居民），則被視為階級

圖四　憍賞彌的河畔土牆

位於亞穆納河兩岸、今安拉阿巴德上游不遠，廣大的憍賞彌遺址區（Kausambi）讓人一睹早期恆河城市生氣勃勃的文化：圍牆、稜堡、護城河、井及修道院，至今仍清晰可見。年代最早也許可溯至西元前 8 世紀，不過主要的城市活動可能在三個世紀後出現，當時較龐大的人口會組織起來進行重要的城市工程，例如防禦土牆（見 38 頁）。

之外的賤民。雖然還有許多複雜的細分法，這就是史上著名的種姓制度的基礎。而城市這般質疑長久不變的法則，也催生出像《奧義書》（*Upanishads*）這樣的重要文本，它雖然仍在印度教的圍欄裡，但提出了充滿智識的懷疑。在此哲學混亂時期誕生了兩位流芳百世的領袖：摩訶毘羅（耆那教領袖）及佛陀（圖五）。

　　很難想像亞洲史上有哪件事比佛陀（意謂「澈悟者」；他本名為悉達多〔 Siddhartha 〕）出生更重要。他固然重要，關於他的生平，我們卻缺少史實紀錄。今天我們甚至無法確定他的生卒年，只知道他可能在西元前 5 世紀年邁過世（之前學者認為在西元前 480 年左右，但現在看來較有可能在前 400 年左右）。他在現今比哈爾邦和北方邦東部傳道。今通稱為耆那教的宗教體系，創立者「偉大英雄」摩訶毘羅和佛陀生活在同一時代，佛教文本裡有提到他。佛陀和摩訶毘羅屬於同一辯論時期，在新建立的城市裡同聲質疑《吠陀》的獻祭：那裡有足夠的財力支持這種不經濟的活動。記錄摩訶毘羅和佛陀教義的文本，對我們理解這些城市大有幫助，雖然它們都是在事過境遷後才寫下。

　　到這個時期結束前，印度首度出現今天可判讀的文字：婆羅米文字。這與孔雀王朝（Mauryan）的阿育王（Ashoka）有關：他採用類似或實際就是佛教的理念，並且在他的國土用主要刻在柱子或裸露岩面的碑文頒布。他規勸臣民要和平共存，強烈抨擊分裂。這些諭令效果如何不得而知，不過自婆羅米文字首度譯解（1837），阿育王就被譽為心懷理想的「現代」統治者了。

1│1 最早的社區

　　帕拉瓦拉姆遺址位於泰米爾納德邦清奈市南方。地質學家布魯斯·傅特（Bruce Foote）1863 年在此發現舊石器時代石器。傅特是記錄印度石器時代工具的先驅，他的收藏品主要存放在清奈的政府博物館，小部分收藏於大英博物館（圖一、二）。

　　傅特也拜訪過清奈西北方的阿堤蘭帕坎遺址，那裡發現的石器是人類在南亞居住的最早證物（見 16 頁）。運用古地磁定年技術，現代挖掘者已將年代定於一百五十萬年前，與據信人族離開非洲的時間相對接近。可惜這些遺址尚未發現骨骸化石，因此無法精確鑑定工具使用者（圖一）。

　　在舊石器時代後期，人類製造了許多通稱為「細石」的較小片狀物，大多是從石英岩、黑曜石或瑪瑙鑿下來的。能掌握這些結晶物質，暗示當時的手法相當靈巧（圖三）。將這種小石片嵌入木柄，可以製造出具有實用刀刃的工具，在印度半島和斯里蘭卡都曾發現。

　　印度中部比莫貝特卡石窟發現的壁畫，或許繪於同一時代（見17 頁），不過居住時間可能更早。這些中石器（細石器）時代的繪畫題材以動物和狩獵為主，用土顏料畫成。這裡展現的是南亞第一批藝術家的作品。之後在比莫貝特卡，我們也可以了解採集狩獵的群體如何與遠方的城市社會共存。數百年來，這樣的團體提供了一個直到現在，定居型社區都可以利用的文化寶庫。

圖一　兩把石頭剁刀

這兩把石頭剁刀中較大的那把出自阿堤蘭帕坎遺址，該地最近的挖掘工作已將人族存在次大陸的時間回推到一百五十萬年前。這樣的工具是用來清理野生動物的屍體和處理毛皮。

石英岩製
約西元前 100 萬年
（左）
阿堤蘭帕坎，泰米爾納德邦
長 16 公分，寬 9.8 公分
倫敦大學學院人類研究所捐贈
(1989,0104，1907)
（右）
米爾扎布爾，北方邦
長 12.1 公分，寬 8.2 公分
卡克伯恩捐贈
(1894,1227.2)

圖二 手斧

像這樣從石英卵石鑿下的斧頭是南亞早期居民兼具技術知識和美感的證據。這個由傅特挖掘出的例子，後來成為威廉‧史特吉博士（William Sturge）全球石器廣大收藏的一部分。

石英岩製
約西元前 100 萬年
長 21.3 公分，寬 10.6 公分
卡達帕（Kadapa，前名古達帕〔Cuddapah〕），安得拉邦
威廉‧史特吉博士遺贈
(Sturge.973.a)

圖三 細石器組

這些刀片尺寸迷你，又是從彩色石頭鑿下來，代表人類在發掘、開採和掌控這些實用但非常堅硬的材料上，有更大的進步。

除了（c），皆出自印度中央邦的班德肯，屬中石器時代，卡萊爾捐贈。
（上排由左至右）
（a）燧石，有背小石片，長 2.6 公分。(CAR.14.6)
（b）角岩，梯形刀片，長 2.3 公分。(CAR.14.95)
（c）石英，不等邊三角形刀片，舊石器時代晚期，長 1.43 公分。班達拉維拉，斯里蘭卡。哈特利捐贈
(1915,1106.24)
（下排由左至右）
（d）角岩，新月形刀片，長 1.7 公分。(CAR.14.82)
（e）燧石，梯形刀片，長 1.8 公分。(CAR.14.108)
（f）玉髓，不等邊三角形刀片，長 1.9 公分。(CAR.14.41)

1│2 早期聚落：梅赫爾格爾和內爾

南亞最早的都市化證據來自印度河平原邊緣的梅赫爾格爾。這裡在西元前 7000 紀發展了不產陶器的城市文化，不過到了前 6000 紀，陶器已開始生產，當時也出現第一批女性赤陶塑像（或許暗示生殖崇拜）。另外，也很早就有長途貿易的證據存在，包括來自海岸的貝殼，以及阿富汗東北部的青金石。

在俾路支斯坦，伊朗文化和南亞文化區的中間地帶，則發現了新石器時代早期的遺址。西元前 4000 紀與 3000 紀時，隨著陶器組合愈來愈豐富多樣，農業也持續發展。許多陶器以其彩繪裝飾著稱，設計主題涵蓋幾何學、植物與動物，其中相當吸引人的一組來自內爾遺址，有多種特殊類型使用於一系列的葬禮（圖一、二）。在這些地點，以及後來的信德，諸如阿姆里（Amri）和果德迪吉（Kot Diji）等遺址，奠定了印度河文明的基礎。

知名探險家奧瑞爾·史坦（Aurel Stein）最早來此中間地帶研究調查。不過，較詳盡的工作是由碧翠絲·德·卡爾迪（Beatrice Eileen de Cardi）進行。二次大戰期間派駐印度的她，在俾路支斯坦進行開創性的挖掘與調查工作（她曾是考古學家莫蒂默·惠勒〔Mortimer Wheeler〕的學生）。承平時期繼續進行考古工作，不過後來重心轉往西邊，記錄了史前時代波斯灣和印度河系統之間的接觸。在俾路支斯坦田野調查期間，她蒐集了一系列陶製品，這些也成為研究當地早期文化的重要資源（圖三）。

圖一 彩繪裝飾陶碗

此碗出自巴基斯坦拉斯貝拉縣內爾（Nal）遺址的墓地。內爾和俾路支斯坦南部的相關遺址都位在連接莫克蘭（海岸地帶）與內陸的貿易路線上。這個碗以幾何圖案和安插在圖案之間的牛頭為裝飾，是典型的內爾風格。考慮到牛是未來次大陸相當重要的視覺語言——在印度河印章上（28頁），後來更成為濕婆神的坐騎（93頁）——將牛的形象用於墓葬背景是挺有意思的事。

拉坯、彩繪、焙燒過的黏土
約西元前 3000 年
高 10 公分
內爾，俾路支斯坦，巴基斯坦
班恩中校捐贈
(1913,0308.3)

圖二 有彩繪裝飾的陶罐

這個容器邊緣外翻的造型極為現代，是另一個內爾陶藝家風格卓越的指標。紅與黃的色彩運用進一步凸顯視覺效果——如圖一的器皿，這個同樣出自墓地的例子，也有吸引人的動物設計，側面則有幾何「迷宮」特色。

拉坯、彩繪、焙燒的黏土
約西元前 3000 年
高 9.5 公分
內爾，俾路支斯坦，巴基斯坦
班恩中校捐贈
(1913,0308.1)

圖三 卡爾迪收藏的碎片

這些碎片出自卡爾迪和巴基斯坦同事 1948 年在俾路支斯坦進行的研究。即便現今在碎裂狀態仍看得出多樣化的構造和形形色色的設計，讓我們一睹古代的美學。

拉坯、彩繪、焙燒過的黏土
約西元前 3500–2500 年
長 9.1 公分（最大的碎片）
俾路支斯坦，巴基斯坦 ——有些來自喀拉特區的賽伊德茅瑞茲達姆布遺址（Saiyed Maurez Damb）
(1986,1018.1208、1213、1217、1224、1226、1245、 1246、1248、1249、1257)

1│3 赤陶塑像

　　儘管石頭和青銅是南亞最負盛名、水準也最高的雕塑材料，數千年來，最多產的其實是赤陶。史前社會，赤陶小雕像的數量龐大，而其中有些留存於考古學紀錄中。最早的例子來自印度河谷地西緣，可溯至西元前 7000 紀（圖一）。

　　許多印度河遺址都看得到用赤陶表現的動物。有些小雕塑刻畫已經不再生活於次大陸這個地區的野獸，例如大象和犀牛。有些刻畫公牛，暗示這種野獸的力量，以及對印度河居民的重要性（圖二）。還有些小雕像刻畫人類女性，據推測可能實為神明的形象（見 26 頁）。就這所有小型雕塑（包括人形和動物）而言，今日難以判別玩物、祭品和神明形象之間的差異。其他史前和原史時代的遺址也出產大量黏土小雕塑。

　　在歷史時代，拉伽·高麗（Lajja Gauri）這位女神的形象非常明顯地暗示了大地豐收與神明力量之間的關係。祂被塑造成一位蹲踞的女性，即將臨盆；祂沒有人類的頭顱，而是戴著一朵盛開的蓮花。小赤陶形象強有力地把土地和豐產女神連結起來（圖三）。直到今天的鄉村地區，森林裡的神殿仍常可見到赤陶做的動物祭品（圖四）。

圖一　女性小塑像

這類黏土塑像出現在某個族系的最開端，這個族系甚至到 21 世紀仍開枝散葉。至今，印度次大陸許多地區仍在製造赤陶雕塑，並於神殿獻祭，但史前時代的宗教用途仍不明朗。

赤陶土
可能西元前 6000 紀
高 7.1 公分，寬 4.5 公分
俾路支斯坦
蘭伯特教授遺贈
(2013,6001.3537)

（對頁，左上）
圖二　公牛小塑像

牛時常出現在印度河遺址出土的雕塑，和印度河印章中（見 29 頁）。這些遺址也有二輪運貨車的模型，暗示公牛亦被用於印度河經濟。除了船隻，牛車是主要的貨運工具。

赤陶土
西元前 2500–2000 年
高 7.5 公分，寬 5.8 公分
哈拉巴，巴基斯坦旁遮普
(1986,1018.2009)

圖三　拉伽‧高麗的塑像

在這裡，豐產女神拉伽‧高麗兩腿開開，好似在分娩的姿態，凸顯她與土地之間的關聯。德干高原人民對這位女神的崇拜，有悠久的歷史。

赤陶土
西元 2 至 3 世紀
高 5.5 公分，寬 6.4 公分
德爾（Ter），馬哈拉施特拉邦
巴瑞特捐贈
(1958,1017.2)

圖四　赤陶虎

印度製陶師創作的赤陶動物會賣給古吉拉特東部比爾（Bhil）社區的成員作為林中神殿獻祭。獻祭的動物包括馬、象、虎，是給神明騎乘的；民眾也會獻祭有穹頂的住所。

赤陶土，由 Shankarbhai Manga-lbhai Prajapati 燒製
1985 年
高 44 公分，長 47 公分
奇霍塔烏代浦（Chhotaudepur），
古吉拉特邦潘奇馬哈斯縣
(As1985，15.3)

圖一　莫汗佐─達羅的「大浴場」

尚未充分了解這種磚造結構。早期調查人員曾提出一種關連性：後來的印度寺廟有儀式用的水槽；不過，這種論點尚未廣獲接受。其他地方已證實設有排水設備，帶走家庭汙水。

圖二　女性塑像

印度河遺址發現的赤陶小塑像，確切的功能尚不明朗；有些塑像常誇大的表現臀部和乳房，可能刻畫的是大地女神。這些都是手工製作，再用丸狀黏土補上眼珠和乳房等特徵。

赤陶土製
西元前 2500–2000 年
高 8.2 公分
莫汗佐─達羅，巴基斯坦信德省
與印度考古調查局局長交流
(1939,0619.205)

圖三　柱墩

印度河遺址的建築，一如在考古紀錄中所見，幾乎全用磚塊建造。柱子的底座是極少數使用石材的例子，由一連數個這種環形石塊堆成，會在中央插入直立的木條加以固定。

砂岩
西元前 2500–2000 年
直徑 47 公分，高 27 公分
莫汗佐─達羅，巴基斯坦信德省
與印度考古調查局局長交流
(1939,0619.383)

印度河文明

雖然「印度河文明」一詞現已證明為誤稱，因為許多廣義上相關的遺址，都是在印度河流域以外發現，但定義這個古文化觀念的兩大城市聚落，確實位於那裡。哈拉巴位於印度河支流拉維河（Ravi），更南邊的莫汗佐—達羅則位於主流上。印度河／恆河分水嶺外的遺址，例如卡利班甘，以及位於今古吉拉特邦的洛塔（Lothal）和多拉維拉，證明印度河文明幅員遼闊。

印度河文化，尤其是莫汗佐—達羅，要到1920 年代中期開始，「印度考古調查」的成員（最早是班內爾吉〔R. D. Banerji〕，後來是約翰・馬歇爾爵士〔Sir John Marshall〕）在那裡挖掘後才為人所知。一般認為莫汗佐—達羅的年代大約在西元前 2500-1900 年。它衰亡的時間和原因至今仍是辯論議題。

引人注目的是，莫汗佐—達羅的街道規劃成棋盤式；類似格局也出現在其他印度河遺址。莫汗佐—達羅城市設計另一個值得注意的要素是建置排水設施和井（圖一）。當地幾乎沒有宗教的跡象，除非我們把那許許多多小赤陶塑像（圖二）視為祈願的獻物，或是描繪神明的作品。唯獨卡利班甘有些跡象：一排內有灰燼的窯，被詮釋為火祭壇。也沒有宮殿或其他權力中心的事證——社會看似主張平等——而我們發現了頗為驚人的文化一致性，包括共用度量衡（見 17 頁）。

莫汗佐—達羅的挖掘工作找到了拉坏陶瓷的證物，包括繪有黑色圖樣的細緻紅色器皿。這些陶器的設計主題包括葉子的圖案（鑑定為菩提樹葉），暗示這種樹在南亞文化別具重要性。

從莫汗佐—達羅和其他印度河遺址，也出土了長條狀鑽孔、穿線的紅瑪瑙珠子做為首飾。考慮到所需的製作時間，以及烘烤瑪瑙使之變紅，和用弓鑽穿洞的技術，這些物品顯然有崇高的地位。它們出口到美索不達米亞（見 32-3 頁），以及印度河遺址曾發現赤陶仿製紅瑪瑙的例子，也是佐證。其他珠寶包括海螺殼手鐲（33 頁）。從信德省羅赫里山（Rohri Hills）所產條紋角岩鑿下來的細緻刀片，也展現了技術專業。

哈拉巴早期階段出現絲的證據。使用兩種紀錄可溯至西元前 2450-2220 年前後。進一步的證物來自旃符達羅（Chanhu-daro），年代相仿。這樣的年代顯示印度最早用絲和已知中國最早用絲互不相干。這些養蠶業的證據，加上馬修所記錄在莫汗佐—達羅發現茜草染色的棉織品，都說明從史前時代到今天，絲和棉的編織和裝飾是南亞最重要的文化活動之一。

莫汗佐—達羅的農業包括馴化過的動物——牛、綿羊和山羊，以及小麥，或許貯存在被鑑定為穀倉的建築裡。當時還不識馬。別具特色的印度河印章也刻了象和犀牛等動物，暗示當時的印度河流域比今天來得碧綠。有人提出，為了建造城市而焙燒大量泥磚，很可能導致林地破壞，進而改變地貌。這或許部分解釋了印度河聚落後來的衰弱，但無疑還有其他諸多因素。

1│4 印度河印章與印度河語言

　　許多印度河遺址都發現了印章和印記；據推測是用來記錄貿易品的。儘管不是所有印度河印章樣式都相同（有些是圓形或稜柱狀），但大多數的設計幾乎都是長方形，用塊滑石做成。印章的一側有穿孔的球形把手（圖一）方便懸掛，另一側是雕刻的圖樣。圖樣多半是動物（常為一頭牛）站在秣桶前，上方有一連串符號（圖二）。人形較少見，可能與宗教崇拜有關，也可能無關，可能和後來印度教神明有關，也可能無涉。

　　印章的符號中，譯解困難的莫過於十幾個符號一起出現（亦不知銘文用的是兩種或三種語言），使用的語言也不得而知。而這是基於這樣的假設：那些符號記錄了一種語言，不只是商人列舉商品的記號。如果這一排排記號確實是文字，學者認為或許是達羅毗荼語，屬於歷史時代印度南部使用的語系，不過無從確定，且有其他跡象暗示與南亞語系有關聯。有些印章和印記出現在伊拉克南部有年代可考的出土文物中，因此提供了獨立的年代框架——也記錄了兩個區域間的貿易（見 32-3 頁）。

　　到目前為止，在沒有任何文本指引下——特別是與後來的文本或信仰有關的語言——要評估古代語言仍然相當困難；尤其是討論族群特性時。對這個古代時期而言，除了印章和相關物件，沒有任何文本存在，就算現有一大批素材（已累積 3,500 例）供電腦分析，譯解印章的嘗試依舊失敗。

（本頁）
圖一　印章（背面）

這顆印章背面的把手顯示這些物品是怎麼掛在線上，或許藉此不離身，而這也暗示了印章的重要性。

塊滑石製
西元前 2500–2000 年
高 3 公分，寬 3.1 公分，深 2 公分
莫汗佐—達羅，巴基斯坦信德省
印度考古調查局局長捐贈
(1947,0416.3)

（對頁）
圖二　三顆來自莫汗佐—達羅的印章及印記

這三顆印章（左排）及印記（右排）是當時的典型。公牛，或某些牛科動物經常出現（上及中）；動物前方的秣桶（中）及頂端一排尚未譯解的印度河符號（全部）也很普遍。最下面的印章雕了犀牛，這戲劇化地暗示印度河流域的環境變遷；今天最近也要到尼泊爾的德賴平原（Terai）才能找到這種動物。

塊滑石製
西元前 2500–2000 年
高 3.7 公分，寬 3.7 公分（上）；
高 3 公分，寬 3.1 公分（中）；
高 3.3 公分，寬 3.3 公分（下）；
莫汗佐—達羅，巴基斯坦信德省
印度考古調查局局長捐贈
(1947,0416.1、3、4)

1 | 5 骰子與機率的誘惑

　　骰子的使用在南亞有相當古老的歷史，印度河文明遺址已找到諸多例證。這些約有 4000 年歷史的骰子，包含在印度從古到今都看得到的兩種標準款：正方體和各種條狀，用象牙或赤陶製成，莫汗佐—達羅即有一個象牙製的條狀骰子出土，每一面都用圓點（包在雕刻的圓圈裡面）顯示數目（圖二）。挖掘工作發現了數量繁多的骰子，而它們就站在長長一排骰子使用的前頭——一路沿用至今（圖一）。

　　印度傳統有好幾個骰子遊戲的著名例子，其中最有名的莫過於史詩《摩訶婆羅多》（*Mahabharata*，71 頁）的主人翁、般度（Pandava）長子堅戰（Yudhishthira）輸掉五兄弟共有妻子「黑公主」杜巴蒂（Draupadi）的賭局（圖三）。他擲骰成癮一事，成了這部浩瀚故事的開端，而那最終以俱盧（Kurukshetra）之戰收場。另一個有名的骰子遊戲是濕婆神和他的配偶雪山神女（Parvati）一起玩的。這段插曲被記錄在象島（Elephanta）的雕刻中為後人懷念：象島是西元 6 世紀在孟買港一座小島上所建的石窟，做為供奉濕婆的神廟。

　　其他起源於南亞的受歡迎遊戲包括印度十字戲（pachisi，英國十字戲的前身）、西洋棋和俗稱「蛇與梯子」的遊戲（圖四）。

圖一　三顆不同的骰子

這三顆骰子是不同材料製成：一顆是別具特色的南印度青銅骰，一顆是來自喜馬拉雅山、每一面畫有藏文字母而非數字的彩繪木造立方骰，還有一顆是彩繪象牙條狀骰子的一例。

可能都是 19 世紀的產物
長 7.8 公分（象牙條）
泰米爾納德邦、喜馬拉雅山和北印度
木頭骰子是施密特和米德捐贈
(2004,0605.1、1992,1214.8；
2004,0524.1)

圖二　象牙條狀骰子

這顆出自莫汗佐—達羅的骰子有些破損，四個雕刻面應該分別代表一到四（這裡呈現其中一面）。

象牙製
西元前 2500–2000 年
長 4 公分
莫汗佐—達羅，信德省，巴基斯坦
與印度考古調查局局長交流
(1939,0619.336)

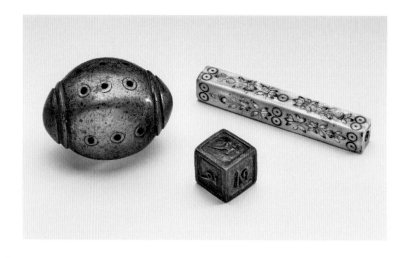

Printed at the Chore Bagan Art Studio.　द्रोपदीर वस्त्रहरण।　24 Bhoobun Banerjee's Lane, Calcutta.　18
Droupadi.

圖三　杜巴蒂強姦事件

杜巴蒂的祈禱獲得回應，永遠脫
不完的莎麗服讓她免於遭到強
姦。前面的賭局是陷她於不義的
原因。

平版印刷，印於紙上
1895 年前後
高 41 公分，寬 30.5 公分
Chore Bagan 藝術工作室，加爾
各答。布魯克‧席威爾永久基金
(2003,1022、0.18)

圖四　「蛇與梯子」棋盤遊戲

經由擲骰子，玩家希望能通過致
知達德之路爬上階梯，最終抵達
神的住處，避開帶來毀滅的蛇。

顏料，繪於紙上
19 世紀
高 57 公分，寬 56.5 公分
旁遮普山區大英博物館之友
(1999,0809、0.1)

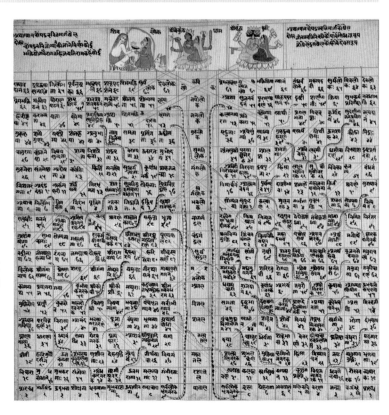

1｜6 貿易網

早在印度河文明時期，即已確立古南亞的對外長途貿易。

在阿富汗北部阿姆河兩岸的肖圖蓋（Shortughai）有印度河式聚落的證據。之所以在這個位置出現，或許是因為鄰近青金石礦區；印度河遺址發現青金石做成的珠子，也有彩陶仿製品，暗示真貨價值不凡。不過，過去從柯查河（Kokcha River）到肖圖蓋一帶都有人淘沙，砂金的存在也是解釋這裡會出現印度河文明境外基地的有力原因。

同樣令人印象深刻的是古印度河文明和美索不達米亞之間的貿易證據。烏爾（Ur，位於今伊拉克）王室陵墓裡的陪葬品之中出現管狀的紅瑪瑙珠子（圖一）。這些烘烤後再鑽孔的瑪瑙，是印度河地區的特產；哈拉巴的產業已得到詳盡研究。這些五彩繽紛的石珠子不僅在早期美索不達米亞發現，其中一個刻有楔形文字，記載它是在一座城市裡的神殿裡奉獻，暗示它具有價值及重要性（圖二）。今天一般相信，楔形文本提到的「麥魯哈」，指的就是古印度河地區（圖三）。

印度河流域一帶也有貿易網路生根發展。廣大地區遍布類似的物質文化物品，且普遍具有文化一致性（如印章，見 28 頁），都可以證明這點。許多印度河遺址都有海螺殼手鐲，它們在遙遠的內陸出現，暗示有長距離的貿易網存在（圖四）。

圖一　烏爾出土的珠串

伊拉克南部烏爾的王室陵墓中，發現了用印度河流域出產的紅瑪瑙和阿富汗出產的青金石串成的漂亮珠子，是印度河和美索不達米亞之間有貿易往來的明證；而青金石是以同樣的管道來此，或是另外從阿富汗北部交易過來，則較不明確。那些陵墓已確立年代，因此可當作那些珠子的「年代下限」（terminus post quem）。

紅瑪瑙、青金石、金箔
西元前 2500–2000 年
長 42.8 公分（整串）、寬 2.8 公分
烏爾，伊拉克南部
(1928,1009.84)

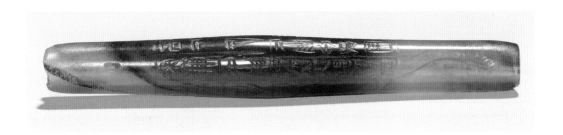

（上）

圖二　管狀紅瑪瑙珠子，刻有楔形文字

這顆管狀紅瑪瑙珠子上頭的銘文記載它是由舒爾吉（Shulgi）在女神 Nunlil 的神殿中奉獻，舒爾吉自稱為烏爾、蘇美、阿卡德（Akkad）國王。

紅瑪瑙
約西元前 2000 年
長 7 公分
印度河谷地（珠子製造地）；烏爾，伊拉克南部（銘文）
部分由藝術基金資助
(1945,1013.37)

（下）

圖四　海螺殼手鐲

這三個殼的要素，顯示海螺手鐲的製造階段：左圖，去掉外層後的軸柱；中，軸柱的剖面；右，進一步切割和磨平後的手鐲成品（這裡已破損）。南亞至今仍沿用這種製造方式。

海螺殼
西元前 2200–2000 年
長 13 公分（左邊的軸柱）
莫汗佐－達羅，巴基斯坦信德省與印度考古調查局長交流
(1939,0619.363)

（左）

圖三　泥板

印在這塊泥板的蘇美楔形文字，提到一個靠近烏爾城的地點，住著名叫「麥魯哈」的人。今天一般相信，這些人是來自印度河地區的商人。

黏土
烏爾第三王朝，西元前 2200–2000 年
長 12.3 公分，寬 75 公分
烏爾，伊拉克南部
(1894,1015.11)

1│7 青銅時代的銅窖藏

在印度河文明之後，且讓我們將注意力東移到恆河和亞穆納河之間的多阿布區（Doab），以及往南來到印度中部。這兩個地區都發現了相當重的銅刀片、魚叉和謎樣「擬人物」（類似人形的銅製品）等窖藏。其中在中央邦北部的龔吉利亞（Gungeria），銀盤也和銅製品存放在一起。截至 2002 年時，共有 197 處銅窖藏紀錄在案。

1870 年發現的龔吉利亞窖藏（圖一、二）因規模龐大，或許最引人注目。在最早的出土文物中（現已分散；42 件在大英博物館，其他在那格浦爾博物館〔 Nagpur Museum 〕），共有 424 件銅製品，總重量達到驚人的 376 公斤。這處窖藏值得注意的是內有銀盤，包括圓形的和牛頭形（牛角彎下）（圖一）。這些貯存物想必當時價值不菲，但功能仍是未知。不過，銀器太薄、銅刀片太鈍，暗示這些物品並非日常使用，比較可能是奉獻品，但也不能確定。可惜，目前已知的許多窖藏，很少來自考古背景。因此，這些物質的年代難以判定，從西元前 2000 年到前 1000 年都有人主張。不過，在拉賈斯坦邦賈尼什瓦爾遺址（Ganeshwar），有數量繁多的窖藏連同「赭色陶」（Ochre Coloured Ware）一起出土，使這批窖藏的年代能夠定在西元前 1750 到 1250 年。

（本頁）

圖一　龔吉利亞窖藏發現的銀盤

這些銀盤代表兩種龔吉利亞窖藏的類型：圓形、中央凹陷（上及右），以及牛角彎下的牛（左）。功能不得而知，但因為量大而質薄，使獻祭成為最可能的答案。

銀製
西元前 3000 紀晚期到 2000 紀結束
直徑 12–14 公分（圓形），12–13 公分（牛形）
龔吉利亞，中央邦賈巴爾普爾南方
（1894,0727.53〔上圖，圓形〕、1894,0727.55〔牛形〕：法蘭克斯捐贈；1873,1103.32〔下圖，圓形〕：布倫菲德上校贈與）

（對頁）

圖二　龔吉利亞窖藏發現的銅刀片

這些銅製品在各地窖藏發現的各式刀片中別具特色：斧頭（上）、裝了柄的斧頭（中）、長柄青銅斧（下）。這些都很重，且難以使用；比較可能是獻祭與展示的功能。這些窖藏如此豐富，暗示這個社會易於取用銅礦。

銅製
可能是西元前 3000 紀晚期到 2000 紀結束
龔吉利亞，中央邦賈巴爾普爾南方
左邊數來第四支長柄青銅斧：長 56.2 公分，寬 10.2 公分
1873 年由布倫菲德少校捐贈
（1873,1103.1、2、3、5、6、8、10、12、13、15、17、26、27、28、29、30；1880.82、83）

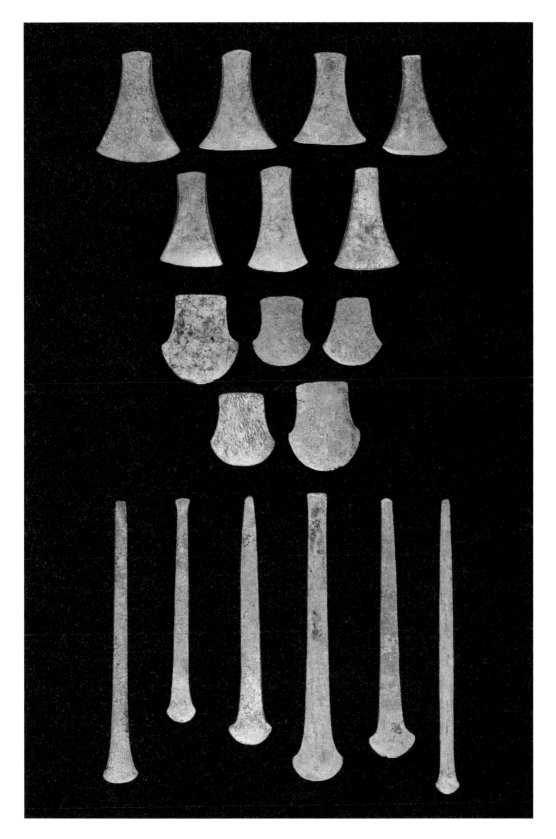

1｜8 印度南部的鐵器時代

　　常被歸為「巨石」類的墳墓是印度南部（北起海德拉巴〔 Hyderabad 〕至蒂魯內爾維利〔 Tirunelveli 〕）打鐵技術最早的證據。它包含挖坑、兩旁擺上石板，再用一塊石板蓋起來的墓地、四周石頭環繞，以及設在無記號凹坑裡的墓地。墳墓類型多到令人困惑，甚至包括與立石排列有關的墓葬。不過，雖然墳墓形形色色，墓中的物質文化倒是出奇一致，包括鋤頭等鐵製農具，和有刀刃的武器（圖一）。最南方的阿迪查納魯爾（Adichanallur）墓中發現大量鐵製品，以及製法複雜的物品聞名於世。大部分的墓地也都發現抛光的黑陶和紅陶器（圖二）。後來在此系列以及泰米爾納德邦西部的哥印拜陀（Coimbatore）區，也發掘了俗稱黃褐陶器的器皿。這種陶器迷人的美仰賴紅色「化妝土」梳理出波浪狀的圖樣，露出底下顏色較淺的皿體（圖三）。這些「巨石」埋葬習俗可能是在接近西元前 2000 紀末期時開始，至少持續一千年。

　　近年來在泰倫加納邦卡因納加爾縣的研究調查工作，清楚揭露了德干高原悠久的鐵器製造史。引人注目的是，人類似乎就是在這個地區第一次製鋼（後來稱為烏茲鋼〔 wootz 〕），而關於製鋼方法的知識也許可溯至兩千多年前，遠比歐洲人認識得早。

圖一　鐵製手斧、有插座的鋤頭

印度南部的巨石墳墓出土了琳瑯滿目的鐵器，這兩件工具是其中一部分，暗示當時有清除森林和植物農耕等行為；這些都是來自更南邊的物品。

鐵製
可能出自西元前最後幾個世紀
長19公分，寬 5.4公分（手斧）；
長25.1公分，寬10.5公分（鋤頭）
被認為來自阿迪查納魯爾，泰米爾納德邦
(1880.1250、1880.1229)

圖二　有蓋的黑陶和紅陶器

像這樣的雙色陶器已知遍布德干高原南部和泰米爾地區，被認為和鐵的首次出現，及巨石墓葬有關。此階段的尾聲，也在佛教脈絡中發現這種加蓋的陶器，做為聖骨匣使用。

拋光、焙燒過的黏土
約西元前 1600–200 年
高（含蓋）18 公分
可能出自德干高原南部
倫敦大學學院，考古學研究所
(73/107)

圖三　黃褐陶器

這個例子是側放來凸顯其裝飾花樣，而這樣的器皿據悉出自德干高原南部和泰米爾納德。它們和「巨石」墳墓有關，不過在已定年之處，它們是出自這個時代的晚期。

加化妝土、梳理、焙燒過的黏土
西元前幾世紀
直徑 31.8 公分
或許來自哥印拜陀，泰米爾納德邦
(1880.1140)

1│9 恆河流域的城市：第二次都市化

　　印度河文明的城市聚落不是西元前 2000 紀印度最主要的特色，也不是南亞最早文本《吠陀》的場景，在史詩《摩訶婆羅多》和《羅摩衍那》裡也不重要（前者描述般度五子，後者則是羅摩王子冒險從羅波那手中救出妻子悉多的故事，見 86-9 頁）。

　　但到了第一批佛教經典問世時（在西元前 5 世紀口語傳播），特別是在恆河流域，城市再次登場。今天我們可以在河邊見到這些設防城市聚落的遺跡。位於亞穆納河畔、早期佛教文本提到的憍賞彌即為典型，有磚造城牆和城門、稜堡、護城河（圖一）；有許多來自高度發展的北方磨光黑陶文化的碎片在這裡出土（圖二）。其他城市包括西北部的布色克伐底（Pushkalavati，今荼薩達，在白沙瓦附近）和拉瓦平第（Rawalpindi）附近的塔克西拉（Taxila），兩者都靠近印度河支流，且可連上中亞的貿易路線。在恆河流域，除了憍賞彌外還有馬圖拉（Mathura，見 74 頁）、阿希奇查特拉（77 頁）、瓦拉那西（Varanasi）和王舍城（Rajagriha）。其中許多城市都有俗稱「打印標記硬幣」的早期貨幣出土（40 頁）。這些早期城市之中，有好幾座跟佛陀的生平（瓦拉那西和王舍城）或佛教早期歷史（塔克西拉、憍賞彌、馬圖拉）有關。耆那教也是從早期城市社會中誕生。

　　陸路貿易是這個時期愈來愈重要的特色，農業則包括種稻，諸如冶金學之類已奠定工藝專業基礎。從西北部沿恆河谷地而下，已發現俗稱「戒指石」的圓形石雕（圖三）。與這些意象相仿的赤陶小塑像，已知遍布這個地區，可能用於獻祭（圖四）。

圖一　憍賞彌的防禦土牆

憍賞彌的廢墟占地寬廣，四周築有大規模的防禦城牆。城牆為磚造，表面鋪石，三邊有護城河，第四邊則有河流保護。這個遺址有北方磨光黑陶和打印標記硬幣出土。

圖四　女性小塑像

刻著正面裸女（常戴著精細貼花的頭巾）的赤陶小塑像在次大陸西北各地遺址相當普遍。其確切功能尚不得而知，有人推測用於崇拜；條狀的基座暗示塑像是插入地面，或許是神殿的地面。

赤陶土製
西元前最後幾世紀／西元初世紀
高 15.9 公分
史賓那・瓦賴（Spina Warai），
白沙瓦，巴基斯坦
(1951,1210,29)

（上）
圖二　北方磨光黑陶文化

這種餐具在印度次大陸各地都有發現，且有大量仿製品，而其中品質最好的陶器，與在恆河城市發現的高度工藝專業化關係密切。北方磨光黑陶的皿體是磨細的黏土和添加鉀、鐵的化妝土。在高溫焙燒和拋光打亮後，會形成別具光澤的表面。

加化妝土、拋光、焙燒過的黏土
西元前 400 到 250 年
憍賞彌，北方邦
長 9.5 公分（上）
倫敦大學學院，考古學研究所
(63/154)

（下）
圖三　戒指石的碎片

戒指石是技巧出色的迷你雕刻品。這個例子雖有破損，仍能讓我們一睹這只圈成圓環的戒指內面的雕工。這些物品的功用仍是未知，但多數刻了展示的女性身體和忍冬植物的小枝葉。

石製
西元前 3 世紀
寬 8.9 公分，深 1.9 公分
西北邊境省，可能在靠近巴基斯坦的德拉伊斯梅爾汗（Dera Ismail Khan）
基德納和杜貝爾捐贈
紀念 C. H. 杜貝爾
(1995,0124.1)

1│10 打印標記硬幣

打印標記硬幣與恆河—亞穆納河多阿布區和北抵塔西拉城的旁遮普關係最密切，但其實散布南亞各地。雖然年代仍有些不確定，它們可能最早在西元前 400 年左右出現，且繼續沿用（但已停止製造）至西元前最後幾世紀的後孔雀王朝時代。同樣不確定的是阿契美尼德王朝的打印標記條（起源或許是希臘鑄幣）是否為印度硬幣的原型（阿契美尼德人在西元前 6 世紀末起統治古犍陀羅國，直到波斯帝國衰亡），或者這些阿契美尼德東部的類型是否受到印度的影響。這些別具特色的硬幣和第二次都市化的城市崛起（見 38 頁），例如憍賞彌、瓦拉那西和巴連弗邑（Pataliputra，今巴特那）有時間上的關係。也與文本上描述的「印度列國時代」（mahajanapada，指最重要的諸多部落團體的領土）有關。這些都是恆河流域的城邦，最後由孔雀王朝統一（見48頁）。

最早的打印標記硬幣似乎是「彎條」類型（圖一）；特徵是打印標記較少，兩端上翹。後來出現愈來愈多標記，包括山丘、樹殿、輪子、卍字、象、有肉峰的公牛、室利靺蹉（srivatsa），以及現今難以鑑定的圖案（圖二）。其中樹殿、卍字、室利靺蹉，到今天仍有可辨識的意義。這些硬幣沒有刻上文字，不過看來某些設計是由特定城市使用。多數為矩形，且似乎是切自小銀條或銅條。孔雀王朝的君主，也就是「印度列國時代」各城邦的繼承者，仍繼續使用這些壓印設計及其象徵意義（圖三）。

圖一　彎條硬幣（側面及正面）

這是最早打印標記硬幣的典型。其出處為阿富汗，暗示這種鑄幣可能源於波斯。新月形、有中線、壓印兩次的設計仍意義不明，不過或許具有某種宇宙意涵。

銀製
西元前 4 世紀
高 2.6 公分，寬 1.2 公分
在阿富汗發現，可能也在阿富汗鑄造
(1922,0424.3524)

圖二 圓形打印標記硬幣

相對於早期的彎條形式，圓形壓印標記硬幣的設計就多了。這個例子有四種原始壓印設計，以及一些後期的設計，或許是在流通期間用來重新驗證硬幣。

銀製
孔雀王朝前不久
直徑（最大）3 公分
出自瓦拉那西地區
(1996,0610.22)

圖三 孔雀王朝的打印標記硬幣

以巴連弗邑（今巴特那）為根據地的孔雀王朝統治者，所使用的硬幣延續前人（印度列國時代各城邦）的打印標記形式。然而，這些硬幣分布甚廣，從斯里蘭卡到阿富汗都有，特別是在這一批流出後的時期。這些壓印的設計，包括牛、象和太陽（這裡清晰可見）都難以詮釋，但或許有宗教意涵。

銀製
西元前 3 世紀
直徑 2.2 公分（最大處）
可能在印度北部恆河流域
席歐波德捐贈
(OR.7296)

圖一　摩耶夫人的夢

雕刻顯示光環圍繞的大象即將從睡夢中夫人的右脇進入。石板表面有弧度，暗示它來自一座窣堵坡。這也顯示故事的片段如何用於道德說教。

片岩製
西元 2 至 3 世紀
高 19.3 公分、寬 32.4 公分
塔克巴希，巴基斯坦馬爾丹縣
(1932,0709.1)

圖二　佛陀誕生

摩耶夫人抓住樹枝，從她的右脇生產。孩子的形體沒有顯現，但她右側四個人拿著的襁褓背帶上有腳印，暗示他已降臨。

石灰岩製
西元 2 至 3 世紀
高 82.5 公分
阿馬拉瓦蒂，印度安得拉邦
(1880,0709.23)

圖三　大出走

這裡的三幅雕刻（從右到左）分別呈現悉達多王子離開臥室、騎馬離開宮殿，以及坐在林中剃髮準備苦修。

石灰岩製
西元 3 世紀
高 37.5 公分，寬 140 公分
阿馬拉瓦蒂，安得拉邦
馬德拉斯政府捐贈
(1880,0709.112)

佛陀的生平及《本生經》故事

今天，我們不可能確切無疑地描述佛陀在歷史上真正的生平。早期的資訊係口耳相傳，很快就被加油添醋。事實和傳說最終在文本裡結合，《大事》（Mahavastu）和《普曜經》（Lalitavistara）是早期的例子。兩者都是早期素材的彙編，後者也許在西元3世紀就寫成我們今天熟悉的版本。我們從這些文本得知，佛陀本名悉達多，生於今印度／尼泊爾邊界迦毘羅衛城的王室。佛陀出生有夢的預示：摩耶夫人夢到一頭白象從她的右脇而入（圖一）。他在藍毗尼園（Lumbini Garden）誕生，過程離奇：他從右脇而出（右邊在南亞傳統代表雄性和吉兆）（圖二）。這個孩子年輕時過得奢侈，但有一天，他看到一個病人、一具屍體和一位流浪苦行者，感到良心不安，遂毅然決然離開王室生活，拋妻棄子，尋找理解人類存在的更佳方式。他在夜深人靜時離開宮殿，進入森林，就地剃髮，象徵徹底告別世俗生活，展開苦行（圖三）。

在森林裡，他遵循多位導師的教誨，並嚴格實行捨棄我執。最後，明白苦行已無益於他的探索，他坐在菩提伽耶的菩提樹下冥思。這裡，他遭到魔王波旬攻擊，誘惑與武力並施。他擊退這些雜念，請來大地女神見證，透過長年累積善德，他不再受到任何業力影響，如獲新生（圖四）。他已悟道，而這將通往徹底解脫，即「涅槃」（他始終沒有賦予定義，而這個詞可比擬為火焰熄滅）。

離開菩提伽耶（見126頁），他轉往鹿野苑（Sarnath），在此首次布道，「初轉法輪」（圖五）。他闡述他所獲得可脫離無盡輪迴轉生的知識，這便是四聖諦與八正道。四聖諦是苦（生即是苦）、集（苦為集合欲望所致）、滅（消滅欲望才可去除痛苦）、道（修正道為消滅欲望之法）。隨後他便列出八條正道。

剩餘的人生歲月，佛陀都在印度東部傳道。菩提伽耶和鹿野苑成為朝聖中心，且延續至今。死後，他的骨灰分成八個部分，分別存放在墳塚裡，成為第一批窣堵坡——佛教建築的典型。

佛陀死後，《本生經》（前世故事）的構想開始發展，訴說佛陀成佛前的生平。故事中認知的概念是，佛陀依據一個人的「業報」來教導輪迴轉生——即一個人行為的果，可能會在生命階梯上上下下。我們全都在這段旅程的某處，最終，當所有前世的負面因果用罄，便不再有重生的必要。因為佛陀已走完旅程，走入涅槃，我們必須假設他已經歷過多世生命，每一世都積累必要的善業，使他終能生而為人（之前有幾世為動物），終獲解脫。《本生經》的故事取用了古老的民間文學寶庫，並呈現在現存最早的佛陀雕塑中（圖六）。這些故事由看似頗不近人情的道德觀所主導，由冷漠的因果律決定一切，但也從一開始就洋溢著同情憐憫。

圖五　在鹿野苑首次布道

佛陀坐著，雙手打著手印，台座
上的輪子兩側各有一頭鹿，是鹿
野苑，也是「轉動法輪」的明顯
標記。背面刻著窣堵坡及佛教教
義。

片岩製
比哈爾
高 43 公分，寬 19.5 公分
西元 7 世紀末
(1854,0214.1)

（上）

**圖四　波旬攻擊，以及召喚大地
見證**

佛陀坐在菩提樹下，遭受惡魔和
色情形象的誘惑。但他碰觸土
地，請大地見證他的悟道。

砂岩製
西元 6 至 17 世紀
高 50.8 公分
印度東部，可能在鹿野苑
(1880.11)

圖六　尸毗王本生故事

尸毗王（King Shibi）──佛陀
前世──展現不凡的同情心，割
自己的肉救一隻鴿子的命。從國
王小腿割下的肉被放在秤子上秤
重，鴿子則收留在王座底下。戴
管狀頭飾、手持雷電武器的因陀
螺神（Indra）監督這筆交易。

片岩製
西元 2 至 3 世紀
高 23.3 公分，寬 32.4 公分
犍陀羅國
(1912,1221.1)

摩訶毘羅和早期耆那教

耆那教徒相信摩訶毘羅（意即偉大的英雄，圖二），是 24 位祖師「蒂爾丹嘉拉」（tirthankara，圖三）的最後一位。蒂爾丹嘉拉原意為「渡津者」，指其教誨能引領信徒跨越虛妄的世界，自此脫離輪迴轉生。蒂爾丹嘉拉也稱為耆那，即「克服者」，這個詞也成了此信仰體系的名稱。摩訶毘羅前一位蒂爾丹嘉拉據信是巴濕伐那陀（Parshvanatha，圖四）。摩訶毘羅和佛陀可能生活在西元前 5 世紀的同一時代。

耆那教哲學想像有靈魂存在，但與物質世界接觸愈多，靈魂就愈墮落。一如佛教和印度教，「轉世」及脫離永世輪迴的渴望，是耆那教的信仰基礎。耆那教徒相信「業」，即善行及惡行導致與這個世界的連結，唯有透過苦行，尤其是拋棄與修道才能斬斷。耆那教有男女修士，因其生活極度清苦而擁有崇高地位。他們要棄絕多數俗世安適、四處行走、嚴格茹素。這樣的飲食限制是所有教徒，都要遵守的重要教義。另一個基本問題是非暴力。由於必須避免意外傷害生命，在家眾不得務農，遑論從軍。自古至今，耆那教徒大多是商人、銀行家和專業人員。

一如印度其他宗教，朝聖和偶像崇拜是耆那教的一部分。在比哈爾邦與巴濕伐那陀有關的遺址，以及在卡納塔克邦邁索爾（Mysore）附近的什拉瓦納貝拉戈拉（Shravana Belgola），有耆那教聖者巴霍巴利（Bahubali）有關的遺址（見 38-9 頁），對耆那教的朝聖者而言依然重要（圖一）。

（本頁）
圖一　聖骨匣

這個非比尋常的聖骨匣，是附有鉸鏈的石盒子，打開來會呈現巴霍巴利的立像。這位聖者到今天仍在什拉瓦納貝拉戈拉為後人緬懷。盒蓋頂端有三位蒂爾丹嘉拉的形象。

塊滑石製
可能在 16 世紀
高 11.5 公分，寬 8.3 公分
法蘭克斯爵士捐贈
(1888,0515.5)

（對頁，左上）
圖二　一位蒂爾丹嘉拉的頭部，可能是摩訶毘羅

位於德里南方的馬圖拉是早期耆那教活動的中心，而這個地區所出產別具特色的斑駁紅砂岩，被廣泛用來製作雕像和建築雕刻品。佛教也曾活躍於馬圖拉，也明顯利用過同樣的寶庫來雕琢神明，使神像成為兩種宗教體系在初世紀的共同特色。

砂岩製
約西元 4 世紀
高 26 公分，寬 21.5 公分
馬圖拉，北方邦
印度事務大臣捐贈
(1901,1224.6)

（右上）

圖三　蒂爾丹嘉拉

今天這座 24 位蒂爾丹嘉拉的雕刻石板已破損。不過，很容易看出這些人像原本是如何圍繞單一中心立像排列。底座兩位戴著王冠的塑像是護佑的自然神靈藥叉（左）及藥叉女（右）。

塊滑石製
曷薩拉王朝，13 世紀
高 27 公分，寬 17 公分
卡納塔克邦南部
歐本海默透過藝術基金捐贈
（1914,0218.1）

（右下）

圖四　巴濕伐那陀

第 23 位蒂爾丹嘉拉是巴濕伐那陀。辨識方式是他身後有一條七頭蛇保護他一動不動地冥思。雖然關於更早的蒂爾丹嘉拉，幾乎沒有歷史資料可循，但有些記載提到巴濕伐那陀。

青銅製
14 至 15 世紀
高 35 公分，寬 13 公分
德干高原南部
歐本海默透過藝術基金捐贈
（1914,0218.4）

1│12 阿育王

　　印度最古老的可讀文字，是一系列雕入岩石表面和刻在獨立柱上的銘文（圖二、三），內容與孔雀王朝最偉大的統治者阿育王有關，他從西元前269/8年統治到前232年，根據地在巴連弗邑。印度許多地方（最南到卡納塔克）和尼泊爾、巴基斯坦、阿富汗都曾發現這樣的銘文。

　　這些銘文主要為婆羅米文字和普拉克里特諸語言；在阿育王時代，從梵語演變而成的普拉克里特諸語言是印度北部的日常語言。在非婆羅米文字的銘文中，有些是當時西北部流傳的佉盧文，也是普拉克里特諸語言的一支。塔西拉（今巴基斯坦）有一處銘文使用亞蘭文字，阿富汗也有幾處如此。阿富汗南部坎大哈有一處雙語石刻使用希臘和亞蘭文字。這兩種文字和語言在阿契美尼德王朝和希臘化時代常用於波斯東部諸國，所以同時出現。

　　阿育王時代的銘文暗示孔雀王朝勢力範圍廣大，不過在恆河流域外的實際控制情形仍不明確。銘文也為臣民提供道德規範，特別的是其語氣相當現代。阿育王要求臣民避免衝突，包容他人的宗教觀，也避免傷害人類和動物的性命。這些理念讓阿育王和佛教連成一氣，而他也相當關心僧伽（僧眾）的和諧。我們從銘文得知，這些不尋常但強有力的觀念是因自責而生：他在征服羯陵伽期間造成數千人死亡，為此痛悔不已。阿育王支持這些觀念，對佛教在印度境內和境外的發展有深遠影響。

圖一　現代的鈔票

新獨立國家印度使用阿育王的意象，是為了刻意避開印度教或伊斯蘭教的意象。那也重新提起次大陸大部分領土歸於一統的時代，以及合作與和平的教義。這個圖樣，以及上面的格言：「唯真理得勝」，皆沿用至今。

紙製
1978 年
長 14.6 公分，寬 7.4 公分
印度儲備銀行發行
布洛頓捐贈
(2006,0829.1)

सत्यमेव जयते

圖二　阿馬拉瓦蒂的柱子

此細部顯示阿馬拉瓦蒂佛教窣堵坡一根八面柱的一面。這根柱子的雕刻與阿育王的柱子類似，一頭獅子盤踞雕工精細的柱頂。另一面的柱頂則立了一個輪子，同樣讓人聯想到早期與阿育王有關的廊柱。

帕爾納德（Palnad）出產的石灰岩製
西元前 1 世紀
高 255.5 公分（全柱），直徑 38.3 公分
阿馬拉瓦蒂，安得拉邦
（1880,0709.109）

圖三　主柱法令第七號的碎片

這根柱子這部分的銘文，訴說阿育王如何尊敬所有教派。它曾立於密拉特（Meerut），後來被轉往德里，於 18 世紀損毀，後尋回這個碎片，送至印度博物館（1879 年解散）。

磨亮的砂岩
西元前 3 世紀中葉
高 12.2 公分，寬 32.6 公分
曾立於密拉特，北方邦
（1880.21）

大事紀

西元前 3 世紀末	佛教傳到斯里蘭卡
西元前 3 世紀	桑吉建造最早的窣堵坡
西元前 2 世紀	《摩訶巴夏》的作者帕坦伽力提到說故事的人會用卷畫
西元前 2 世紀	阿馬拉瓦蒂建造最早的窣堵坡
西元前 2 世紀	最早的阿旃陀石窟
西元前 2 世紀至西元 1 世紀初	印度希臘王國在阿富汗東部和旁遮普興盛繁榮
西元前 1 世紀	第一批佛教窟龕出土,例如巴賈石窟
約西元前 1 世紀至西元 1 世紀	古迪瑪拉姆的林伽
約從西元 1 世紀開始	印度紡織品輸往中亞及紅海沿岸貿易
1 世紀至 3 世紀	貴霜帝國統治北印度;迦膩色伽王約 127–150 年在位
1 世紀開始	印度羅馬貿易繁盛
1 世紀開始	佛教及印度文化傳播到中亞
2 世紀	耆那教在德里南方的馬圖拉盛極一時
4 世紀	喀拉拉出現基督教記載
4 至 5 世紀	《摩訶婆羅多》與《羅摩衍那》接近最後的版本
4 至 5 世紀	笈多王朝統治
5 世紀	第一批留存至今的寺廟建造
5 世紀	阿旃陀石窟第二階段;洞穴裡的精美壁畫
5 世紀	迦梨陀娑創作戲劇
約 5 世紀	第一部《往世書》編纂(持續數個世紀)
5 至 6 世紀	《女神頌》,講述女神難近母戰勝的文本定案
5 世紀	鹿野苑成為佛教圖像的中心

2 早期帝國與發展中地區

西元前3世紀晚期至西元8世紀

　　西元前幾世紀到西元初幾世紀的歷史畫布上，重點是佛教和耆那教的傳播。我們今天認識的印度教也已存在，但在此階段初期較不顯著。不過確實有印度教廟宇從西元5世紀中葉留存至今；同一時期的烏達亞吉里（Udayagiri，印度中部）和7世紀的馬馬拉普拉姆（Mahabalipuram，印度南部），也已知石窟內有雕刻諸神的壁板（見120頁）。

　　佛陀的教誨很快從印度東北部傳播出去。在印度中部，桑吉（Sanchi）的第一座窣堵坡可能建於西元前3世紀，在往後數個世紀反覆重建和重新裝飾（圖一，並見56頁）。巴戶特（Bharhut）的窣堵坡也建於這個階段初期，更南方阿馬拉瓦蒂窣堵坡的最早部分也是。耆那教也在這時候傳播，不過一直不如佛教普及。印度內部的貿易對這兩種教義的傳播大有幫助，於佛教傳入阿富汗、中亞和中國的過程尤其顯著。

　　後孔雀時代，印度的政治情勢不明，但來自貴霜王朝的國王或許是巴戶特窣堵坡的建造者。他們的勢力可能遍及北印度大部分地區。緊接著，在西元前最後1世紀，西高止山脈開鑿（如巴哈〔Bhaja〕，圖二）出第一批佛教石窟，在設計中顯而易見這類建築的木造雛形。不久後，同樣在德干高原上，百

圖二　巴哈第 12 石窟

西元前 1 世紀在巴哈（馬哈拉施特拉邦）的窟龕是人工從懸崖壁開鑿，是西高止山脈一系列佛教聖所中相當古老的一座。窟裡用切割的岩石來模仿木造元素，例如天花板的肋骨，暗示這類建築的起源，雖然已經沒有木造的範例存留。在第 12 石窟拱頂柱廊的盡頭，有一座巨石雕塑的窣堵坡。

乘王朝（Satavahana）的統治者持續在西高止山脈挖掘佛教石窟（如納希克〔Nasik〕）。接著，再往東南方去，百乘王朝持續先前娑陀（Sada）國王未竟的工程，在阿馬拉瓦蒂建造獨立的窣堵坡。這時，來自這個地區和附近地點的商人似乎已積極拓展和斯里蘭卡及東南亞的貿易，甚至往西遠抵地中海。

征服阿契美尼德帝國後，亞歷山大大帝於西元前 327 到 326 年間在旁遮普和信德地區橫衝直撞；但印度對他的短暫到訪渾然不覺。比較重要的是亞歷山大的繼承者在西元前 3 世紀於巴克特里亞（Bactria）建立的王國，以及後來在旁遮普建立的印度希臘王國。該王國隨後被來自中亞的侵略者，即貴霜人的統治取代。從西元 1 世紀中葉，貴霜帝國的版圖從巴克特里亞延伸到馬圖拉。犍陀羅國會出現描繪佛陀肉身的雕塑，而非象徵性的表現，或許是因為曾接觸羅馬世界對寫實的偏好，但無從確定。不過，人物雕塑的脫蠟鑄造法確實是在這時候傳入印度（圖三）。

在印度南部，文學的第一個證據來自《桑甘》（Sangam）這部主要為世俗詩作的選集。這是用泰米爾文寫成——屬達羅毗荼語系，非印歐語。這部文集的完成時間仍無定論，不過現

在多數權威人士同意在西元 3 世紀前後。佛教徒和耆那教徒都
在南方活躍，但那些詩歌主要敍述國王、軍閥、劫牛者等非婆
羅門社群，而且是重要的日常生活資訊來源。戀愛的題材尤為
常見。

> 我心痛了又痛！
> 我一再擦去滾燙的淚，
> 吾愛，在我身邊曾如此安詳，卻焦躁起來，
> 我心好痛！

佛教的重要性在西元 1000 紀中葉衰弱，這個轉變是北方笈
多王朝強大的印度君主促成。儘管仍繼續創作具影響力的佛陀
雕塑，但顯然為印度教神明的崇拜卻愈來愈流行，例如化作豬
頭大聖婆羅訶（Varaha）的毗濕奴（圖四）、化作陽具柱狀物
「林伽」（linga）的濕婆。在這時期，通稱《往世書》（Purana）
的文本也開始創作（持續數個世紀）。這些文本列出諸神在外

空間的活動和他們的諸多形體。在敬拜毗濕奴方面，「化身」（avatara）的概念也是從這時期開始發展（見 98-101 頁）。

笈多時代不只統治強而有力，文化也繽紛燦爛，當時的鑄幣（圖五）、寫實到驚人的阿旃陀石窟（Ajanta）繪畫、如繁花盛開的梵語文學，都是明證。這也是劇作家及詩人迦梨陀娑（Kalidasa）的時代（4 世紀末至 5 世紀初），戲劇《沙恭達羅》（*Abhijnanashakuntala*）和詩《請雲捎信》（*Meghaduta*）都是他的作品。他被視為古印度最重要的文人。

在這時期，兩部南亞最重要的文本已接近它們最後的模樣。一如許多印度文本，史詩《羅摩衍那》和《摩訶婆羅多》最初也是口耳相傳而有許多不同版本。這些文本為從古到今的畫家、雕塑家、劇作家和詩人提供靈感。在南印度濕婆詩聖（nayanmar）和毗濕奴詩聖（alvar）（從西元 7 世紀左右開始；見 124 頁）源源不絕的詩句中，我們看到「奉愛」運動（bhakti）的開端，那後來在印度各地造成深遠影響（見 162-3 頁）。

自西元 1000 紀初期愈來愈明顯的是紡織品的國際貿易。這種社會經濟活動要素再強調也不為過，不過必須從次大陸外面一點一滴地蒐集證據。

2｜1 桑吉

　　位於現今印度中央邦的桑吉山頂遺址，是了解早期佛教相當重要的地點，整座遺址在 19 世紀末至 20 世紀初大規模揭露並重建，有三座窣堵坡和多座後來興建的寺院倖存至今。

　　桑吉的起源可溯至孔雀王朝時代；西元前 3 世紀期間一根阿育王的柱子於此豎立，柱上刻有告誡僧眾切莫分裂的警語，柱頂也曾覆蓋出名的連體獅子柱頭——自此成為印度獨立的標誌（關於阿育王，見 48 頁）。這道諭令暗示遺址很早就至關重要，但桑吉持續發展至西元後好幾百年，直到西元 1000 紀後半的後笈多時代，仍有人委託製作精美雕像。

　　1 號窣堵坡，又稱桑吉大塔，東南西北四個主要方位矗立了四座建於百乘王朝時代（西元前 1 世紀至西元 1 世紀）、雕工精細的入口，或稱「托拉納」，連通環繞建築的走道。每一座門都是先立一對直柱再加上一系列橫梁，每條橫梁都以渦卷裝飾收尾。在柱與梁的夾角則塑有支托的藥叉女（見 46 頁）（圖一、二）。只要仁慈的藥叉女踢一下樹幹，樹就會盛開花朵（圖三）。

　　欲了解這座窣堵坡及其雕塑在整修完成前的情況，可參考遺址早期的照片（圖四）。

圖四　桑吉大塔的雕塑

1880 年代遺址調查期間，在一批雕塑中清晰可見的是阿育王柱頂的連體獅子雕塑（西元前 3 世紀；前面橫躺的）和一座人稱「桑吉軀幹」（Sanchi Torso）的 9 世紀雕塑，自 1886 年就由倫敦維多利亞和艾伯特博物館（Victoria and Albert Museum）收藏。右後方受損的獅像可能原本是後面柱子的柱頂。

蛋白印相
1880 年代初期或更早
高 18 公分，寬 23.1 公分
(1994,0520,0.28)

2│2 阿馬拉瓦蒂最早的窣堵坡

在奎師那河谷的阿馬拉瓦蒂附近發現刻有婆羅米文字的碎片，讓一些學者認定阿馬拉瓦蒂最古老的窣堵坡建於西元前 3 世紀。雖然仍未獲證實，但一些在此遺址發掘、留存至今的早期雕塑，都顯然和印度已知最早的石雕有所關聯（見 57 頁）。當地後來曾重建過，致使多數出自第一批窣堵坡的早期雕塑遭到拋棄（做為擴充建築的填料），僅少數重複利用。

一塊早期石板在西元 3 世紀重複利用，刻畫了當時的窣堵坡（見 60 頁，圖二）。然而，背面仍可清楚見到不一樣的東西（圖二）。圖中的信徒露出印度雕塑中最早的「古老微笑」（archaic smile），暗示製作年代在西元前 2 世紀。另外，這也是佛教藝術早期的反偶像階段——暗示佛陀在場，而未現身。早期禁止表現佛陀肉體的原因不得而知，但這是早期佛教的特色，或許它反映的是，如果佛陀已進入涅槃，就不能描繪他，因為涅槃無法描繪。但這種想法在西元 2、3 世紀衰微，民眾開始描繪佛陀的肉身。

其他早年碎片包括一塊壓頂石，上面雕了有翅膀的公牛和獅子（兩者在美索不達米亞都有先例）（圖一），以及多塊雕了窣堵坡的石板，窣堵坡圓頂的裝飾處理得並不精緻（圖三，可與 60 頁圖二相較）。

圖一　欄楯的壓頂石

阿馬拉瓦蒂這塊來自早期欄楯（或稱「vedika」）的碎片呈現一頭有翅膀的獅子，而這種形象跟古美索不達米亞文化的關係比印度密切。上方，精緻的蓮花渦紋裡棲息著鴨子，刻成淺浮雕暗示著木工藝，因此阿馬拉瓦蒂最早的欄楯可能為木造。

帕爾納德出產的石灰岩製
西元前 1 世紀
高 58.8 公分，長 98.1 公分，深 13 公分
阿馬拉瓦蒂，安得拉邦貢土爾縣
(1880,0709.102)

圖二　來自阿馬拉瓦蒂早期窣堵坡的石板

信徒雙手合十崇敬佛祖。佛的存在只有象徵性的暗示——佛陀的腳印「佛足石」（Buddhapa-da）；腳底有獨特的輪子「脈輪」（chakra）；他在菩提樹下無人的寶座上冥思；上有傘蓋；天國的仙人也尊敬他。圖的左側是一根靈感來自孔雀王朝的柱子。這塊石板背面的圖片刊於 60 頁。

帕爾納德出產的石灰岩
西元前 2 世紀
高 124.4 公分，寬 86.3 公分，深 12.5 公分
阿馬拉瓦蒂，安得拉邦貢土爾縣（1880,0709.79）

圖三　刻畫早期窣堵坡的石板

這個設計出色地凸顯視覺對比，一方面是簡單的圓頂裝飾和不細緻的欄楯，另一方面則是令人印象深刻的五頭蛇神那伽（naga）守衛環塔走道的入口，以及從塔頂「哈米嘎」（harmika）結構大量冒出、保護用的傘蓋。

帕爾納德出產的石灰岩
西元 1、2 世紀
高 145 公分，寬 77.5 公分，深 10 公分
阿馬拉瓦蒂，安得拉邦貢土爾縣（1880,0709.39）

圖一　欄楯柱（內側面）

這個充滿敘事行動的場景是「大出走」。尚未成為佛陀的悉達多離開父親的宮殿進入森林。來自天國的侏儒扛起馬蹄，避免任何人聽見他離開；其他神明則為王子追尋悟道的決定鼓掌叫好。

帕爾納德出產的石灰岩
西元 3 世紀
高 279 公分，寬 83.3 公分，深 29 公分
阿馬拉瓦蒂，安得拉邦貢土爾縣
(1880,0709.7)

圖二　鼓形石座上刻畫窣堵坡的石板

此浮雕「肖像」告訴我們這座窣堵坡在西元 3 世紀時的樣貌。中央是獅子鎮守的入口，走道則有一尊佛陀立像俯視。在那之上是雕刻細膩的圓頂，而那幾乎片甲不存了。石板背面的照片刊於 59 頁。

帕爾納德出產的石灰岩
西元 3 世紀
高 124.4 公分，寬 86.3 公分，深 12.5 公分
阿馬拉瓦蒂，安得拉邦貢土爾縣
(1880,0709.79)

圖三　更頓·群培所畫的雕刻石板

這座窣堵坡的圓頂裡收藏著聖物，由五頭那伽守護（可與 59 頁的圖三比較）。

石墨及顏料，繪於紙上
西藏圖書館，利眾基金會

阿馬拉瓦蒂

阿馬拉瓦蒂的窣堵坡位於奎師那河兩岸，三角洲上游。這個遺址和鄰近古城陀羅尼科達（Dharanikota）的肇建時間不詳，或許早在西元前3世紀（請參閱58頁）。西元8世紀仍有雕塑委託製作，表示雕塑的使用跨越千年。斯里蘭卡有一篇碑文列出14世紀送給阿馬拉瓦蒂的禮物，但不清楚禮物是給窣堵坡或鄰近供奉濕婆的神廟。後來，阿馬拉瓦蒂獲得藏人共鳴，因為其地理位置據信是當年佛陀弘揚《時輪大法》（Kalachakratantra）的地點。這有助於解釋2006年達賴喇嘛去那裡傳道，以及20世紀中葉藏族學者更頓‧群培（Gendun Chopel）去那裡畫一些倖存雕塑的原因（圖三）。阿馬拉瓦蒂也對佛教傳播到東南亞影響卓著，到今天這個地名仍備受崇敬。

阿馬拉瓦蒂最大的歷史遺跡是一座窣堵坡。它歷經數度擴建，其中有些改建是因應教義更動，不過基本原則始終維持不變。中心是堅固的圓頂建築，也是昔日聖物存放之處（皆已失落）。圓頂立在鼓形石座上，石座表面飾以浮雕（圖二），外圍則有一條走道，讓信徒以順時鐘方向繞行時能夠瞻仰龕內聖物，並永遠從吉利的右邊離開。走廊外圍有欄楯，分隔世俗空間與神聖空間。欄楯的內外都有裝飾，為東南西北四個基本方位的入口門道所打斷。

在它的全盛時期，欄楯外側的裝飾是由蓮花浮雕組成，花中還有侏儒一邊跳舞、一邊彈奏樂器。通過有石獅子鎮守的入口，朝聖者便進入走道。走道左側是欄楯內側，不同於外側，內側的裝飾則取自佛陀生平（圖一）和《本生經》故事（見43頁）中的活潑場景。這些雕塑都是用視覺展現敘事，因為多數古代人不會閱讀。擔任朝聖者的嚮導想必是阿馬拉瓦蒂僧侶的工作項目之一，不過僧侶的存在純屬臆測，因為當地還沒有找到修道場所。

當朝聖者巡行窣堵坡，他們的右側是圓頂坐落的鼓形石座。這裡主要是以佛陀誕生之類的故事，或刻畫窣堵坡本身來裝飾；後者堪稱這座龐大建築的「肖像」，讓後世學者得以一覽建築的外觀（圖二）。在這之上聳立著圓頂，最上端覆蓋方形的「哈米嘎」，三角旗和傘蓋都從這裡發出。頂端部分幾乎沒有東西留存至今。

直到1798年東印度公司的科林‧麥肯齊（Colin Mackenzie，後來擔任印度總勘查員）短暫到訪，阿馬拉瓦蒂才浮上近代史的檯面。當時，當地一位地主把阿馬拉瓦蒂窣堵坡的廢墟用作建築石材和生產石灰的來源。麥肯齊在1816年回來，他畫的圖後來收藏在大英圖書館保存至今。有些圖面顯示土墩頂上已建了水槽；正因如此，這座歷史遺跡頂端的資訊才付之闕如。後續的調查又造成進一步崩塌。

後續的調查員是1845年來此的英國官員華特‧艾略特爵士（Sir Walter Elliot）。他挖走的雕塑占了大英博物館阿馬拉瓦蒂系列一大部分。在艾略特之後，英國人在清奈挖走更大批的雕塑。

2│3 在印度的希臘人以及與西方的貿易

亞歷山大於西元前 320 年代征戰印度西北部。不過對印度更重要的是他死後在巴克特里亞建立的希臘王國，以及後來於旁遮普建立的印度希臘王國。兩國後來都被中亞入侵的貴霜帝國推翻（見 65 頁）。

印度西北曾有這些王國存在，意味希臘化時代的要素已進入南亞，包括使用國王肖像和名稱的鑄幣（圖二），或許還有脫蠟鑄銅技術。後來，哥林多柱式和其他希臘化時代的特色也在犍陀羅國建築上相遇。當時的印度希臘統治者對印度宗教信仰採取開放態度，據悉其中一位人稱彌蘭王（Menander）的國王信奉佛教，後來希臘人赫利奧多羅斯（Heliodorus）是毗濕奴的虔誠信徒。

這樣的接觸助長了經由貝勒尼基（Berenike）等紅海港口與羅馬帝國的海路貿易。透過掌握季風，水手能夠抵達位於印度西岸的巴魯奇港（Bharuch，希臘文獻作貝里加札〔Barygaza〕）和更南邊的帕拉圖爾（Pattanam，可能是希臘文獻中的木子李〔Muziris〕），以及東南岸的阿里卡梅杜（Arikamedu，圖一）和阿拉干庫蘭（Alagankulam）。波斯灣、阿拉伯南部和「非洲之角」（非洲東北部伸入阿拉伯海的半島）的掮客，也是這幾條連鎖貿易的要角。也有經由陸路進行的商業（圖三）。

賣到印度的物品包括葡萄酒（在港口發現的古希臘羅馬雙耳瓶是證明）。一如今日，黃金在印度備受重視，作家普林尼抱怨羅馬付出那麼多黃金購買精美紡織品，即凸顯這個事實。印度南部發現羅馬錢幣窖藏也是明證。最後，香料也是出口大宗，就連羅馬帝國偏遠地區都找得到證據（圖四）。

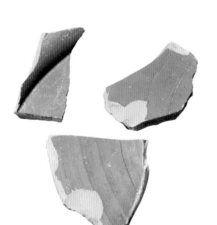

（本頁）

圖一　三個義大利赤陶碎片

這些在印度南部沿岸阿里卡梅杜遺址出土的陶器碎片看似無關緊要，卻引起莫大關注；它們是在義大利羅馬製造。其他出土的例子底部都有戳記指出製造的工坊。這些陶器在印度南岸出現，是西元初世紀印度羅馬貿易的指標。

義大利紅衣陶
西元 1 世紀
長 9 公分（最大的一片）
阿里卡梅杜，本杜遮里（Puducherry，前名朋迪遮里〔Pondicherry〕），印度南部
惠勒爵士遺贈
(1976,1103.4.g、h、i)

（對頁，左上）

圖二　安提奧西達斯的銀幣

印度希臘國王統治阿富汗東部及旁遮普西部。他們製造了一系列引人注目的錢幣，常刻希臘文，有時也刻當地文字和語言。這個例子刻了安提奧西達斯（Antialkidas，西元前 115–95 年在位）的肖像，是查爾斯·馬森（Charles Masson）的收藏。他是英國探險家暨考古學家，於 1830 年代來到喀布爾地區。

銀製
西元前 2 世紀
直徑 1.6 公分
在阿富汗鑄造
印度事務部捐贈
(IOC.57)

（右上）

圖三 瑪瑙浮雕

參與羅馬及印度間貿易的商人，
很容易攜帶小但高價像這尊海克
力士（Hercules）瑪瑙浮雕的奢
侈品。這是在阿克拉的居住土墩
裡發現，那裡正位於從阿富汗進
入印度河盆地的貿易路線上。

瑪瑙製
西元 1 至 2 世紀
高 6 公分，寬 4.7 公分
阿克拉土墩，開伯爾—普赫圖赫
瓦省本努縣，巴基斯坦
(1893,0502.1)

（右）

圖四 鍍銀胡椒罐蓋

許多證據證明羅馬統治時期的不
列顛已使用胡椒，如這個做成野
山羊斜倚形狀的胡椒罐蓋。這是
古羅馬晚期霍克森寶藏（Hoxne
Hoard）金銀製品的一部分，在
英國薩福克（Suffolk）發現。

銀及金製
西元 3 世紀
高 6.2 公分，長 6.2 公分
出自薩福克霍克森寶藏
透過藝術基金、國家遺產紀念基
金和大英博物館之友（大英博物
館協會）捐贈取得
(1994,0408.35)

圖一　佛首

犍陀羅時代後期，雕塑常是用黏土而非石頭製作。它覆蓋薄薄一層灰泥，非常適合上漆裝飾。這種傳統在阿富汗延續下來，證明印度文化的擴張。

灰泥製
西元 4 至 5 世紀
高 17.5 公分，寬 11.1 公分
犍陀羅地區，巴基斯坦
亨利亞金斯醫師的受託人捐贈
（1962,0421.1）

圖二　塔克巴希僧院

佛龕坐落於前景庭院周圍；僧侶的住所在後方清晰可見。

圖三　佛陀立像

佛像的概念，不論立姿或坐姿，都是在犍陀羅國確立的。這裡佛陀貌似真人，長袍似羅馬服裝，有脊狀皺褶。光環、肉髻或髮髻和眉宇間的印記「玉毫」（urna），暗示他的靈性地位；這些特色已成為標準。他的右手

可能在施「無畏印」：手舉起、掌心朝外，表示無所畏懼的手勢。

片岩製
西元 2 至 3 世紀
高 103 公分，寬 32 公分，深 22.5 公分
塔克巴希，開伯爾—普赫圖赫瓦省優素福扎伊（Yusufzai），巴基斯坦
（1899,0715.1）

犍陀羅國

古稱犍陀羅國的地區今天分屬巴基斯坦和阿富汗兩國，以白沙瓦、史瓦特河（Swat）和喀布爾河流域為中心；東方的塔西拉城也被視為領土的一部分。西元初世紀時，犍陀羅國由中亞遊牧民族貴霜人統治。他們從阿富汗進入次大陸，遭遇正往西北方傳播的佛教——已遠離它位於恆河平原的發祥地，進入今巴基斯坦西北部和阿富汗東部地區。

一如在南亞其他地方所見，佛教在這裡與貿易關係密切，於是，那條連結印度、西方世界和中國的古貿易路線，也就是絲路，也成了佛教從印度進入中亞，最終到中國乃至更遠的路線。這條傳播路線的敘事已經失傳，但考古證據確鑿無疑。

佛教建築欣欣向榮，大多是用當地的片岩建造（圖二）。美化這些建築的雕塑對外地有深遠的影響，因此格外引人入勝。它跟著貿易路線通過阿富汗，又沿著絲路傳進中國大城市。這裡的雕塑獨樹一幟，雖以佛教為主題，風格上卻比較接近希臘化時代的西方，而非印度世界。因此在西元 2 到 4 世紀，印度的一項雕塑計畫，卻帶有羅馬的地方性特色。運用羅馬的褶皺樣式、明明是古典人物的外貌卻有新的身分（例如海克力士變成佛陀的同伴金剛手菩薩〔Vajrapani〕），或是古典故事改換佛教角色，這全都指向羅馬世界，頻繁使用希臘化時代的建築元素亦是如此。佛陀首度被賦予肉身，似乎就是在犍陀羅國，以及貴霜帝國在平原的首都馬圖拉。這件事不僅在南亞，也在中亞、中國，乃至韓國和日本造成深遠影響。留存至今的雕塑和建築證據反映出隨著佛教繼續發展，教義也出現轉變，而記錄這些轉變的文本幾乎都失傳了。只剩一批現貯藏於大英圖書館的手稿，最早或許源於阿富汗東部。目前，它被認為是現存最早的佛教手稿。由白樺樹皮製，年代在西元 1 世紀，或許正好在貴霜人到來之前。

以上就是犍陀羅國的文化背景，但這些重要的轉變發生在哪些宗教場所呢？起初應該是在僧院，並以窣堵坡和對窣堵坡的崇敬為中心。那裡需要有僧侶的住處、設置窣堵坡並讓信徒繞行的庭院，以及讓新的菩薩（見 68 頁）可以容身的寺堂。儘管僧侶的住處似乎沒有裝飾，窣堵坡和窣堵坡的入口以及菩薩寺，都提供表現雕塑的機會——先是石雕（圖三），後來也用灰泥（圖一）。聖物通常會貯藏在窣堵坡裡。出自犍陀羅國的青銅製品包括最早用脫蠟工法製作的佛像（見 112 頁）。

後來，亟欲拜訪佛國的中國朝聖者，取道中亞和阿富汗進入南亞。最負盛名的玄奘描述了西元 7 世紀的犍陀羅國，那時當地的僧院已廢棄，不過仍有生動敘說佛教過往的故事，帶領我們更深入地一覽這個曾經生氣勃勃的佛教活動中心。

2│4 聖物箱

　　窣堵坡裡貯放聖物箱一事賦予這種建築神聖的地位，讓它值得崇敬。聖物箱裡多半存放上師、高僧的遺骨，或後來的文本、圖像等聖物。最早的聖物箱來自桑吉地區（56頁），包括一些用珍貴材料如硬石或水晶製作的例子（圖四）。有些以婆羅米文字刻上普拉克里特諸語言，提到上師之名。

　　後來，在西北方的犍陀羅國也發掘了大量聖物箱。許多內含硬幣和珠子，做成小窣堵坡的外型，有青銅或磨石子製（圖二）和金製（圖三）。這些物品很容易跟著佛教從次大陸傳播到中亞，進而影響中亞製造聖物箱的方式。

　　犍陀羅國最著名的聖物箱是來自畢馬蘭（Bimaran，阿富汗東部賈拉拉巴德附近）2號窣堵坡的骨灰甕（圖一）。它用金片製作，鑲著石榴石和綠松石，是1830年代查爾斯·馬森調查許多窣堵坡遺址時發現的。箱中有小黃金製品、綠松石鑲嵌物、珠子和硬幣。甕本身放在一個塊滑石的容器中，容器刻著古犍陀羅國所用的佉盧文，甕的金壁飾有淺浮雕人物的拱廊。每道拱門裡都有一位站立的男性；共八個。其中兩個是佛陀，而根據甕裡硬幣上的日期，這是最早以肉體而非象徵形式表現佛陀的作品之一。聖物箱的年代可能在西元1世紀到2世紀中葉之間。其他人物可能是因陀羅、梵天等神明和一位菩薩，全都描繪兩次。箱底有一朵蓮花。

圖三　窣堵坡形狀的黃金聖物箱

這個聖物容器精美地闡明窣堵坡結構的所有元素：鼓形基座、有三層「哈米嘎」的圓頂，以及三面保護用的傘蓋。

黃金製
西元 1 世紀
高 5 公分，寬 3.8 公分
或許出自阿富汗賈拉拉巴德和喀布爾之間的地區
布魯克・席威爾永久基金，得大英博物館之友和森古塔博士捐贈
（2004,0331.1）

圖四　三個聖物箱

這三個容器是在桑吉附近的窣堵坡發現，其製作技術精湛，暗示裡面收藏的聖物極其珍貴；有兩個刻有文字。

塊滑石製
西元前 2 世紀
中央邦賴森縣
康寧罕爵士少將捐贈
（左到右）：
出自安德赫（Andher）2 號窣堵坡
高 14.6 公分，直徑 15.5 公分

（1887,0717.18）
出自波吉布爾（Bhojpur）9 號窣堵坡
高 14 公分
（1887,0717.15.a）
出自撒德哈拉（Satdhara）8 號窣堵坡
高 14 公分，直徑 13.1 公分
（1887,0717.9.a）

2│5 菩薩

　　一如大部分的宗教，佛教教義一再隨時間而變遷，而這也反映在佛教雕塑上。其中最重要的變革是俗稱「菩薩」（全名菩提薩埵，意為具有佛性的眾生）的形象開始發展，且地位愈來愈崇高。對菩薩的崇拜在西元初世紀首度出現，或許可視為佛教離開純修道體系，轉為對俗眾也至關重要的宗教，畢竟俗眾也希望能與佛有些接觸。

　　簡單地說，菩薩背後的觀念就是佛陀在兩方面的教誨出現變化：關於輪迴轉世，以及所有人類的悟道潛力。因此，隨著人慢慢拾生命階梯而上，歷經多次轉生，最後終會到達涅槃。有人主張，有些即將到達這種狀態、充滿善業的人（幾乎不會再有任何負面事物依附他們）因慈悲為懷，會願意放棄涅槃，普渡眾生。這些人就是菩薩。他們因此成為眾生祈求的焦點；雖然地位不及佛陀，卻可以在走向解脫的路上給人協助；佛陀已進入涅槃，因此無法親近，而菩薩仍屬於這個世界。從這些觀念，佛教後來的教派衍生出新的教義，在「摩訶衍那」（Mahayana，即大乘佛教）這個概括性詞彙下有廣泛的描述。

　　菩薩最早的描繪是在犍陀羅國的雕塑中發現，從中也開始見到佛陀身邊有菩薩成群出現：如金剛手菩薩（執雷電者，圖一），和持蓮觀音（圖二）——他後來成為觀世音菩薩（圖三）。依據這些主張可推論出：有一位菩薩尚未成佛而即將成佛。他就是彌勒佛（圖四）。

圖二　持蓮觀音

持蓮觀音是最早出現的菩薩之一，也常戴著頭巾和珠寶。底座跪著的小僧侶貼切地呈現了求情是菩薩崇拜的一大要素。

片岩製
西元 2 至 3 世紀
高 54 公分，寬 31.4 公分
塔克巴希，巴基斯坦開伯爾一普什圖省優素福扎伊
(1950,0726.1)

圖三　觀世音菩薩

對這位菩薩的崇拜顯然是從持蓮觀音發展而成。這兩位都坐在蓮花座上，手持蓮花，且佩戴王室珠寶。

青銅製，刻有捐贈人的名字：
Singhunaduka
西元 8 或 9 世紀
高 9.5 公分，寬 6.5 公分
在印度東部鑄造；斯里蘭卡發現
(1898,0702.134)

圖四　彌勒佛

下一位將成佛的菩薩是彌勒佛。被描繪成王子，他帶著水罐，右手施無畏印。他的崇拜最早出現在犍陀羅國的雕塑中。

片岩製
西元 2 至 3 世紀
出自布內爾一優素福扎伊邊界，巴基斯坦開伯爾一普什圖省
高 91.5 公分，寬 40.6 公分
狄恩爵士捐贈
(1889,0703.6)

圖一　金剛手菩薩

雖然顯然在描繪海克力士——他披著涅墨亞獅子的皮——這位卻是金剛手菩薩，右手拿著的多面體即象徵雷電。佛陀兩側各有一位菩薩的描繪方式——如此例所呈現——似乎是發源於犍陀羅國的構想。

片岩製
西元 2 或 3 世紀
高 54 公分，寬 24.1 公分
犍陀羅國，今巴基斯坦
(1970,0718.1)

圖一　訶利旃陀羅國王

圖中，國王和家人一起在恆河沐
浴，仙界眾友（左）前來誘惑，
提醒他有未償還之債務，最後將
使他賣妻賣子。

「派坦」（Paithan）繪畫
19 世紀末／20 世紀
安得拉邦／卡納塔卡邦
高 33 公分，寬 44.5 公分
達拉皮柯拉博士捐贈
(2007,3014.36)

圖二　毗濕摩死於箭床

英雄毗濕摩（Bhishma）與俱盧
族人一起與般度兄弟交戰。雖受
致命之傷，他仍等到黑天（藍皮
膚者）和般度兄弟到場，聽他說
完臨終遺言才死去。

畫家拉姆達斯（Ramdas）繪
1598 年
高 24.4 公分，寬 14.4 公分（整
幅畫），蒙兀兒，印度北部
(1930,0716,0.1)

《摩訶婆羅多》

有大約 11 萬對句的偉大史詩《摩訶婆羅多》，比另一部偉大的印度史詩《羅摩衍那》還要長（見 87 頁）。它涉及的領域浩瀚無垠，涵蓋形形色色的主題，如神話、愛情劇、系譜學、道德、賭博的危險、神的本性，當然還有宇宙的性質。一如《羅摩衍那》，《摩訶婆羅多》或許源於一系列獨立的口傳故事，歷經好幾個世紀累積，在西元前 4 世紀開始合併為一個故事，一千年後才大功告成。內容充斥著離題和瑣細，其中有些枝節本身就是完整的敘事。有些在不同地區有不同面貌，南部版本的差異尤其大。《摩訶婆羅多》是以梵文流傳下來，並分成 18 卷本（或稱「parva」）。

不同於《羅摩衍那》的故事以邪不勝正為主軸（結局有一些不確定，但作品的基本教義是正面的），《摩訶婆羅多》比較陰暗，幾乎所有參與者都橫死戰場才罷休，凸顯人類處境之無助。神的要素在最終版本的《羅摩衍那》裡十分明顯，在《摩訶婆羅多》則少得多。不同於《羅摩衍那》，《摩訶婆羅多》裡的主角鮮少有狂熱的信仰。

《摩訶婆羅多》大部分的行動是從般度五兄弟和他們共同的妻子黑公主及表親俱盧族之間的一次衝突開始發展。五兄弟的大哥堅戰難以抗拒擲骰子的誘惑，賭輸俱盧族人後，他失去所有財物，甚至最後連妻子黑公主也賭上（她也是他所有兄弟的妻子）。所幸機智的黑公主召喚天神讓她免於遭到強暴。之後般度五兄弟和黑公主被迫展開漫長的流亡，最終試著奪回本該屬於他們的王位。這導致一場高潮迭起的戰鬥，而雙方都有多位英雄戰死。

雖然對生命較不樂觀，《摩訶婆羅多》確實包含許多探討公正的著名敘事，例如訶利旃陀羅國王（Harishchandra）的故事：他受到眾神考驗，順利克服（圖一）。《摩訶婆羅多》裡最有名的獨立文本莫過於《薄伽梵歌》（Bhagavad Gita）。這也探討道德，發生在俱盧之戰即將爆發之際。它被塑造成一段主人翁阿周那（Arjuna）與黑天（Krishna）偽裝的馬車夫之間的對話。他們在談論人的責任：「法」（dharma，音譯為「達摩」）。例如，萬一阿周那要殺的敵人也是親戚，怎麼做才正確呢？黑天強調每個人都須忠於職守，遵守自己的「法」，也就是須為社會和家族地位實踐的原則。這是傳統價值之表述，到現代仍極具影響力，例如聖雄甘地就說過這對他的重要性。

《摩訶婆羅多》是 16 世紀蒙兀爾帝國阿克巴大帝（Akbar，1556-1605 年在位）刪節並譯為宮廷語言波斯文的文本之一，取名為《戰爭之書》（Razmnama）。這位皇帝欲藉此政策為自己及宮廷提供更好的方式來了解他統治的多數人口──深受《摩訶婆羅多》影響的人口。最早的譯本也在阿克巴大帝的畫室中優美地圖繪，而在蒙兀兒朝臣任事的王室中心，一種次帝國的風格蓬勃發展，包括《戰爭之書》的繪畫（圖二）。

2｜6 紡織品：早期的輸出

　　根據考古挖掘紀錄，俾路支斯坦的梅赫爾格爾和後來的印度河文明諸城市都有人織棉布。早期的棉種植，以及染色和裝飾的知識，對南亞文化的發展至關重要。我們不知道染色和蓋印的棉布最早何時從印度出口，但從紅海港口米尤斯霍爾默斯（Myos Hormos）和貝勒尼基的出土文物判斷，早在羅馬時代初期就已有用來做帆布的素色棉布。那裡極度乾燥的環境有助於保存。貝勒尼基也有出自羅馬時代後期的防染棉布出土，或許是這種技術現存最早的例子。後來則在開羅舊城福斯塔特（Fustat）發現；裡面最早的棉布是在西元 8 世紀製造，自信地用了蓋印和多種染色技巧。接下來的例子於努比亞（Nubia）出土（圖一）。這些紡織品或許是在印度西部的古吉拉特製造。在此同時，也是極端乾燥的中亞尼雅遺址（Niya），發現了羊毛織品，或許是小毯或披肩的碎片（圖二）。這些碎布，以及出自貝勒尼基的碎布，是我們今天所知最早的印度紡織品。

　　我們知道從中世紀時期開始（在歐洲人直接靠次大陸紡織品牟利之前），印度紡織品亦出口東南亞。最為人熟知的例子來自印尼，那裡有大量紡織品貿易且留存至今。古吉拉特仍舊是主要製造中心，而 15、16 世紀印尼蘇拉威西島北部大受歡迎的樣式是女性行進隊伍裝飾，每一位女性都在彈維納琴（vina），舉起的手指上都停著一隻鸚鵡（圖三）。

左下

圖一　出自卡斯爾伊比仍的碎棉布

這塊碎布——或許是簾子的一部分——為棉製，用鐵和一種不明紅色染料染色。它的交易時間應在中世紀，而當時印度布料已經出口埃及一千年了。

棉製
13 到 14 世紀
長 65 公分，寬 46 公分
在古吉拉特編織及染色；在埃及下努比亞卡斯爾伊比仍（Qasr Ibrim）出土。
埃及探勘協會捐贈
(1990,0127.457)

（對頁，右下）

圖二　出自尼雅遺址的碎布

這塊羊毛織品的碎布或許是來自
披肩或小毯，是現存最早的印度
布料。這種織法和設計提醒我
們，在西元初世紀，印度文化曾
主宰塔克拉瑪干沙漠南部的綠洲
聚落。

羊毛製
西元 1 至 3 世紀
印度北部，可能在喀什米爾；發
現於中國新疆尼雅遺址
長 48.5 公分，寬 34 公分
(1907,1111.105)

（右）

圖三　輸往印尼市場的紡織品

這塊布由 12 個行走的女人裝飾，
圖中呈現其中兩個。每一位都撥
弄著靠在肩上的維納琴，右手托
住一隻象徵愛神的鸚鵡。顏色設
計為紅藍相間。這塊布及相關織
品的年代判定，是透過與西印度
繪畫對照，特別是眼睛超出臉部
輪廓的設計（見 136 頁，圖一）。

以蓋印法裝飾的棉布，防染、媒
染
16 世紀
布總長 502 公分，寬 96 公分
古吉拉特；在印尼蘇拉威西北部
蒙東哥（Mondongo）發現
基里克捐贈，1994 年
(As1944,08.4)

2｜7 馬圖拉的早期耆那教雕塑

　　事實證明耆那教在南亞各地已流傳甚久，不同於佛教（佛祖和摩訶毘羅生存時代相仿；見 18 頁、46-7 頁），它在誕生地印度仍相當活躍，但它要到近代才較廣為傳布——拜 19 世紀末至 20 世紀初古吉拉特居民大舉遷往東非乃至歐美之賜。

　　貴霜時期（西元初世紀，見 65 頁），耆那教信徒在馬圖拉建造多座窣堵坡（窣堵坡是此時期耆那教活動的一大特徵）。一如佛教的窣堵坡，耆那教在馬圖拉的窣堵坡也用梁柱砌成的欄楯和世俗空間區隔。有些直柱刻有藥叉女：她們守在建築底座，被視為吉兆和助力（圖二）。這些馬圖拉的耆那教聖所還有一大特色是「ayagapata」浮雕。這些雕刻有一系列正向、慶祝畫面的矩形平板，確切功能並不清楚，有可能是放置祭品的表面（圖一）。耆那教祖師「蒂爾丹嘉拉」（見 46-7 頁）的早期雕塑大部分出自馬圖拉。今天，這些人物的圖像學已逐漸確立（圖三）。在馬圖拉，也賦予蒂爾丹嘉拉光環，有時還有細膩裝飾，不過在後來的肖像中，表示尊敬的傘蓋取代了這個特色。

　　今日耆那教在馬圖拉已不復見，但仍活躍於印度其他地方，尤其集中在西部和南部（見 136-9 頁）。

圖一　「ayagapata」浮雕碎片

一位坐在傘蓋下的耆那教蒂爾丹嘉拉、一位戴花環的大肚皮人物，以及富裕之瓶「本囊伽吒」（purnaghata），全都是吉祥的形象。

有斑點的紅砂岩製
西元 2 世紀
高 38.5 公分，寬 39.8 公分
康卡利蒂拉（Kankali Tila），北方邦馬圖拉
印度事務大臣捐贈
(1901,1224.10)

（左）

圖二　出自窣堵坡欄楯的耆那教藥叉女

一如佛教遺址，耆那教窣堵坡的保護性欄楯也以吉祥和有助益的形象裝飾。在桑吉首開紀錄數百年後，這裡延續了神聖建築刻畫年輕豐滿女性不失允當的概念（見57頁）。

有斑點的紅砂岩製
西元2世紀
高59.5公分
馬圖拉，北方邦
布魯克・席威爾永久基金
（1975,1027.1）

（上）

圖三　一位蒂爾丹嘉拉的雕塑

24位耆那教祖師的圖像學已然建立，特徵包括寬闊的肩膀、蝸牛殼般的捲髮、胸前有吉祥象徵「室利靺蹉」（Shrivatsa，又稱吉祥犢）。這位人物也被賦予光環，光環上以蓮花瓣和荷葉邊裝飾。

紅砂岩製
西元3世紀
高34公分
馬圖拉，北方邦
印度事務大臣捐贈
（1901,1224.5）

2｜8 首批廟宇建築

　　近兩千年以來，在南亞這個區域，向來會在建築裡賦予神明形象——至少定居、城市型的社會是如此。蓋廟是印度經驗與生俱有的部分，不管南亞人住在哪裡，廟就是此地有南亞人的獨特指標之一。不過事情並非一直如此，《吠陀》時代的南亞人就沒有可進入敬拜的建築。有人建廟，就表示有人以安置廟中的肖像為媒介從事敬神活動，兩者關係密切；而《吠陀》時代沒有肖像存在。古代，印度的敬神活動都是透過「普闍」（puja，供奉之意）進行，這是虔信之舉，但基本上也是契約，奉獻禮物是用來交換保護。因此，一旦神明被賦予形象，且需要中介者（通常是婆羅門）居中傳達信徒的祈禱，廟宇就變得不可或缺了。

　　窟龕在西元前最後幾世紀出現在西高止山脈，之後又延續千年之久（見80頁）。最早的石窟顯然是以木造屋舍為本，從石窟建築複製橫梁結構可見一斑，但沒有任何木造建築留存至今（見53頁）。馬圖拉從西元初世紀開始出現聖殿式的建築，印度南部的那伽雲那柯（Nagarjunakonda）則最晚從4世紀開始，不過我們只能從考古紀錄了解這些。最早的現存廟宇位在笈多時代的印度北部。在諸如毘培岡（Bhitargaon）等遺址，外緣有赤陶飾板裝飾的磚造廟宇屹立至今；裝飾的類型有人形（圖二、三）、花卉或幾何等等。6世紀時印度中部見證了現存最早的石造廟宇。例子包括德沃加爾（Deogarh）的「十大化身」（Dashavatara）神廟，那裡的浮雕取材自毗濕奴的神話，這些廟宇大多有裝飾精美的門柱（圖一）。

圖一　門柱的碎片

左側雕了歡樂嬉戲、有茂密長捲髮、代表吉祥的侏儒，右側雕了密集蔓葉形圖樣，這就是典型的早期印度神廟裝飾，特別是引領信徒從俗界進入神聖空間的入口。「不留白」的特色在這個碎片顯而易見，而且一路延續到中世紀。

砂岩製
約西元550年
印度中部
高62.5公分
巴瑞特捐贈，紀念迪賽
(1976,0621.1)

圖二 赤陶飾板和建築元素

或許是要做為吉祥的侏儒，左邊飾板上的年輕人物拿著手搖鈴，也許要幫「拜讚歌」（bhajan）伴奏。由於濕婆常由淘氣的侏儒伽那那服侍，這塊出自阿希查特拉遺跡（Ahichchatra）的浮雕可能曾裝飾當地的濕婆神廟。阿希查特拉神廟的人物裝飾，四周會以右圖的建築元素為框。圖中央可能是壁柱的柱頂，兩側可能為有尖頂的拱廊。

赤陶土製
西元 5 世紀
高 15.4 公分，寬 16.5 公分（左）；
高 17.5 公分，寬 19.2 公分（右）
阿希查特拉，北方邦巴雷利縣
(1901,1224.30、1224.14)

圖三 赤陶飾板

這塊飾板刻畫一名獵人扛著他的獵物。雖有毀損，仍可辨識出波浪狀的長捲髮──笈多時代雕塑的特徵。製作者很有信心地用黏土塑像，提醒我們南亞使用這種原料的歷史悠久綿長。

赤陶土製
西元 5 世紀
高 48.3 公分，寬 30.5 公分
可能出自恆河谷地南部
(1976,0205.1)

2|9 鹿野苑和笈多時代的佛教

笈多時代（西元 4 到 5 世紀），佛教持續欣欣向榮（圖一）。然而，王室重視的宗教已從佛教轉向早期印度教的神明——婆羅訶和毗濕奴的其他形式。

然而，靠近瓦拉那西的鹿野苑仍是重要的佛教中心。依循傳統說法，佛陀就是在這裡首次講學——套用佛教術語，他「初轉法輪」（圖二）。我們不知道鹿野苑是何時成為主要朝聖中心，但那裡在阿育王時代（見 48-9 頁）立柱刻字時就已享譽盛名。直到今天，鹿野苑在佛教朝聖者心目中依然重要。

除了在朝聖上扮演要角，鹿野苑也發展成重新想像佛陀形象展現方式的重鎮。早期的雕塑不是將他描繪成超越人類的英雄（馬圖拉），就是普通人（犍陀羅國）。新的鹿野苑塑像卻將他視為與神接觸的人物——甚至是神。他看來與世無爭，脫離塵世，陷入冥思。目光低垂或緊閉，身體無論是站（圖三）或坐，都罩著袈裟，肌肉和骨骼結構不再明顯。佛陀變得比較不像人，倒像神了（圖一）。這種佛陀形象將傳播出去，深刻改變他在南亞其他地方，乃至亞洲各地的描繪方式。

圖一　佛陀講學

這時代留存至今的金屬製佛像少之又少，但這個強有力的例子呈現佛陀雙手施「說法印」（dharmachakramudra），即講學的手勢。他垂瞼的雙眼專注地向下看，而從這時候起，這種避世暗示的影響力愈來愈大。基座上有供奉的銘文。

銅製，鎏金
笈多時代，西元 5 世紀至 6 世紀初
出自北方邦班達縣達內薩爾喀拉（Danesar Khera）的窖藏
高 35 公分，寬 22 公分
布魯克・席威爾遺贈
(1969,0725.1)

圖二　佛陀坐像

這尊有光環的佛陀不僅坐在王座
上，且雙腳罕見地牢牢踩在地上；
他的雙手施說法印。這張兩側有
獨特神話動物的王座是未來許多
石造和銅製佛像的原型。

砂岩製

西元 5 世紀

印度東部，鹿野苑風格

高 118 公分

(1880.7)

圖三　佛陀立像

脫離塵世、散發宛如英雄的平
靜，這尊帶有光環的佛陀右手施
無畏印。近乎透明而貼身的外衣
並未隱藏裡面的軀體、反倒做了
清晰勾勒，成為未來刻畫的標
準。鹿野苑風格之美，特別是在
臉部描繪上，使它長久以來一直
被視為印度雕塑的縮影。

砂岩製

西元 5 世紀

高 144 公分

印度東部，鹿野苑風格

(1880.6.a–b)

2│10 石窟建築

　　從天然岩石挖鑿佛教建築的傳統始於西高止山脈——孟買內陸的山區。這類聖所最早可溯至西元前最後幾世紀。廣義而言，石窟遺址可分成兩類：一是內有柱廊、通往窣堵坡的聖殿，二是給僧侶在雨季靜修的住所。窟龕的傳統跟著佛教走出印度，先後在阿富汗的巴米揚（圖二）及中國的敦煌等地精湛重現。

　　今中央邦的阿旃陀，挖出印度佛教石窟建築中最精美的系列。在瓦格河的懸崖壁上，窟龕和僧侶住所分兩階段挖鑿，一在西元前 2 世紀，一在西元 5 世紀。在阿旃陀，壁畫同樣重要：有相當多片段倖存至今。這些是我們今天所見最早的南亞繪畫，年代可溯至上述兩個活動時期。壁畫主題包括《本生經》故事，佛陀和多位菩薩的生平（見 68 頁）。不同的佛教傳統——例如有沒有菩薩，或佛陀是否有多種形象——在這個遺址都看得到（圖三）。

　　我們不知阿旃陀的聖所何時開始不再使用，但 1819 年重新發現之際，此地已不為人知、雜草蔓生。此後，有人多方嘗試記錄那些畫，有的臨摹，有的攝影。阿旃陀東北方巴格（Bagh）窟龕裡的壁畫，1920 年代曾為孟加拉畫家穆庫·錢德拉·戴伊（Mukul Chandra Dey，1895-1989）臨摹（亦見 288 頁）（圖一）。

圖一　大象的行列：巴格壁畫臨摹

中央邦的洞穴區規模比阿旃陀小得多。20 世紀時兩個遺址的壁畫都有人臨摹，例如這幅圖是出自穆庫·錢德拉·戴伊之手，而這項工作對重建印度本土繪畫風格影響甚鉅。

紙上水彩畫
1920 年代
高 147.8 公分，寬 315.8 公分
臨摹中央邦達爾縣巴格洞穴的壁畫
(1926,0411,0.44.a)

圖二　石窟裡的佛陀立像

西元第 1000 紀中葉在阿富汗中部的巴米揚，懸崖鑿入兩尊巨大的佛陀立像，圖中是其中一尊。中國取經者玄奘曾在西元 630 年提及。佛像屹立的拱頂內側，有印度風格的壁畫裝飾。這兩尊佛像都在 2001 年遭到塔利班破壞。

砂岩雕塑，細節用黏土修飾
西元 630 年完成
高 53 公尺
巴米揚河谷，阿富汗哈扎拉賈特

圖三　阿旃陀 1 號洞穴的持蓮觀音壁畫

阿旃陀這些壁畫即便今天看來仍十分驚人，顯示西元 5 世紀時美學的高度發展；次大陸幾乎沒有其他地方可與之媲美。這些壁畫也蘊含關於那個久遠年代的豐富資訊，包括宗教儀式。持蓮觀音（觀世音菩薩的早期形式）是大乘佛教的主要人物；他在這裡加冠且平靜安詳，確切說明曾使用這座石窟聖祠的僧侶信仰哪一種宗教。

繪畫
西元 5 世紀晚期
阿旃陀，中央邦

2│11 喀什米爾的佛教

　　肥沃的喀什米爾和周圍谷地位於犍陀羅國東北，繼承了鄰居的許多文化特徵，對佛教的重視至少有一千年，而如果阿育王（見48頁）是昔日這區域首要宗教傳播者的傳統說法可以信賴，那麼這裡的佛教史還要更久。另外，一般相信貴霜帝國最重要的統治者迦膩色伽王曾在這裡發動「佛教第四次集結」。但毫無疑問的是，在西元1000紀後半，喀什米爾是著名的佛教講學中心，特別是後期流派——大乘佛教和金剛乘佛教（Vajrayana，主張透過熱切的精神實踐來實現靈性力量，通常要師父引領）的研究。當地有委託製作和捐贈窣堵坡和寺院的紀錄，特別是中國朝聖者，如西元631-33年來此的玄奘。這裡沒有建築倖存至今，只能從附近哈彎（Harwan）出土的窣堵坡遺跡看出端倪。

　　目前已知最晚從西元7世紀就有赤陶（圖一）和石製的佛教雕塑，青銅製的稍晚一些。再後來，受印度北部笈多（見54頁，圖三）和後笈多風格影響的金屬雕塑，愈來愈精細複雜（圖四）。木雕（常有上漆）和象牙也是這個時期的特色（圖三）。

　　同一時間，佛教從喀什米爾往東傳入西藏西部（這在西元1000紀後半分數個階段完成），意味易於搬運的銅像在西藏西部獲得青睞，且一直留到1960年代。喀什米爾東邊的拉達克和拉豪爾等地也於中世紀製作銅像，在西藏發揮影響（圖二）。

（左下）
圖一　女人頭

赤陶土這種雕塑材料延續了犍陀羅國的傳統（見64–5頁），不過喀什米爾的製作風格主要參考笈多的樣式：透過雕塑來投射美好、理想化的品格。

赤陶土製
可能在西元6世紀
高15公分，寬14.5公分
阿克諾奧爾（Akhnur），印度查謨喀什米爾邦查謨縣
布魯克・席威爾捐贈
(1953,0512.1)

（對頁，右下）
圖二　金剛薩埵的鑲嵌雕塑

佛教菩薩金剛薩埵（意為「堅固不壞之本心」）的標誌是他右手直握的雷電，即「金剛」。「金剛」的象徵也被吸入光環的意象中，成為喀什米爾佛教的區域性特色，這也是喜馬偕爾邦拉豪爾或斯皮提（Spiti）的典型，而這兩地是佛教傳入西藏的要地。

青銅製，鑲嵌紅銅和銀
11 世紀中葉
高 10.5 公分
拉豪爾或斯皮提，喜馬偕爾邦西部
布魯克・席威爾永久基金
（2015,3010.1）

（右上）
圖三　可搬運的佛龕

這個碎片出自一座可搬運的佛龕。佛龕設計成一座迷你寺院——請注意三角牆和拱頂都是典型中世紀喀什米爾寺院的元素。在象牙製的中心部分，一位加冠的菩薩端坐，身邊圍繞著仙人，目前空洞的壁龕亦為象牙製，也許曾為陪侍的人物占據。

象牙、上漆的木材製
西元 8 世紀
高 14.5 公分
喀什米爾
布魯克・席威爾永久基金
（1968,0521.1）

（右）
圖四　觀世音菩薩的鑲嵌雕塑

將有色金屬鑲入青銅的外形，用脫蠟工法鑄造，是喀什米爾施用的技巧；這種技巧也從這裡傳播到西藏。印度佛教對持蓮觀音的崇拜（見 68 頁）也在後來演變成對觀世音菩薩的崇拜，並傳播到全亞洲。

青銅製，鑲黃銅、銀、紅銅和鍍金
西元 1000 年左右
高 24 公分
喀什米爾
布魯克・席威爾永久基金
（1969,1103.1）

2│12 喀什米爾的印度教諸神

　　今日所謂的「印度教」是在笈多王朝後確立。信仰神明成了普遍現象，例如濕婆、毗濕奴（皆為男性）和一位依職權而賦予不同名字的女神。神廟的偶像崇拜是重要元素。喀什米爾早期的印度諸神雕塑看得出承襲自犍陀羅國，迦絺吉夜（即室建陀）和吉祥天女的塑像都顯然受到犍陀羅國兼容並蓄風格的影響（圖二）。不過後來兩者的關聯減弱，喀什米爾石像和銅像的獨特風格逐漸確立，包括佛教（82頁）和印度教都是如此。

　　中世紀後對濕婆的虔信格外重要。甚至到今天，朝聖者仍會長途跋涉到帕哈爾加姆（Pahalgam）附近的阿馬爾納特（Amarnath）石窟，濕婆在那裡以冰林伽的形式受人崇敬。西元第1000紀晚期，濕婆的獨特樣貌包括肉身形式（有時是三頭，圖三、四）和林伽（圖五），在喀什米爾受到歡迎（林伽是直立的陽具柱體，象徵濕婆，見96頁）。象神也很受歡迎，在伊斯蘭抵達後仍在西北部持續甚久。《毗濕奴法上往世書》是撰於第1000紀中葉的圖像誌，有助於了解這種雕塑和濕婆及毗濕奴之間的關聯。喀什米爾毗濕奴的典型特徵，是身邊會有權杖和輪子的象徵（圖一）。其他受歡迎的毗濕奴描繪方式，包括四頭的毗恭吒和野豬頭的化身婆羅訶。

（左）
圖一　毗濕奴
此神的武器化為腳邊的小人形——右邊的神杵女（Gadadevi）和左邊的法輪（Chakrapurusha）。毗濕奴的坐騎迦樓羅（Garuda）出現在他的兩腳之間，崇拜地仰望。

銅合金製，銀
西元9至10世紀
高23.7公分，寬13.5公分
布魯克·席威爾永久基金
(1966,0616.1)

（對頁，左上）
圖二　吉祥天女
在這尊吉祥天女的雕像中，犍陀羅的過往在外衣的褶皺和懷中的寶盆清楚呈現。天降甘霖使她涼爽，錢幣灑在腳邊，而她的右手拿著一朵蓮花。

綠泥石製
西元6世紀後半
高36.5公分
喀什米爾
西蒙·迪格比紀念慈善組織捐贈
(2016,3059.1)

（對頁，右上）
圖三　濕婆和雪山神女
兩位神明和他們的後代：象神（濕婆右腳旁邊）和室建陀（兩人之間）。身後是濕婆的公牛坐騎南迪（Nandi，見93頁），以喀什米爾獨特的三頭形式呈現。

綠泥石
約西元800年
高27公分，寬19.5公分
喀什米爾
布魯克·席威爾永久基金及西蒙·迪格比紀念慈善組織
(2017,3050.1)

（對頁，左下）
圖四　濕婆
三頭濕婆的王冠展現伊朗風格的新月元素，可畏的陪臚（Bhairava，左）的王冠則是頭顱和斷臂組成。濕婆的配偶雪山神女亦有刻畫（右）。

綠泥石
西元9世紀
高41公分，喀什米爾
(1988,0312.1)

（對頁，右下）
圖五　濕婆林伽
濕婆的肉身形式和直立柱，或林伽化身（見96頁）皆受人崇敬。在這個例子，神明的臉顯現在陰莖體上。這樣的雕塑是製作來在家使用的。

綠泥石製
西元7至8世紀
高8.9公分
喀什米爾
柯爾少將捐贈
(1959,1013.1)

圖一 羅摩和悉多離開宮殿

羅摩離開父親十車王的宮殿（他一名妻子在左側）。羅摩（戴蓮花冠、藍皮膚者）由悉多和忠心的弟弟羅什曼那陪同。

紙上水粉畫
約 1700–1710 年
高 21.6 公分，寬 31.2 公分
庫魯（Kulu），喜馬偕爾邦
布魯克・席威爾永久基金
(1966,0212,0.2)

圖二 羅摩、悉多、羅什曼那在森林裡

這三位流亡者穿著樹葉做成的衣服。有小花朵點綴的藍色飾邊是喜馬偕爾邦坎格拉（Kangra）地區後期繪畫的典型。

紙上水粉畫
約 1820 年
坎格拉，喜馬偕爾邦
高 30.4 公分，寬 25.9 公分
(1925,0406,0.4)

《羅摩衍那》

《羅摩衍那》（羅摩的故事）與《摩訶婆羅多》並列為影響最深遠，也最受人喜愛的南亞史詩。今天羅摩被視為毗濕奴的一個化身（見99頁），也是君王的典型。相傳哲人蟻垤（Valmiki）是這部史詩的作者，不過故事或許只有一小部分是任一特定作者著述。史詩或許是以口述形式存在，後來才交付書寫。最早的情節，也就是故事英勇成分較顯著之處，或可溯至西元前1000紀中葉；之後，羅摩的化身性質逐漸確立，並融入文本之中（此後他被視為毗濕奴的第七化身），西元5世紀這部史詩似乎已大致完成。

除了少許例外（例如毗奢耶那伽羅的羅摩占陀羅〔Ramachandra〕神廟），供奉英雄羅摩的廟宇很少。他主要是在繪畫（圖一至三）、舞蹈和文學中為人讚頌。對後世影響最大的《羅摩衍那》版本或許是16世紀杜勒西達斯（Goswami Tulsidas）所寫的白話版。他是以當地語言（阿瓦德語，屬印地語的一支）而非梵文撰寫詩句，較平易近人。也有南部的版本，最出名的是康邦（Kamban）在12世紀或更早用泰米爾語寫的版本。這個版本中，一如其他南印度的版本，道德的側重點多少有些不一樣，特別是羅波那（Ravana）的本性——他在南方並非全然邪惡。

敘事百轉千迴，不過概括而言，故事可總結如下：羅摩是十車王（Dasharatha）之子，另有三兄弟，母親皆不同。其中一位母親吉迦伊（Kaileyi）向年邁的十車王討取恩惠，強迫他改立她的兒子婆羅多（Bharata）為繼位者，廢黜具正當性的羅摩。羅摩與年輕的新婚妻子悉多（Sita）和忠心耿耿的弟弟羅什曼那（Lakshmana）被迫流亡到森林裡（圖一、二）。他們遠離宮廷生活多年，而在這段時間培養出英雄氣概，斬殺惡魔、保護隱士和智者。悉多展現理想妻子的性格，但其實她有一段精采的獨立自主的故事，故事的精髓至今未被家父長制完全抹煞。他們遭遇的其中一個惡魔首里薄那迦（Shurpanakha），是楞伽（Lanka）王十首羅波那的妹妹（圖三）。在和羅摩及羅什曼那爭吵後，她回到楞伽，慫恿哥哥對付羅摩。

羅波那設計羅摩和羅什曼那把悉多一人留在森林裡，接著又用詭計抓到悉多，劫持到楞伽，將她監禁，而她拒絕羅波那的示愛。接下來的故事就是羅摩和弟弟搭救悉多，最終凱旋歸國，坐上本該屬於他的王位。

羅摩有個得力助手，是這部故事最可愛討喜的角色之一：忠誠的猴將哈努曼（Hanuman，圖四）。他找到被囚禁的悉多、搭了一座橋往楞伽（見89頁），還用他的長尾巴當火炬，飛越並燒毀這座城市。哈努曼會成為摔角選手的守護神，不是沒有理由的。

《羅摩衍那》適合口語傳誦，可任意闡釋或刪減情節，1500年來為藝術家提供諸多素材。毫無意外地，羅摩也成為佛教傳說的主人翁，《本生經》裡就有個故事是以他的事蹟為基礎，而他的故事也傳遍東南亞，透過印尼、馬來西亞、泰國的皮影戲留在人們的記憶中。

圖三　羅摩與羅波那交戰

色彩、戲劇、刺激、出色的設計
──優秀印度繪畫的正字標記，
這裡通通有。10 頭 20 臂的羅波
那與騎在哈努曼背上的英雄羅摩
正面交鋒，構成這部史詩的高
潮。其結果已清楚地反映於他們
腳邊：哈努曼軍團的一隻猴子和
一名羅波那惡魔追隨者之間的對
抗。典型的南印度繪畫會大量使
用金色，凸顯珠寶和王冠。

紙上水粉畫
1810 至 1820 年
高 29.5 公分，寬 20.3 公分
坦賈武爾（Thanjavor）或蒂魯吉
拉帕利，泰米爾納德邦
(1974,0617,0.14.2)

圖四　哈努曼的遊行塑像

這座塑像呈現英勇的猴子哈努曼
拿著從喜馬拉雅山採來的藥草，
將治癒在戰場上受到重創的羅什
曼那。像這樣的大型銅像在南印
度製造，神廟節慶期間扛著穿越
大街小巷（見 146 頁）。

青銅製
18 世紀
高 63 公分，寬 43.6 公分
印度南部，可能在泰米爾納德邦
席姆捐贈
(1922,1020.4)

2｜13 那伽

　　具有半神性的蛇神那伽成為南亞文化的特徵，至少已有兩千年。一般相信他們住在地下，是貴重寶物的守護者。在早期佛教，他們是正向的捍衛力量，除了在《本生經》故事扮演要角，也出現在聖所入口的雕塑中（見 60 頁）。從那時起，多頭野獸（通常是 5 頭或 7 頭）的概念深植人心。眼鏡蛇發怒時會猛然把頭豎起的行為，無疑是這種古老構想的靈感。

　　在耆那教，第 23 位蒂爾丹嘉拉巴濕伐那陀（見 138 頁）也受到一隻 7 頭蛇的「兜帽」保護。早期印度教，有時被列為毗濕奴化身（如 100 頁所繪）的持斧羅摩，也以類似方式呈現在早期雕塑中。

　　在後來毗濕奴派（Vaishnava）的設計中，毗濕奴盤坐在那伽王舍沙（Shesha，又稱阿難陀龍王〔 Ananta 〕）上，而常被視為毗濕奴化身的黑天降伏了亞穆納河的那伽王，將那伽王和王后轉變成他的信徒，今天會在蛇節（Naga Panchami）慶典上加以紀念，節慶期間，印刷品和繪畫會釘在門上，保護居民來年不遭蛇咬。

　　印度也有在蟻塚或樹腳以那伽石（圖一）崇拜蛇神的悠久傳統。從古至今（圖二）令人印象深刻的雕塑，是這項信仰的特色。

圖一　崇拜儀式中的那伽石

這座路邊神龕位在清奈西北方從蒂魯帕蒂（Tirupati）到蒂魯馬拉（Tirumala）范卡德瓦拉廟（Venkateshvara）的朝聖路線上。這幾塊那伽石被敷上薑黃粉（黃色）和辛德胡粉（sindhur，鮮紅色），也會奉獻木槿花和毗利婆樹（bilva）葉。

蒂魯馬拉山，安得拉邦契托爾縣（Chittoor District）
20 世紀晚期

圖二　那伽石

兩條交纏的那伽，一條 7 頭，一條 5 頭，防衛性地把頭豎起，也具恫嚇作用。

砂岩製
西元 8 世紀
高 89 公分，寬 60 公分
奧里薩邦（Orissa）
布里吉家族捐贈
(1872,0701.108)

圖三　毗濕奴坐在 7 頭那伽王舍沙之上

這條平常危險的蛇，在這裡親切地為毗濕奴提供王座和頂蓬。毗濕奴有兩名妻子師利（Shri，他的右邊）和彈維納琴的辯才天女（Sarasvati，左邊）作伴。這種圖案不對稱而色彩繽紛的設計，是傳統印度美學的典型。

濃水彩繪於棉布上，後有木造托架，可能出自某座神廟
18 世紀

高 18 公分，寬 11.6 公分
安得拉邦或奧里薩邦沿海
Hernu, Peron and Stockwell 公司
捐贈
(1971,0920,0.7)

2│14 伐訶納

　　目前還不清楚南亞諸神是什麼時候開始跟特定動物坐騎「伐訶納」建立連結。在印度北部的貝斯那伽（Besnagar），約在西元前110年，塔克西拉的使者赫利奧多羅斯（Heliodorus）豎起一根有銘文的柱子，獻給婆蘇婆提（Vasudeva，後來稱為毗濕奴的神明），柱上或許曾有大鵬迦樓羅的雕塑，因為柱上銘文描述這是「婆蘇婆提的迦樓羅柱」（雕塑並未留存下來）。可見在這時，迦樓羅已和婆蘇婆提（毗濕奴神）有關聯了。到了笈多王朝時代，柱上的迦樓羅做為王室紋章出現在鑄幣上，再後來，這隻半鳥半人神便開始載毗濕奴遨遊天際了（圖二）。

　　貴霜帝國鑄幣上的濕婆身邊有一頭公牛，或許就預示南迪會出現（圖三）。南迪不只是濕婆的坐騎，也成了他最重要的信徒。從很早開始，其他神明也和特定動物有關：吉祥天女有驅邪的象、室建陀有孔雀（見172頁）、難近母有獅子（圖四）。有趣的是，象神騎的動物是隻大鼠（圖一）。動物坐騎和神明的關係在印度教最為顯著，不過在佛教中，動物也多所暗示，例如兩隻鹿面對彼此和一個輪子，暗示佛陀首次講學的鹿野苑，兩頭獅子支撐王座則提醒觀者，佛陀是「釋迦族之獅」。在耆那教，位於王座低處的動物可用來確定蒂爾丹嘉拉的身分（見43頁）。

片岩製
13世紀
高62.5公分，寬31公分
奧里薩邦
布里吉家族捐贈
(1872,0701.67)

圖三　南迪，獅婆的牛坐騎

南迪的雕像通常放置在神龕裡濕婆林伽直接看得到的地方，在南印度尤其如此。因此，南迪不只是濕婆的坐騎，也是神廟裡第一個獲得濕婆「正見」（darshana，吉祥的目光接觸）的角色。牠戴著鈴冠、項鍊，耳朵、前額和背上都有飾品。

花崗岩製
16世紀
高86公分，寬96公分
(1923,0306.1)

圖四　女神難近母騎著她的獅子坐騎

在孟加拉，女神難近母有一段特別的故事，每年10月都會在一年一度的難近母菩薩節（Durga Puja）頌揚慶祝。菩薩節從她抵達父親的住處開始。圖中，父親正在歡迎她，跟母親一起坐在獅子伐訶納背上的象神也擺出同樣的姿勢。

帆布油畫
19世紀末／20世紀初
高79.5公分，寬60公分
孟加拉
(1990,1031,0.1)

圖一　象神的大鼠伐訶納

這隻象神的鼠坐騎是信徒獻花的焦點，它位於烏曼納達神廟（Umananda temple）象頭神殿的入口。這座神廟供奉濕婆，坐落在阿薩姆邦布拉馬普特拉河中的小島上。

圖二　迦樓羅，神話中毗濕奴的鳥坐騎

毗濕奴的伐訶納以雙手合十之姿出現，代表崇敬和歡迎的手勢。他手中緊握著要獻給毗濕奴的花環。在這件雕塑中，除了翅膀（現在失去一隻）和如尖喙的鼻子，他幾乎全為人形。

2 | 15 印度文化在中亞

從考古證據可知，伴隨佛教從印度沿絲路一路擴張到中亞乃至中國的文化包袱至關重要。從西元初世紀開始，現已廢棄的絲路遺址陸續出土印度鑄幣、人形雕塑、手跡、繪畫式樣和佛教的儀式材料；不過其中如印度鑄幣和手跡，最後沒有留存下來。佛教眾神的描繪方式相當仰賴印度原型，人形雕塑的觀念亦是，這些在古中國，即佛教於西元初世紀傳抵之前較為罕見。

一項顯然起源於南亞的活動是繪畫。有從印度輸入中亞的物件，也有受過印度傳統訓練的工藝師在中亞所繪的作品。數件在中國西北部敦煌地區發現的畫作，風格皆貼近 8 世紀的喀什米爾。這點特別重要是因為喀什米爾沒有任何中世紀繪畫留存至今。敦煌的一幅金剛手菩薩像即為一例（圖三）。今天，我們可以拿這位衣著華麗的神明，和拉達克阿爾奇寺（Alchi）桑色大殿（Sumtsek，圖一）的珍貴遺物彩繪雕塑（圖二）做比較；兩者顯然關係密切。這幅敦煌壁畫有許多元素亦出現在喀什米爾的佛教雕塑（見 83 頁），包括三葉王冠、三角形的臉、菩薩站立的雙蓮，以及掛在左肩的聖線（yajnopavita）。這幅壁畫和一小批其他出自中亞的繪畫，是一種已失傳的印度繪畫傳統的重要指標，也提醒我們這些風格是在西元 1000 紀從佛教聖土進入東亞。

圖一　阿爾奇寺桑色大殿

這座神廟建於 13 世紀初，而這張外觀照是在 1945 年拍攝。它記錄了已不復存在的部分上部結構。有雕刻的木造入口採用喀什米爾風格，內裝也是──那引人注目地展現於三層樓上，是雕刻及繪畫裝飾的珍寶（見圖二）。

熊伯格（Reginald Schomberg）
上校拍攝
約於 1945 年
阿爾奇寺桑色大殿，拉達克地區列城縣
（Ladakh.168）

圖二　獨立的彩繪黏土觀世音菩薩雕塑

這尊位於桑色大殿的菩薩雕塑惹人注目,一方面是尺寸驚人(約4公尺高),一方面是它生動鮮明地刻畫了身上纏腰布(dhoti)的花樣。和敦煌壁畫一樣,這件纏腰布緊貼著人物的大腿,也有色彩鮮豔的鑲邊;兩個人物也都繫著釘上珠寶的腰帶,也都袒露胸膛。

圖三　金剛手菩薩

菩薩直視觀者,準備接受祈求。他右手持金剛(閃電),左手持蓮莖,而花朵在他肩上盛開。身上的珠寶,以及五彩條紋、在右臀打結的纏腰布,全都指向印度美學。

繪於絹布上
高 55 公分,寬 14.5 公分
西元 9 世紀前半
敦煌 17 號洞穴,中國甘肅省
(1919,0101,0.103)

2│16 強大的濕婆林伽

印度神明濕婆有時會描繪成肉身形式——宇宙舞者（見 142-5 頁）、宇宙救贖者（146 頁）、萬勝不敗之神（148 頁）或雪山神女深情的丈夫（157 頁）。不過，這位強悍神明最常被見到的不是人形，而是化為林伽（linga 字面意義為「標誌」或「象徵」）。把濕婆想像成直立陽具的歷史悠久，最晚在西元前 2 世紀即已出現，自此蔚為流行。在林伽的塑像中，這位神明常豎立在底座「瑜尼」之中。林伽和瑜尼二詞有多重意義，且都部分援用性的意象。林伽是陰莖像（有些林伽，例如安得拉邦古迪瑪拉姆〔Gudimallam〕神廟供奉的林伽尤其清楚）。反觀瑜尼則多為平面環形、有一引道，近似女性陰戶。但林伽是出於瑜尼，而非進入瑜尼。兩者在一起，被理解為創造力的象徵；雖然兩者都有生殖器的意象，但是關乎潛力，與性行為無關。事實上，多數信徒會對這個暗示心生恐懼。濕婆以林伽這種形式在濕婆神廟的內殿裡受人崇拜，他的人形則保留給外面的空間，或遊行活動使用。

神廟內殿裡的林伽大多為石造（圖一、二），但也可能用任何東西做成——傳奇故事裡有砂、土、水晶製的林伽。有些也被認為是「自生者」，比如出自訥爾默達河的滾動卵石，和喀什米爾阿馬爾納特洞穴裡的冰林伽（見 84 頁）。另一個變體是有四個面的直立林伽，暗示濕婆多變的性格（圖二）。林伽可能是強烈個人信仰的重心，與信徒的種姓無關（圖三）。

圖一 林伽和瑜尼

這尊有蛇保護的林伽，是在一座濕婆神廟的密室裡發現的樣式。它豎立在一個環形的瑜尼之中。瑜尼有個引道排出傾注在林伽上面的供品。

磨亮的砂岩製
18 世紀或更早
印度東部
高 35 公分，寬 59 公分
布里吉家族捐贈
(1872,0701.119)

圖二 四面林伽

有些林伽有不只一個頭，來表現濕婆性格的不同面向。圖中的林伽有四個頭：苦行、震駭、溫柔、凶惡。

片岩製
西元 8 世紀
高 37.5 公分
印度東部
(1880.24)

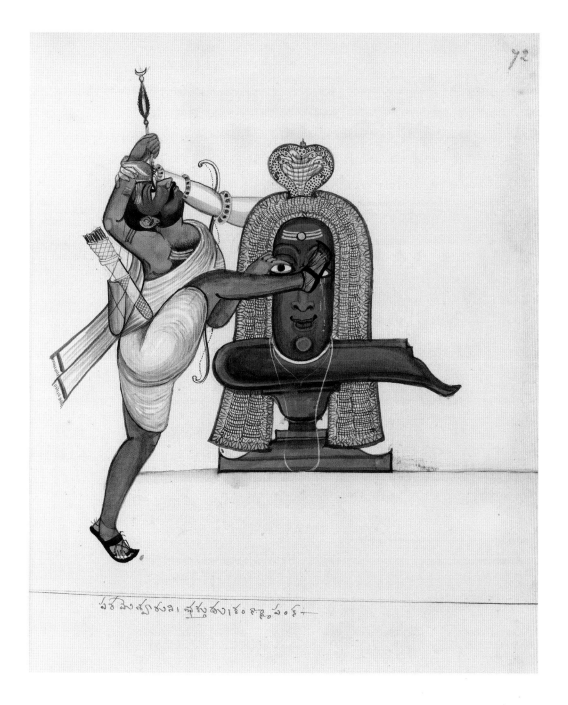

圖三　康納帕把眼睛獻給林伽

種姓階級低的獵人康納帕（Kannappa）是 63 位濕婆詩聖之一（見 124 頁）。祭拜濕婆時，當塑像的眼睛開始流血，他先後把自己的兩顆眼睛都奉獻給濕婆。因為第二次奉獻會讓他失明，他先把腳踩在要奉獻的位置做為引導。當他正要挖出自己第二顆眼睛時，濕婆的手從戴著花環的林伽中伸出來，阻止了他。

水彩畫冊，畫在歐洲有浮水印的紙上，說明文字為泰盧固語。約 1830 年

高 22.6 公分，寬 17.6 公分
坦賈武爾，泰米爾納德邦
第八代布里吉沃特伯爵法蘭西斯·艾格頓遺贈，范保羅閣下查爾斯·龍恩捐贈
(1962,1231,0.13.72)

圖一　摩蹉，毗濕奴的魚化身

文本記錄，在一場原始時代的洪
水期間，毗濕奴化為魚形摩蹉，
從毀滅中救出《吠陀》和其他要
物，例如圖中他背在背上的神
殿。

砂岩製
西元 9 到 10 世紀
高 135 公分，寬 81.2 公分
印度中部
布里吉家族捐贈
(1872,0701.50)

圖二　婆羅訶，毗濕奴的野豬化
身

故事中，此野豬化身曾將大地女
神布瑚救出海底監牢，因而為世
人牢記。這裡她坐在婆羅訶的肩
膀，跟他一起從深淵浮出水面。

片岩雕塑
西元 9 世紀
高 49.5 公分
喀什米爾
布魯克・席維爾永久基金
(1973,1031.1)

化身

南亞的早期印度宗教的一大特色，便是透過不同表現形式之想像（包括對立的形式）來解釋神性的豐富多變，尤以印度教最為明顯。例如濕婆被想像成苦行者、深情的丈夫、精神錯亂的乞丐、宇宙舞者、世界的救贖者——甚至是反偶像的形式，林伽，直立的陽具（見 96 頁）。這一長串互異的面向可能也代表不同信仰同時並存（無論是透過強制或機運），且隨時間並響發展。

在崇拜印度教另一位男性神祇毗濕奴上，這種特色更是顯著，使「化身」的概念開始發展（「avatara」字面意義為「下降」）。這個概念是西元初世紀的產物，或許濫觴於馬圖拉，而以這個信仰為基礎：在危險的宇宙動盪時期，神者會在塵世現身，進而拯救人類、重建正確的行為，即「dharma」（法）。經過千百年的發展，毗濕奴的標準化身名單上有十個「下降」，即「dashavatara」，實際的名號可能依地區和時期而異。一個更深一層的特徵

是：在今天排名在前的幾個化身，主要和宇宙論及創造有關，排名在後則以救苦救難和個人崇拜的對象為主。第十個化身是迦爾吉（Kalki），無騎士之馬，目前尚未出現。化身的觀念讓世人得以認清毗濕奴無窮盡的變化。有些化身關注宇宙的危機，或維持既定的秩序，其他化身則有較多情感脈絡。今天，常見的毗濕奴十大化身依序是：摩蹉（Matsya，圖一）、俱利摩（Kurma）、婆羅訶（圖二）、那羅希摩（Narasimha，圖三）、婆摩那（Vamana）、婆羅娑羅摩（Parashurama）、羅摩（圖四）、黑天（圖六）、佛陀和迦爾吉。在一些名單上，持斧羅摩取代了婆羅娑羅摩（圖五），且列在羅摩之後，而非之前。

顯然，某些化身會在不一樣的時間點較受歡迎或顯得重要，而這反映了這份名單不斷改變的性質。近幾個世紀，黑天和羅摩一直最受擁戴，但在笈多時代，象徵以強大力量將世人救出暴力與脅迫的婆羅訶，更加重要。

圖三　那羅希摩，毗濕奴的獅化身

毗濕奴的第四化身是半人半獅。那羅希摩讓魔王金床（Hiranyak-shipu）誤以為自己天下無敵，血淋淋地將之誅殺。除了正被開腸剖肚的惡魔外，那羅希摩旁邊站著毗濕奴的信徒缽羅訶羅陀（Prahlada）。

紙上水彩畫
19 世紀初
高 28.9 公分，寬 23.6 公分
比哈爾邦，可能在巴特那
(1880,0.2063)

圖四　羅摩，毗濕奴的王室化身

史詩《羅摩衍那》（見 87 頁）的主角羅摩由他忠實的弟弟羅什曼那陪伴，佩戴王冠，以及與國王地位相稱的精美珠寶。這塊飾板可能曾是某個家庭神龕的組成部分。

象牙，雕刻、上漆、部分鍍金
納亞克時代（Nayaka），16 至 17 世紀
高 14.5 公分，寬 9.2 公分
印度南部，或許出自坦賈武爾的宮廷工坊
布魯克・席維爾永久基金，金斯伯格博士協助
(1995,1006.1)

圖五　持斧羅摩，毗濕奴的持犁化身

古時候，持斧羅摩被描繪成蛇國的君主，也和農耕有關（因此持「犁」）。在其他傳統，持斧羅摩是黑天的兄弟，而奧里薩邦普里的神廟頌揚這種形式。那間神廟裡的雕塑一起刻畫他和黑天及他們的妹妹妙賢（Subhadra）（見 164 頁）。

染色棉布頂蓬（這種技術的其他例子，見 244–5 頁）
20 世紀初
長 107 公分，寬 107 公分（全蓬）
印度南部，可能在斯里卡拉哈斯蒂（Shrikalahasti），安得拉邦契托爾縣
布魯克・席維爾永久基金
(2005,0604,0.1)

圖六　黑天，毗濕奴的英勇化身

雖然黑天為某種情感豐沛的信仰的核心，這幅畫卻凸顯他的英勇性格。他正在誅殺邪惡的叔父剛沙王（Kamka），後者曾試圖在他小時候殺害他；這件事記錄在《薄迦梵往世種》（*Bhagavata Purana*），此書也是黑天崇拜的基本文獻（見 163 頁）。

紙上水粉畫
約 1710 年
高 28.6 公分，寬 20.6 公分（包括飾邊）
曼科特（Mankot），喜馬偕爾邦
布魯克・席維爾永久基金
(1966,0725,0.2)

圖一　牛魔屠者難近母

《女神頌》描述了在強烈的宇宙壓力下，神的所有能量必須集於難近母一身才能打敗化為牛形的惡魔摩醯濕。她殺了他，而我們看到他的靈魂正離開那頭野獸的身體。

片岩製
13 世紀
高 106.8 公分，寬 48.3 公分
奧里薩邦沿岸，可能出自許科納爾克（Konarak）
布里吉家族捐贈
(1872,0701.78)

圖二　伽蒙妲

伽蒙妲，外表像個瘦骨嶙峋的老婦人，令人膽寒。住在火葬場的她看透生命之無常和對立的虛幻本質；追隨者可透過冥思同樣的非二元論來獲取她的力量。

砂岩製
西元 9 世紀
高 94 公分，寬 72.4 公分
奧里薩邦
布里吉家族捐贈
(1872,0701.83)

圖三　出自一組「天母」的雕塑

這位不知名的女神被刻畫了鬆開的頭髮（危險力量的象徵）、有骷顱頭的權杖，左手拿著骷髏杯，右耳裡有一隻斷手，左耳裡有蛇──全都是她化解對立的象徵。她的右手（現已斷）或許曾拿食物入口。

花崗岩製
高 108 公分，寬 63.4 公分
甘吉布勒姆（Kanchipuram），泰米爾納德
席威爾捐贈
(1955,1018.2)

女神：強勢、凶暴、富饒、和平

女神難近母誅殺牛身魔王摩醯濕（Mahishasura）的形象，最早出現在西元初世紀的馬圖拉，但無疑早在那之前就有口語傳播，西元 5 到 6 世紀撰寫的《女神頌》（Devi Mahatmya）讓這位女神的崇拜，確定徹底融入印度教的儀式之中。引人注目的是西元 7 世紀時，今泰米爾納德邦的馬馬拉普拉姆出現一座她制裁牛魔的雕塑，不過，一個世紀後，相隔甚遠、位於阿富汗東部的塔巴薩達爾（Tapa Sardar）也出現一座。

難近母或許是印度教最為人熟知的女神，而她在雕塑中常被刻畫成牛魔屠者的形象（圖一）。在加爾各答的年度慶典期間，鄰近每一個社區都要競相製作女神殺死惡魔的圖像；這項慶祝活動從 18 世紀開始愈來愈受歡迎。另一位迦梨（Kali）在孟加拉深受歡迎，她接受血祭，但也看似矛盾地被奉為「時母」。女神卡摩加耶（Kamakhya）也在她位於阿薩姆邦古瓦哈提西（Guwahati）的神廟中接受血祭。她的「瑜尼」在那裡受信徒崇拜，但沒有形象，只是岩石上的一條裂縫。最後一位兇相女神是瘦骨嶙峋的伽蒙妲（Chamunda），她與火葬場有關（圖二）。

與凶暴女神一樣重要的是和平處世、謝絕奉獻鮮血的女神。其中最重要的或許是吉祥天女——富足女神。今天她與財力富足有關，人人都想一見，但最晚從西元前 1 世紀以後的肖像（她佇立蓮花上，有數頭象相隨）顯示，她最初的權限是農業繁榮。這個畫面，以及其水

源豐沛和人類繁衍的意涵，也出現在早年次大陸各地的硬幣上。雖然一開始是兩位神明，但現今室利女神（Shri，「吉祥」之意）常與吉祥天女視為一體，合稱室利─吉祥天女（Shri-Lakshmi）。

河流被視為孕育生命的女神（唯有布拉馬普特拉河〔Brahmaputra〕是男性），包括高韋里河（印度南部）、訥爾默達河（印度中部），特別是恆河（印度北部）。恆河在濕婆神話也占有重要的一席之地，他的城市瓦拉那西（古稱婆羅疤斯）就位於河畔。恆河河水被視為神聖，朝聖者會入河中沐浴，洗滌一身罪惡，並帶河水回家在家中儀式使用（圖四）。恆河和亞穆納河（恆河及亞穆納河的女神）都常出現在神廟入口基座的雕像中（圖五）。另一位古老而仁慈的女神是辯才天女，代表音樂和文學，印度教和耆那教皆崇敬有加（圖六）。

有時女神會聚在一起；有時跟孩子一起；有時會以「7 母神」或「64 天母」（64 yogini）之姿（例如在奧里薩的希卜爾神廟〔Hirpur〕），或其他數量配置連袂出現（圖三）。印度各地都見得到拜村莊女神的神殿。不過村莊女神通常不採用偶像形式，而人們會把她想像為一顆石頭或一棵樹，且和繁殖力或控制疫情有關。

（左）

圖四 查姆布

根據傳統，在瓦拉納西製造，俗稱「查姆布」（chambu）的金屬器皿，會裝滿恆河河水，由朝聖者從「濕婆之城」帶回家。器皿的側面用結合紅銅（上半部）和黃銅（下半部）的技法刻了一系列場景；這技法稱「恆河—亞穆納河」，是在模仿兩條聖河的顏色。瓶頸的文字刻著「Shri Ram, Jay Ram」：「向神致敬，祝神勝利。」

黃銅及紅銅鑄造、雕刻
19 世紀或更早
高 19 公分，直徑 18 公分
瓦拉納西，北方邦
迪格比捐贈
(1991,0814.2)

（對頁，下）

圖五 恆河

代表吉祥、感官、富饒的恆河女神常出現在印度教神廟入口的基座。這裡，她拿著盛滿的容器（代表恆河的源頭），站在海獸摩伽羅（makara）的尾巴上。

砂岩
西元 10 世紀，瞿折羅—普臘蒂哈臘王朝（Gujara–Pratihara）
高 41.9 公分
印度中部
布魯克·席威爾永久基金
(1967,0215.1)

（上）

圖六 辯才天女

這幅畫是一系列 60 幅圖畫的第 2 幅，訴說訶利旃陀羅國王（見 70 至 71 頁）的故事；這些畫是做為吟遊說書人的視覺輔助。辯才天女會在故事開頭涉入，因為她是文學和音樂的女神，她拿著一份手稿和一把樂器（維納琴）。身邊是她的伐訶納鳥。

繪於紙上
19 世紀末／20 世紀初
「派坦」風格，但可能來自卡納塔卡邦／安得拉邦邊界
高 29 公分，寬 40.5 公分
達拉皮柯拉博士捐贈
(2007,3014.2)

2│17 早期木造建築

　　雖然古代南亞大部分的寺廟建築不是磚造（北方）就是石造（西方和南方），但在喜馬拉雅山麓，從西邊的興都庫什山脈一路綿延到東邊緬甸北部山區的產地也會用木材。這些地區，木造的宗教建築非常普遍。

　　今巴基斯坦馬爾丹附近喀什米爾史馬斯特（Kashmir Smast，雖然名稱相近，這個地點並不在喀什米爾）的窟龕，發現一幢引人注目的倖存建築。這個洞穴（圖一）曾在19世紀晚期進行研究調查，於裡面的廢墟中發掘不少木製品（圖二、三）。從那時起，穴內和附近崖壁上持續進行合法與非法的挖掘。結果發現，這座窟龕顯然是祭拜女神地母天（Bhumidevi）（遺址發現的銅板銘刻將此洞口描述為女神的「瑜尼」）。在遺址找到的許多銘印，上面都畫了這位女神的拉伽·高麗形式——雙腿岔開彷彿在生產，且以蓮花代替人頭——也進一步支持這個關聯性。散布在附近崖壁的神龕則顯然是獻給濕婆，每一處都發現了林伽。

　　在這座窟龕發現的木造遺跡非比尋常——哥林多式的柱頂，以及用齒狀裝飾收尾的橫梁，顯然承襲自犍陀羅傳統。然而，濕婆雕像的主題和風格無疑是印度的，完全與西方無關（圖三）。

（本頁）

圖一　喀什米爾史馬斯特

西元1000紀時，這座位於喀什米爾史馬斯特馬爾丹附近崖壁裡的巨大洞穴，信徒認為是當地女山神地母天的「瑜尼」。它成了相當重要的朝聖中心。

（對頁，左及右上）

圖二　喀什米爾史馬斯特的柱子和蓮花浮雕

洞穴裡神龕的木柱是引人注目的倖存物，尤其是其哥林多式的柱頂，在犍陀羅時代結束數百年後仍在使用。蓮花浮雕則援用了南亞所特有，仁善女神和這些盛開印度花卉的關聯性。

木刻，可能是松柏
西元9至10世紀
柱：高133公分，寬17公分；浮雕：直徑24公分
出自喀什米爾史馬斯特洞穴，巴基斯坦開伯爾普什圖省馬爾丹縣
狄恩爵士捐贈
（1889,0703.8）（柱）、（0703.7）（浮雕）

（右上）

圖三 喀什米爾史馬斯特的梁尾裝飾

男性舞者由四名樂手陪伴的情景，讓人聯想到濕婆是宇宙舞者的故事（見142–5頁）。另一根梁尾（此未呈現）則雕了一名托缽僧，也與濕婆神話的敘事不謀而合。梁與柱都強化了地天母和濕婆在這個重要地點的關係，也連結了喀什米爾史馬斯特和其他分布於喜馬拉雅山區的窟龕，例如阿馬爾納特（見96頁）

木刻，可能是松柏
西元 9 至 10 世紀
高 31.7 公分，寬 54.3 公分

出自喀什米爾史馬斯特洞穴，巴基斯坦開伯爾普什圖省馬爾丹縣
狄恩爵士捐贈
（1889,0703.9）

有相當充足的證據顯示，佛教於西元初世紀就活躍於印度南部。阿馬拉瓦蒂（見 58-61 頁）和附近位於奎師那三角洲的一連串遺址（圖一），以及後來的那伽雲那柯，都提供了明確的證據。不過，再往南走，進入現今泰米爾納德邦，證據就變得模糊，因此有組織的佛教到底在此存活多久，也就沒有那麼清楚了。

最南方的早期佛教，展現在現存的雕塑和少許泰米爾語寫成的文本，最重要的或許是 6 世紀左右的《瑪尼梅格萊》（Manimekalai）。約莫同時代泰米爾聖徒的文獻中也提及佛教（見 124 頁），不過總是從負面觀點出發。除此之外，佛教大多靜悄悄的，只偶有值得注意的延續證據。在阿馬拉瓦蒂附近的布達巴德（Buddhapad）發現了青銅佛像（圖二），其中一個與爪哇發現的雕像極為雷同（圖三），令人想起印度南部和印尼之間的關聯（安得拉邦沿海製造的染色紡織品亦出口到印尼群島；見 72 頁）。

文本的證據告訴我們，現為印度教堡壘的甘吉布勒姆，和納加帕蒂南一樣，在西元 1000 紀曾為重要佛教活動中心。在後者的中心點，即高韋里河三角洲、非常適合國際貿易的地方，也發現了佛像（圖四）。它們與斯里蘭卡的佛像相近，暗示兩地有接觸。在年表的另一端，納加帕蒂南有一座佛教建築留存至 19 世紀，可惜已經毀壞。

圖二　三尊佛陀立像

佛陀身穿「南部」風格的袈裟，一肩袒露。這幾尊佛像都強調佛陀較大的右手，暗示佛陀的特質：左、中為施予恩惠（與願印）；右為無懼（無畏印）。

青銅製
（左到右）西元 7 至 8 世紀；6 世紀；5 至 6 世紀
高（左到右）38 公分、31.7 公分、31.2 公分
布達巴德，安得拉邦
印度事務大臣捐贈
(1905,1218.1–3)

圖三　佛陀立像

雖然可能在爪哇鑄造，類似這種佛像的南印度血統相當明確。一如布達巴德發現的雕像，袈裟僅覆蓋佛陀的左肩，且摺層落於左側。

青銅製
西元 9 至 10 世紀
高 19 公分
爪哇，印尼
弗林特牧師捐贈
(1859,1228.98)

圖一　欄杆柱碎片

這位慈善女性曾經面對進入戈里（Goli）窣堵坡的信徒。她右手拿著吉祥的蓮花，留著精緻而插滿箭的髮型，這是西元初世紀南亞各地女神像常見的特徵。

石灰岩製，或許產自帕爾納德
西元 1 或 2 世紀
高 99 公分，寬 63.7 公分
可能出自戈里，安得拉邦，阿馬拉瓦蒂附近
席威爾捐贈
(1955,1017.1)

圖四　佛陀坐像

這裡的佛陀被想像成神而非人形；其手印暗示冥想。火舌般的肉髻（佛陀頭頂長出的肉瘤）是南印度佛教和斯里蘭卡佛教的共同特徵，不過有雙層蓮花的底座則是印度東部的特色。

青銅製
13 世紀
高 17 公分，寬 11.9 公分
納加帕蒂南，泰米爾納德邦
(1928,1016.13)

2│19 佛教在斯里蘭卡

　　佛教是在何時、以何種方式進入斯里蘭卡，迄今仍無定論。根據傳說，西元前 3 世紀時，孔雀王朝阿育王之子摩哂陀（Mahinda）和妹妹一起來到這座島，造就第一批皈依。依據同樣的故事，他們也帶來從菩提伽耶砍下的一截菩提樹，而這棵樹的後代仍在阿努拉德普勒（Anuradhapura）受人尊崇（圖一）。這樣的敘事凸顯斯里蘭卡佛教和印度東北部的連結，而印度東北部正是與佛陀史實有關的地區。不過這種解釋並未考慮早期佛教在安得拉沿岸的盛況，畢竟那裡比印度東部靠近斯里蘭卡得多。安得拉佛教的典型元素也在斯里蘭卡現蹤。一件小雕塑顯然是用安得拉帕爾納德的石灰岩製作，卻在斯里蘭卡發現（圖二），暗示許多物件是從阿馬拉瓦蒂等佛教中心被帶到島上來。這個連結也反映在兩地窣堵坡建築風格類似上。

　　斯里蘭卡的王城阿努拉德普勒早在西元前 3 世紀就已存在。那裡一直是最重要的佛教中心，直到 10 世紀朱羅王朝（Chola）入侵該島中北部時被摧毀（更南方的波隆納魯瓦是朱羅和後來僧伽羅統治者的首府）。在阿努拉德普勒時代後期，佛教的上座部和大乘宗派皆在此盛行，分別以大寺和無畏山寺為中心。兩者的痕跡在流傳至今的雕塑顯而易見（圖三）；其中一件源自古斯里蘭卡的精美青銅雕像，是出自大乘教派（圖四）。

圖一　阿努拉德普勒的菩提樹

阿努拉德普勒這棵被奉為神聖的樹，據信是西元前 3 世紀來自北印度的一截菩提樹的後代。這幅 19 世紀的水彩畫描繪了聖殿，另附有那棵樹的一片葉子——神聖的紀念品。

紙上水彩畫，聖喬治中校（Harry H. St George，1845–1897）繪；葉子蒐集於 1889 年 2 月 3 日阿努拉德普勒，斯里蘭卡
寂寞的聖喬治布瑞特捐贈（1996,0330,0.4）

圖二　石灰岩板雕那伽王

這塊雕刻石板顯然是帕爾納德石灰岩，出自印度南部的安得拉邦。那伽王防衛性地昂首。左側還有另兩位那伽，而只有中央那伽的上方可以見到王室的傘蓋。

約西元 4 世紀
高 20.3 公分，寬 15 公分
可能來自安得拉邦
（1898,0702.195）

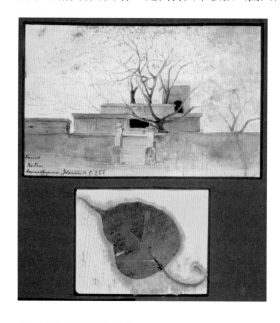

圖三　佛陀坐像

這尊小佛像是典型在阿努拉德普
勒發展，且具深遠影響的風格。
佛陀盤坐著，雙手打著冥想手
勢：禪定印，頭頂有火舌般的肉
髻。這件雕塑和（圖二）的石板
都是英國駐斯里蘭卡軍官內維爾
（Hugh Nevill，1847–1897）龐大
收藏的一部分。

青銅製，鍍金、鑲紅石
9 世紀
高 13 公分
斯里蘭卡
(1898,0702.29)

圖四　女神度母

度母（Tara）是觀世音菩薩的配
偶，而這座接近真人大小的度母
塑像證明了西元 1000 紀晚期大乘
佛教在斯里蘭卡的重要性。塑像
是用脫蠟技術製作（見 112 頁），
不尋常的是它鑄造成實心而後鍍
金。高聳的髮髻（可能曾是飾有
珠寶的龕位），與毫無裝飾的身
體形成鮮明對比。

青銅製，實心鑄造、鍍金
約西元 8 世紀
高 143 公分，寬 44 公分
在 斯 里 蘭 卡 東 部 亭 可 馬 里
（Trincomalee）和巴提卡洛阿
（Batticaloa）之間發現
布朗里格爵士捐贈
(1830,0612.4)

2｜20 脫蠟鑄銅

雖然已知遠古時代南亞有不少金屬雕塑，例如莫汗佐─達羅的跳舞女郎和今馬哈拉施特拉邦戴馬巴德的窖藏，但使用脫蠟工法的青銅圓雕鑄造，在南亞要到西元初世紀才有人操作。這個技術可能是從阿富汗和伊朗傳入次大陸，於是現存最早的圓雕作品，都是出自西北部（見 19 頁；已知大約在這個時代，德干高原也有用一件式模子製成的作品〔圖一〕，但這是不同的傳統，不會製造出立體的雕塑）。

在脫蠟工法中，要製作的雕像一開始是用蠟塑形，有時會以黏土為芯，有時用固體蠟。接下來，塑好的蠟像表面會覆蓋上濕黏土，讓它風乾。然後把結合黏土的蠟像拿去加熱，蠟熔化流出，剩下精確的模子。再來便可以灌入熔化的青銅（紅銅與錫的合金），放置冷卻。冷卻後，便可拆卸外層的黏土，露出完成的青銅塑像，鏤刻、磨光後即可使用。一些青銅雕塑內有黏土芯，讓我們可以用熱釋光測年法直接確定年代。

西元 1000 紀時，佛教、耆那教和印度教的儀式都相當擅長脫蠟鑄造法（圖二至四）。最精美的例子當然是 9 到 13 世紀朱羅時代在印度南部的作品。在南印度，這種青銅雕塑工法沿用至今，尤以泰米爾納德邦的斯瓦米馬萊（Swamimallai）最負盛名。

（左上）
圖一　女神立像

這件小雕塑是用單一平模鑄造。正面的立姿、珍珠腰帶、豐滿的年輕乳房，和自雙乳之間垂下的項鍊，都令人想起桑吉等遺址的早期塑像（見 56 頁）。

黃銅紅銅合金製
約西元 1 世紀
高 16 公分，寬 6.4 公分
德干高原
布魯克・席威爾永久基金
（1963,0214.1）

（右上）
圖二　佛陀立像

到這尊雕像製作的時代，脫蠟鑄造的技術已臻於完美，可鑄出像這樣莊嚴的佛像。雖是在印度鑄造，髮上的藍銅礦卻暗示它曾於某個時間點被帶往西藏，並於西藏使用。

青銅鑄造、鍍金、有微量藍銅礦
西元 7 世紀初
高 35.5 公分
比哈爾邦
國家遺產彩券基金、布魯克・席威爾永久基金、維多利亞與艾伯特博物館及 V&A 博物館之友；這件雕塑由大英博物館和維多利亞與亞伯特博物館聯合購買
（2004,0401.1/ IS 3–2004）

（左下）
圖三　藥叉與藥叉女

這座銅像是用脫蠟工法製成，呈現藥叉、藥叉女及上方的一位蒂爾丹嘉拉。這樣的塑像在耆那教信仰扮演舉足輕重的角色。藥叉與藥叉女或許源於萬物有靈的信仰，後來在耆那教和佛教發展期間被兩者吸收。

青銅製
西元 9 到 10 世紀
高 14.1 公分，寬 10 公分
德干高原
透過藝術基金購得
（1914,0218.13）

（右下）
圖四　濕婆化為獵人

《摩訶婆羅多》傳頌濕婆化為森林獵人的故事（見 71 頁）。這位神明被想像為英俊的年輕人，右手拿著名為「主宰神」（pashupata）的武器。用脫蠟工法鑄造，這是展現工匠技藝的傑出例證，熔化的金屬必須滲入有稜有角的外殼。

青銅製
西元 10 世紀初
德干高原
高 24.5 公分，寬 12.5 公分
布魯克・席威爾永久基金
（1967,0727.1）

2│21 敘事的表現

從西元前最後幾世紀到今天，印度次大陸的一大特色便是用圖畫表現敘事。我們從現有文本得知，早在西元前最後幾世紀便有巡遊說書人透過畫卷來加強效果。西元前 2 世紀《摩訶巴夏》（*Mahabhashya*）的作者波顛闍利（Patanjali）在討論西元前 4 世紀的文法家般尼尼（Panini）時就提到這樣的人物。儘管沒有那個時代的畫卷留存至今，我們知道它們的應用遍布次大陸，北起西藏，南至斯里蘭卡，東起孟加拉，西迄古吉拉特。

這項傳統發展的某些跡象不見於繪畫，而見於雕塑上。在幾處早期佛教遺址，例如阿瑪拉瓦蒂（見 58 頁），佛陀生平的敘事元素是以系列呈現，彷彿在畫卷裡面一樣（圖一）。事實上，佛教能傳出印度，進入中亞、西藏和東南亞，必定有僧侶兼說書人闡述這種新宗教的故事。而考慮到故事數量龐大（佛陀的生平，以及所有《本生》故事），且佛教老師和新社群缺乏共通語言，畫卷的必要性顯而易見。同樣地，古代畫卷本身已經失傳，但一如後來的例子，文本裡皆有提及（圖二）。

在較近代，斯里蘭卡說泰米爾語的地區曾使用染布描繪《羅摩衍那》來加強故事的口語表達（圖三）；在孟加拉，對照畫卷生動活潑說故事的傳統一路延續到今天（見 237 頁）。

圖一　阿馬拉瓦蒂主窣堵坡的敘事中楣

佛陀生平的敘事由右至左，因為來到窣堵坡的朝聖者會以吉祥的順時針方向繞行，先看到右邊。在一小塊石板呈現一對吉利的愛侶密特那（mithuna）後，石刻展現悉達多王子下床、離開熟睡的婦女、騎上馬離開仙人圍繞的宮殿，最後坐在森林裡，把馬伕和馬打發走。

產自帕爾納德的石灰岩製
西元 3 世紀
高 37.5 公分，寬 140 公分
來自阿馬拉瓦蒂窣堵坡，安得拉邦貢土爾縣
馬德拉斯政府捐贈
(1880,0709.112)

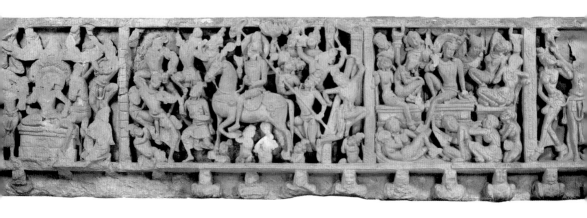

圖二 敦煌的旛畫

中國敦煌一處洞窟裡，這幅絲綢上的畫描繪佛陀早年的三個場景。最上面是下跪的馬和馬伕向年輕的王子告別；中間，悉達多把頭髮剃光了；底下，未來的佛陀陷入冥思，他是如此專注，連鳥在他頭上築巢都不知道。

繪於絹布上
西元 8 或 9 世紀
高 58.5 公分，寬 18.5 公分（圖畫的部分）
中國甘肅省敦煌市莫高窟第 17 號
(1919,0101,0.97)

圖三 出自《羅摩衍那》森林篇（Aranya-kanda）

在泰米爾語地區，像這樣的畫布會用來輔助《羅摩衍那》的吟誦。這塊布的細部分別描繪（下排）羅摩的兄弟婆羅多和沙多盧那（Shatrughna）越過恆河；（中排）羅摩、悉多和羅什曼那遇到一群苦行者；（上排）魔女首里薄那迦到她有十個頭的兄長羅波那的宮殿找他。

棉布，有模板印刷的略圖，染色和上墨的說明文字
19 世紀初
泰米爾納德或斯里蘭卡北部
高 110 公分，長 762 公分（整塊布）
布魯克·席威爾永久基金
(1993,0724,0.2)

　　早在反映約西元前1500年時代的《吠陀》，就有靈性先知「里西」（rishi）的紀錄。後來，在奧義書（最早到西元前1000紀中葉），我們也遇到放棄日常生活、遁入山林，進一步體悟靈性的人；他們也是里西。沒過多久，未來的佛陀隱入山林也符合這個原型（見42-3頁、114頁）。這般退出日常生活的行為是基於下述想法：摒除世俗雜念有利於靈性思考；簡單的生活有助於靈性追求；專注和鍛鍊，也就是「瑜珈」，能提升反應；抑制自我才能提升靈性（圖一）。能做到這些的人稱為「撒督」（sadhu），而許多識得靈性大師「古魯」（guru）教義的人，有時會棄絕所有關係的束縛——家人、語言、種姓，聚在他身邊，形成「阿室羅摩」（ashrama）（圖二）。對於不適合種姓社會的人，成為撒督也是一條逃生路線。

　　有些撒督四處流浪，有些定居一處，放棄與世間一切牽繫，靠施捨賑濟為生（圖三）。這些人在南亞文學比比皆是，受人崇敬——有時令人畏懼，因為據信他們能行使強大的力量。相反的，誆騙無辜者的假撒督，則會受盡嘲弄。撒督的一個變體是桑尼亞西（sannyasi）：傳統印度教居民在履行完家庭責任後，可以離家追尋自己的救贖。於此同時，他的妻子形同寡婦，仍要在社會邊緣勉強度日。

　　所有耆那教、印度教和穆斯林社會，都有「出家人」。穆斯林的出家人常是蘇菲教派的成員（見163頁），會在聖徒的陵墓聚集。

圖一　撒督的雕塑

以下幾點暗示這位乞者已拋棄日常生活：他幾乎衣不蔽體；右手拿著念珠，脖子和上臂亦戴著串珠；鬍子蓬亂未整理，頭髮纏成一條條繩索「jata」盤在頭頂。這些特徵都與濕婆有關，濕婆被公認是典型的棄世者。

大理石製
西元10世紀末
高81公分，寬20公分
拉賈斯坦邦
布魯克・席威爾永久基金
（1964,0413.2）

（上）

圖二　賢者美達斯（Medhas）和他的弟子

在遠離人群的森林裡，這位老師坐在簡陋小屋外的一張獸皮上。他手裡拿著《女神頌》：訴說女神勝利的故事（見103頁）。蘇拉（Surath）和薩瑪迪（Samadhi）（左）兩名信徒，前來聆聽他解說難近母的力量。

紙上水粉畫
約1780年
高14.6公分，寬23.4公分
坎格拉，喜馬偕爾邦
柯爾夫婦透過藝術基金遺贈
（1948,1009,0.140）

（左）

圖三　毗濕奴派的撒督

這位出家人巴傑朗·達斯（Bajrang Das）戴著宗教標誌「蒂拉克」（Tilak），上有放大的朱紅色圓點（即「明點」〔bindu〕）。他纏結的髮塗了灰，綁成一團置於後腦勺。他隸屬知名的苦行派羅摩南迪（Ramanandi），崇敬毗濕奴的分身羅摩（見86頁）。巴傑朗·達斯是「khareshvari」——發過誓只用一腳站立、絕不躺下的撒督。拍攝這張照片時，他已經維持這種苦行六年了。

哈蘇克（Dolf Hartsuiker）拍攝
1970年代
大英博物館哈蘇克資料庫

117

大事紀

6 世紀	象島建築，或許是伽羅遮尼王朝所為
6 到 7 世紀	尼泊爾出現獨特雕塑風格
7 到 9 世紀	跋羅婆王朝統治泰米爾納德
7 世紀	馬馬拉普拉姆窟龕
約 630–645 年	中國朝聖及翻譯者玄奘來到印度
7 到 10 世紀	濕婆派聖者和阿爾瓦在印度南部興盛
8 世紀	埃洛拉凱拉薩塔神廟竣工
8 到 12 世紀	波羅王朝統治印度東部
9 到 13 世紀	朱羅王朝統治
約 10 世紀	《薄迦梵往世書》寫完，或許在印度南部
948 年	卡納塔克邦什拉瓦納貝拉戈拉的巴霍巴利巨石像
約 985–1012 年	朱羅國王羅茶羅乍一世統治南印度
1000–27 年	阿富汗突襲印度北部
約 1010 年	羅茶羅乍一世啟用坦賈武爾布里哈迪希瓦拉神廟
9 到 11 世紀	昌德拉王朝統治印度中部；克久拉霍神廟肇建
1055–1110 年	維闍耶跋護統治斯里蘭卡，朱羅王朝統治結束
1160 年	就銘文判斷，南亞第一座清真寺建於刻赤縣的巴德雷什瓦
12 世紀	詩人賈雅迪瓦完成《牧童歌》
13 世紀末	加德滿都的尼瓦爾金屬工匠的作品聲名遠播至中國
12 世紀中到 14 世紀	曷薩拉王朝統治印度西南部
11 世紀末到 14 世紀	東恆伽王朝統治奧里薩

3 王朝與宗教
的興起

6世紀至14世紀

圖一　馬馬拉普拉姆的誅摩醯濕
神廟（Mahishasuramardini）

這座位於清奈南部的窟龕包含一
些奇大的浮雕鑲板。這個 7 世紀
中葉的例子，刻畫了女神難近母
騎著她的獅子伐訶納，對抗正在
撤退的牛魔摩醯濕；它展現細膩
的動感和戲劇張力，以及精湛的
雕刻技藝。

　　中世紀（6 到 13 世紀）沒有單一縱橫全印度的王朝，而是
有許多強有力的地區性王國。

　　南部，在百乘和甘蔗王朝（Ikshvaku）的統治者之後，跋
羅婆和潘地亞（Pandya）的國王稱霸。跋羅婆王朝的首府位於
甘吉布勒姆，那裡，在 8 世紀興建了祭拜濕婆和毗濕奴的神廟，
佛教依然重要。經由馬馬拉普拉姆港，該王朝的貿易自西元 7
世紀就相當發達。該港口有多重要，從獻給印度神明的窟龕可
見一斑：毗濕奴（各種化身）、濕婆和難近母（擊敗摩醯濕的
女神，圖一）。位置更南、在馬杜賴附近的潘地亞，也打造窟
龕，例如卡盧古馬萊（Kalugumalai）。以濕婆和毗濕奴為中
心的崇拜也是從這個時期開始，這也表現在濕婆詩聖和毗濕奴
詩聖的詩作中（見 124 頁）。這種個人崇拜，即「奉愛」，後
來在次大陸構成深遠影響，特別是在黑天的崇拜上（關於「奉
愛」，見 162-3 頁）。在德干高原，早期遮婁其王朝（Chalukya）
的巴達米（Badami）的窟龕神殿（西元 6 世紀後，圖二），以
及艾霍萊（Aihole，年代相仿）和帕塔達卡爾（Pattadakal，主
要在 8 世紀）的神廟建築，都留在後人記憶中。

圖二　巴達米 3 號洞窟

這座高聳的毗濕奴獅子化身那羅希摩像位於巴達米（古瓦塔比〔Vatapi〕）3 號洞窟走廊一端，依據銘文所示，造於西元 578 年。巴達米是早期遮婁其王朝的王室中心。這座人造洞穴嵌入崖壁中，下有亦為人造的水槽，顯示控制供水在當地非常重要。

　　也是在南方，這些王朝的單一繼承者朱羅王朝勢力強大；他們以肥沃的高韋里河三角洲為根據地，從 9 世紀統治到 13 世紀，建造的神廟規模比先前所見更大，包括拉賈拉傑什瓦拉（Rajarajeshvara）1010 年在坦賈武爾建的布里哈迪希瓦拉神廟，和其子拉金德拉（Rajendra）興建的甘加貢達喬拉普蘭神廟（Gangaikondacholapuram）。神廟裡和記錄贈地的銅板上都有繁多的銘文，給予後人一段年代較確定的歷史。不只是神廟建造和石材裝飾的時間，還有青銅鑄造何時在南亞達到高峰。這等規模工程所需的資金是透過貿易和征服收集（德干高原部分及斯里蘭卡大半土地都曾歸朱羅王朝統治，東南亞也有部分地區承認其宗主權）。朱羅王朝衰弱後，換由曷薩拉王朝（Hoysala）統治者在邁索爾附近稱霸；今天世人仍記得他們環形或星形格局、雕塑挖刻甚深的神廟。

　　在北印度，笈多王朝於西元 5 世紀衰敗後，許多區域強權陸續崛起，包括伽羅遮尼王朝（Kalachuris，6 世紀象島的神殿跟他們有關，圖三）、卡瑙傑（Kanauj）的曷利沙王（Harsha，西元 7 世紀中國佛僧玄奘有相關記載），以及德干高原的羅濕

圖三　濕婆三頭雕塑馬赫什默蒂（Maheshamurti，字面意義為「偉大天主之像」）

這尊雕於 6 世紀、氣勢磅礴的巨大濕婆像高達 7 公尺，位於象島石窟廟宇的後牆。三顆看得見的頭展現濕婆三種不同性格：陪臚——可畏（濕婆右邊）；雪山神女——優雅（左邊），以及濕婆本尊——含蓄而安詳，但潛力無窮（中央）。這件古文物，以及其他八件詮釋濕婆神話的大型雕刻石板，兼具令人震撼的美學與宗教啟發性。

陀羅拘陀王朝（Rashtrakutas，8 世紀埃洛拉〔Ellora〕凱拉薩塔神廟〔Kailashanatha〕的贊助人，圖四）；從西元10世紀起，昌德拉王朝（Chandellas，克久拉霍神廟〔Khajuraho〕的建造者）稱霸印度中部。後來稱霸印度東部的是波羅王朝（Pala），再來是臾那（Senas）。波羅王朝與國際接軌的途徑——不是透過征服，而是透過「文化給予」，使他們和南印度的朱羅王朝並稱中世紀最重要的王朝。孟加拉出身的他們，是因掌控佛教聖地而日益壯大。亞洲各地的朝聖者前來參拜佛殿，特別是菩提伽耶，並帶回易於搬運的黏土製、石製、尤其是青銅製的雕塑品。於是，波羅風格輸出到中國、西藏、緬甸、泰國、印尼等地。青銅鑄造（例如庫基哈爾〔Kurkihar〕出品）的品質最優異。連同雕塑和宗教，梵文、貝葉經、和關於神聖空間的構想，如曼陀羅（mandala）也一併輸出。波羅王朝的佛教相關事物影響甚鉅，不過雖然佛教於東印度盛行，波羅王室和承繼他們的臾那王朝也支持印度教。

波羅王朝領土的北方是尼泊爾，千百年來，那裡在文化上與印度北部平原關係密切。或許自阿育王時代以來，佛教和印

圖四　埃洛拉的凱拉薩塔神廟

西元 8 世紀從堅固的崖壁挖刻而成，這座獻給濕婆，凱拉什之主（Kailash，這是他的住所，位於喜馬拉雅高處）的神廟，是古印度工程的偉大成就。它是獨立式，但非「建造」——建築與雕塑都是從上面挖刻下去的。出自其他地方的銅板權狀顯示濕陀羅拘陀羅國王克里希納拉賈一世（西元 756–73 在位）是主要贊助人，不過神廟可能是在他退位後才竣工。

度教在當地都蓬勃發展，特別是在文化樞紐加德滿都谷地。在尼泊爾，印度教和佛教都看得出融合的跡象。

在此同時，耆那教在印度東部奠定基礎後也開始發展且傳播迅速，包括傳入以跋羅婆時代著稱的泰米爾語國家，不過後來在「奉愛」運動中受創。這時在印度中部，耆那教的窟龕遠近馳名，例如瓜廖爾和埃洛拉。不過就我們所知，自中世紀至今依舊重要的耆那教據點是在印度西部（今拉賈斯坦和古吉拉特邦）和卡納塔卡邦。

印度風情在這段期間最驚人的變化，或許是大規模寺廟出現。統治者會贊助為供奉而造的建築——不管對象是佛陀、耆那教祖師還是印度教神明。傳統的窟龕持續挖掘，在埃洛拉令人讚嘆的凱拉薩塔神廟達到顛峰。不過，建造的建築愈來愈重要，挖掘則逐漸式微。梁柱的建築原則，以及穹頂的梁托結構已然確立。朱羅王朝寺廟常見的「愈大愈好」思維代表一種南部的典範，之後延續了好幾個時代。

3│1 「濕婆詩聖」和「毗濕奴詩聖」

　　這兩個詞指的是中世紀初期印度南部，會歌頌濕婆和毗濕奴的印度教詩聖。其確切年代尚無定論，但從詩裡的證據判斷，他們可能生活在西元 1000 紀中期到後期，7 世紀的濕婆詩聖阿帕爾（Appar）或許是第一人（圖一）。

　　那時印度南部的宗教風情和我們今天所知截然不同，佛教和耆那教盛極一時，且得到王室贊助。但進入 2000 紀，情況已然改觀：佛教影響力大不如前，耆那教成為少數宗教，一路倖存至今（見 138 頁）。這樣的轉變主要就是這些詩聖的功勞，與佛教和耆那教的崇拜相反，他們發展了熱情澎湃、與神明間暢通無阻的宗教生活。這或許可視為後來的「奉愛」運動之始（見 162 頁）。

　　濕婆詩聖共有 63 位，阿帕爾、桑班達爾（圖三）、桑德拉爾最負盛名，而他們的詩作被收集成《七卷詩》（Tevaram），不過其中幾位，我們幾乎一無所悉。毗濕奴詩聖則有 12 位，包括一位女性安達爾。一如濕婆詩聖，毗濕奴詩聖的詩作講述對神明的臣服和無條件的愛，有時是遭社會排斥的信徒向神明傾吐的越界詩。把眼睛奉獻給濕婆的康納帕是個獵人（見 97 頁），毗濕奴詩聖蒂魯曼蓋則是盜匪（圖二）。在這樣的現實觀中，種姓、財富和地位都不重要；重要的是對神明全心全意的奉獻。

圖一　濕婆詩聖阿帕爾

扛在肩上的鏟子可辨識為阿帕爾的特徵。這件青銅雕塑來自斯塔帕蒂（Mohan Sthapati）在 1980 年代晚期獲委託製作的一系列濕婆詩聖塑像。這既記錄了聖者肖像的多樣性，也顯示青銅鑄造仍在印度南部流傳。

青銅製
1991 年
高 38 公分
在羅摩普蘭（Ramapuram）鑄造，泰米爾納德邦清奈市郊
(1992,0727.3)

圖二　毗濕奴詩聖蒂魯曼蓋

在這尊遊行使用的塑像中，蒂魯曼蓋手持一把出鞘的劍和一面盾牌，暗示他早年曾是暴力盜匪。偶然遇到毗濕奴女神後，他脫離這種生活；此後，蒂魯曼蓋開始源源不絕地吐露虔誠的詩句。

青銅製
18 至 19 世紀
高 46.5 公分，寬 25 公分
泰米爾納德邦
席姆捐贈
(1922,1020.6)

圖三　濕婆詩聖桑班達爾

這位是虔信濕婆的詩聖童子桑班達爾，他正跳著舞，手指著天上的神明。基座有明顯的環，可將塑像捆紮在木造平台上，讓信徒於神廟節慶期間帶著遊行（見 114 頁，圖二）。

青銅製
12 世紀
高 43.3 公分
泰米爾納德邦，可能在坦賈武爾地區
艾倫堡教授遺贈
(2001,1126.2)

3│2 菩提伽耶

佛陀是在比哈爾的菩提伽耶悟道，在菩提樹下冥思時，他幡然體悟生存的本質。他受到誘惑，但沒有屈服（見44頁）。除此之外，佛陀也召喚大地女神見證他經由多次輪迴轉世而放下執著，進而悟道的過程；大地震動表示看到了。此後，他便開始傳授他對執著的了解，以及放下執著的方法。佛陀在鹿野苑「初轉法輪」（見78頁）。因此，菩提伽耶（悟道）和鹿野苑（初轉法輪）關係密切。

自西元前1世紀以來，菩提伽耶備受佛教徒尊崇，而佛陀坐在底下的那棵樹也成了重要元素，為公認的悟道象徵；那棵樹的葉子則成了受歡迎的紀念品。波羅王朝時期（見130頁），摩訶菩提寺成為佛教世界朝聖者的焦點。但到了19世紀，菩提伽耶已不見佛教，建築年久失修。整修（或許是重建）（圖一）自此展開，挖掘作業揭露了奉獻的珠寶（圖二）。

中世紀時，也有人用赤陶土製作刻畫菩提樹和神廟的紀念品（圖三），並將這樣的飾板帶到佛教世界各地，提供建造聖地複製品的視覺輔助；這樣的複製品倖存於緬甸（在蒲甘）、泰國（清邁）和西藏（果洛）。此外，也有神殿的小石像留存下來；一件在菩提伽耶出土，另一件則在數百哩外的西藏發現，應該是朝聖者帶回去的（圖四）。

圖一　菩提伽耶的摩訶菩提寺，整修期間

這座位於菩提伽耶的寺廟，似乎從建造之初就有高聳的磚造上層建築。寺廟經常維修，特別是11世紀晚期緬甸人和1880年代印度考古調查局主導的整建（至1880年代，這棟建築已有倒塌之虞）。印度考古調查局工程的監工者是貝格勒（Joseph David Beglar），這張照片可能也是他拍的。

照片
1880–81年
高24.2公分，寬19.4公分
法蘭克斯遺贈
(1897,0528,0.117.a)

圖二　菩提伽耶的珠寶供品

這些全被認定為供品的物件，是1880年代於摩訶菩提寺發現。這些珠子和在窣堵坡裡聖骨匣裡發現的貯藏品有驚人的雷同（見66頁）。金花鑲著藍寶石，和海螺殼狀的金珠串在一起；其他珠子也製成象徵吉祥的形狀。

黃金，珍貴和半珍貴的寶石
西元1世紀
較短的染色珠串長約11公分
印度東部，比哈爾菩提伽耶發現
康寧罕爵士少將捐贈
(1892,1103.13、14、16–20、22–24、38、39)

圖三　赤陶飾板

這塊飾板是朝聖的紀念品，刻著菩提伽耶的佛寺，以及佛陀在悟道的瞬間打著觸地的手印。佛陀盤坐在佛龕裡，頭上是佛寺的高塔；後面清晰可見的是菩提樹的樹枝。這樣的飾板容易攜帶（形狀模仿一枚菩提樹葉），對傳播佛理和這座重要佛殿的設計影響甚鉅，因此頻繁複製。

赤陶土

約西元9世紀
高15.3公分，寬11公分
菩提伽耶出土，比哈爾
康寧罕爵士少將捐贈
(1887,0717.81)

圖四　菩提伽耶摩訶菩提寺的模型

這件神聖的紀念品是由12世紀一位朝聖者從菩提伽耶帶回西藏，他歷經重重艱險，越過喜馬拉雅山脈來到印度平原。底座刻劃的雷電（年代較晚）象徵力量強大。

雲母片岩製
12世紀
高10.8公分
印度東部
(1922,1215.7)

3│3 早期的南亞繪畫

除了比莫貝特卡（見 17 頁）和阿旃陀石窟的壁畫（見 80-81 頁），南亞現存最早的繪畫是畫有圖例的貝葉經（寫在棕櫚葉上的手稿）和用來裝幀貝葉經的木製書封（圖一）。貝葉經從 11 到 15 世紀流傳至今，不過後期的例子比較稀少（圖二）。

觀察今天所知最早繪畫的品質，我們必須假設這項傳統奠定的時間比上述更早。現存的例子都是佛教，其中許多是影響深遠的大乘佛教文本《般若波羅密多經》（圖三）。因為棕櫚葉又長又薄，圖例的大小有限。另外，每一片手寫葉子旁邊都要鑽孔，以便穿繩子讓葉子按正確順序排列，又會進一步限縮空間。繪畫多半呈現大乘佛教的眾神排排坐，顏色則以紅（硃砂）、白（白堊）、藍（槐藍屬植物）、黃（雌黃）和綠（黃藍混合）為主。畫的位置不是在葉子中央，就是兩側。創作和繪製貝葉經的傳統也流傳於其他受波羅王朝影響的國家，例如尼泊爾（現存東印度的手稿大多是在尼泊爾發現）。

印度東部的壁畫現已不存，而對於東印度壁畫耀眼的效應，我們唯一的線索就是參考這些小小的手稿繪畫，以及印度境外波羅王朝勢力強大之處的佛寺壁畫，例如緬甸的蒲甘。在蒲甘，特別是在現已保存壁畫的古彪基佛寺（Myinkaba Gubyaukgi），我們可以一睹昔日東印度萬人朝拜的佛寺是何模樣。

（對頁，上）

圖一　彩繪木製書封

這些書封是在印度東部，也可能在尼泊爾製作。兩件作品正中央都是佛陀坐像。上圖的佛陀受加冕，手打觸地印，坐在高聳的寺院前，下圖則打說法印，後為尼泊爾風格的背板（見 159 頁，圖四）。圖的兩端，菩薩坐在繪製精美的波浪莖狀圖案（rinceaux）之前。

彩繪木板
12 世紀晚期
兩件皆高 6.2 公分，長 42 公分
印度東部，或尼泊爾加德滿都谷地
(1977,0124.1.a–b)

（上）

圖二　繪有《本生經》故事的書封

這件書封（原有兩件）是製作來包覆晚期印度佛經《時輪大法》（*Kalachakratantra*）的手稿，年代定於 1446 年。那時，東印度的僧院中心被摧毀已久，暗示在 12 世紀僧院廢棄後，佛教某種程度上仍延續下去。

彩繪木板
1446 年

高 6 公分，長 33.5 公分
比哈爾
劍橋大學圖書館
（MS Add. 1364）

（下）

圖三　彩繪手稿葉

這份《小品般若經》手稿繪有佛教大隨求菩薩，兩側為經文。最早的佛教教義是用默記的，後來才交付書寫。書寫媒介是樺樹皮和後來的棕櫚葉——後者取自貝葉棕（學名 *Corypha umbraculifera*），可用於書寫和繪圖。

棕櫚葉，繪畫
11 世紀晚期
高 6.2 公分，寬 39 公分
尼泊爾，或印度東部，後來被帶至尼泊爾
巴瑞特捐贈
（1972,0410,0.2）

3│4 石雕：波羅王朝

　　波羅王朝的統治者是堅定的宗教藝術贊助人，包括青銅（見132頁）和石製。他們主要是佛教支持者，但在繁榮時期，因波羅王者欲維持國際關係，印度教與佛教傳統的雕塑皆有製作。王朝轄有佛教聖地，尤其是菩提伽耶（見 126 頁）的事實，更大大提升了與外國的連結，許多朝聖者自東亞和東南亞湧入。拜朝聖活動之賜，石雕和青銅雕塑，以及繪畫裡的波羅風格，傳播到全亞洲，影響了中國、印尼、緬甸、尼泊爾、西藏等地的佛像（印度教肖像因與印度本土關係密切，傳播較少，不過在東南亞部分地區歷歷可見）。

　　雖然留存至今的波羅建築皆支離破碎，如納蘭達寺（Nalanda）和索瑪普利大寺（Paharpur），但許多倖存的石雕顯然都來自佛教僧院和寺院（圖一）或印度神廟。絕大多數石雕是深色片岩石柱，一側刻劃核心主角，旁有仙人、捐贈者或樂手圍繞；這些會嵌入磚造建築的壁龕裡（磚是這個地區最喜愛的建築材料）。這位核心人物，佛陀也好（圖三），印度教神明也好（圖二），通常會坐或站在雙蓮基座上。豐富的背板裝飾是另一項特色，佛像也常刻有教義或捐助者的敘述。工作坊生產效率不凡，有數百件雕塑留存至今。

圖一　佛陀之死

這塊石板刻著佛陀「究竟涅槃」。他的身形比底下的弟子來得大，表示他的重要性。他最後一名弟子（中間）遵師父教誨，靜坐冥思。他不為佛陀之死所動，其他弟子則顯露了情緒。躺臥的佛陀後方有座窣堵坡（暗示他的死亡），最上層還有天國樂手敲雙面鼓和鐃鈸。

玄武岩製
10 世紀
高 58.4 公分
印度東部
(1880.1)

圖二　毗濕奴立像

這位毗濕奴受加冕，比喻理想的王者，且有四臂（兩隻前臂毀損）。他戴著精美珠寶，身上的花環（vanamala）垂至兩膝。兩位配偶吉祥天女和布瑚隨侍在側。濃密繁茂的蓮花卷，特別在腳邊，是波羅王朝雕塑的典型。

片岩，後來變黑
11 世紀
高 164 公分，寬 78 公分
印度東部
布里吉家族捐贈
(1872,0701.32)

圖三　加冕的佛陀

這尊雄偉的佛像是佛陀，他站立受加冕且戴著珠寶，身邊為其他反映他生平重要事件的塑像環繞。右肩處有刻文——俗稱佛法，是佛陀講解苦難及解脫的濃縮版。左下有捐助者跪拜的肖像，雙蓮台座下方另有銘文。

片岩製
11 至 12 世紀
高 195 公分
菩提伽耶，比哈爾
布里吉家族捐贈
(1872,0701.30)

3|5 東印度青銅雕塑

從 9 到 12 世紀，印度東部（今比哈爾邦和西孟加拉邦）及孟加拉見證了青銅塑像如繁花盛開。在波羅和奅那王統治期間，這裡的脫蠟鑄銅師傅為佛教和印度教儀式打造出許多出色的肖像。

儘管釋迦牟尼佛一再出現——畢竟這是他弘法的國度——大部分的雕塑都是大乘和金剛乘教派諸神（圖一、二）。許多作品能流傳至今，是因為它們夠小，而能被前來造訪菩提伽耶等聖地的朝聖者攜至其他佛教中心，如尼泊爾、西藏，乃至中國（見 126 頁）。因此，雖遠離製造地，它們對地區雕塑風格的發展卻有深遠的影響。人物或站或坐在寺院的柱基上，融入笈多的特色和苗條的美感，也常運用鑲銀（眼睛和珠寶）和紅銅（服裝細節）來凸顯。

雖然青銅佛像占多數，但也有毗濕奴主題的塑像（圖三、四）。其中有些被帶往西藏用於儀式，頭髮裡常發現藍粉和紅粉（取決於該神明被視為愛好和平或可畏）、臉部常添加冷卻的黃金皆為明證。光是青銅像來自佛陀誕生地的事實似乎就足以讓它們備受珍視、值得崇拜，不論嚴格來說它們最早是否源於佛教。

3│6 中世紀耆那教女神

　　儘管耆那教對蒂爾丹嘉拉的尊敬已接近崇拜（見 46 頁），但耆那教的基本教義其實避免這樣的行為，畢竟在耆那教的世界觀，沒有絕對的神性。不過，在耆那教歷史之初，耆那教的宇宙出現過一組女神。這些雕塑頂上常刻了蒂爾丹嘉拉的人物，被歸為耆那教。

　　這些女神通常被稱為藥叉女，這個古老名稱暗示她們和生殖崇拜的淵源，在早期佛教所占的份量同樣為人熟知。她們與繁衍、子女和昌盛、知識有關。她們有一批俗人的追隨者，與印度教的同名女神顯然關係密切；如安比卡（Ambika，生殖，圖一） 和辯才天女（智慧，圖二）。在中世紀，用青銅和石材做的女神像相當普遍。青銅像多數用於家中神壇（體積較小）。石像則來自耆那廟宇外觀或半開放的廳堂曼達帕（mandapa）──它連接戶外與廟宇深處，也就是供奉蒂爾丹嘉拉的地方。

　　耆那教過去曾在南亞各地，包括印度中部蓬勃發展。埃洛拉的窟龕（見 123 頁）和克久拉霍等遺址的神廟建築都是明證。印度中部的一系列石板刻有女神，至今只有部分仍為人熟知（圖三），其他則沒沒無聞（圖四）。

圖一　安比卡

左手臂彎摟著一個小孩，送一串芒果給另一個（這種水果跟她有關係），安比卡女神像徵母性及和平的特質。構成外框的渦卷裡滿是小人形，而她上方的蒂爾丹嘉拉內密那陀（Neminatha），明確指出這件雕像出自耆那教背景。

片岩製
11 世紀
高 47 公分，寬 22.9 公分
奧里薩
布里吉家族捐贈
(1872,0701.94)

圖二　辯才天女

身為智慧女神，辯才天女適切地拿著一部貝葉經（左手）。耆那教徒以熱愛學習著稱，而印度知識女神的肖像常出現在耆那教的背景。這件雕塑與耆那教的關聯出現在女神上方、坐在層疊傘蓋下的蒂爾丹嘉拉。

青銅製
10 世紀
高 33 公分，寬 15 公分
德干高原，可能在卡納塔卡邦
席威爾捐贈
(1957,1021.1)

圖三　蘇洛查那

人像雕刻的石板一般放置在神殿
的外牆，通常以系列呈現。這尊
刻的是一位 8 臂女神蘇洛查那
（Sulochana），名字刻在基座。
上方的蒂爾丹嘉拉暗示這件雕塑
與耆那教的關聯。

砂岩製
850–900
高 76.2 公分，寬 47 公分
可能出自古亞拉斯普爾（Gya-
raspur），中央邦
布里吉家族捐贈
(1872,0701.65)

圖四　身分不明的耆那教女神

這位女神有 12 隻臂，用其中一
隻把「蒂拉克」（宗教標誌）貼
在額頭。柱頂的三角標誌或許暗
示這裡曾坐著一位蒂爾丹嘉拉。

砂岩雕像
10 世紀
高 106.5 公分，寬 74 公分
中央邦北部
布里吉家族捐贈
(1872,0701.81)

3│7 耆那教在西印度

　　耆那教在印度西部的盛行情況，從青銅像和石雕（圖三、四）以及有插圖的手稿（圖二）即可窺知。古吉拉特邦和拉賈斯坦邦皆有中世紀的寺廟存留，許多是用白色大理石建造，其中最知名的莫過於莫烏恩特阿布（Mount Abu，11 世紀以後）和熱納克普（Ranakpur，15 世紀）。這些寺廟敬拜的肖像常以同樣的白色大理石雕作（圖四），今天有時會襯以紡織背景表示尊崇。

　　運用脫蠟工法的青銅鑄造，和將銀、黃銅鑲入青銅像的技巧，在印度西部發展順遂（圖三）。捐贈雕塑可做功德，許多耆那教的雕塑都有銘文記錄捐贈日期和捐助人的名字（圖四）。

　　創作文本是耆那教徒的宗教義務，因此「班達拉」（bhandara，手稿收藏館）累積了大量繪有插圖的文本。12 世紀時都寫在脆弱的棕櫚葉上──這是最早印度手稿慣用的素材（見 128-9 頁），但極少流傳下來。寫在紙上的較常見，且多半在 14 世紀以後。人物常有紅色背景；金色，特別是藍色（取自青金石）的運用，是後期的特色（圖一）。雖然紙讓文字和彩飾有更大的揮灑空間，但耆那教寫在紙上的手稿依舊沿用棕櫚葉狹長的版型；神聖的先例至高無上。

　　有的圖畫繪於布上，有些描繪耆那宇宙（圖二），有些呈現朝聖：耆那教生活的重要層面。也有較生動的呈現在地獄的刑罰。

圖二　曼陀羅形式的凡塵

這是耆那教義想像的凡人世界。印度次大陸位於中心區域的閻浮提（Jambudhvipa）：「玫瑰蘋果樹之島」，須彌山（Mount Meru）位於中央。再往外，浩瀚的宇宙海將兩個黃色環形的外緣大陸分開，到處都有吉祥的符號和動物。

繪於棉布上
17 或 18 世紀
高 104 公分，寬 105 公分
古吉拉特邦或拉賈斯坦邦
達拉皮柯拉基金會和布魯克・席威爾永久基金贈贈
(2002,1019,0.1)

圖三　蒂爾丹嘉拉巴濕伐那陀

巴濕伐那陀，24 位耆那教祖師的倒數第 2 位，得到 7 頭那伽的「兜帽」保護。坐在他下方左右兩側的分別是藥叉䟦羅難陀羅（Dharanendra）和藥叉女帕德瑪瓦蒂（Padmavati）；前面脫離肉體的小頭代表「9 曜」（navagraha），即 9 大行星，會傳達人的命運。

青銅製，鑲銀和黃銅
西元 11 世紀中
高 34 公分
印度西部，可能出自古吉拉特邦
布魯克・席威爾永久基金
(1974,0411.1)

圖一　《聖訓經》

此文本敘述最後一位蒂爾丹嘉拉摩訶毘羅的生平。這個時期的典型耆那教繪畫會使用金色和藍色，後者是用阿富汗東北部出產的青金石製成。離觀者較遠的那隻眼睛超出了臉部的輪廓，這是獨特的西印度繪畫傳統（見 73 頁）。

紙上彩繪
約 1500 年
高 22.4 公分，寬 15.5 公分
印度西部，可能在古吉拉特邦
曼努克及寇爾斯小姐透過藝術基金遺贈
(1948,1009,0.159)

圖四　一位蒂爾丹嘉拉

這個人物就蓮花坐姿，胸口有顯眼的「室利靺蹉」。坐墊上刻有捐助者的資訊。

白色大理石製
12 世紀中晚期
高 68.5 公分
古吉拉特
萊奧爵士捐贈
(1915,0515.1)

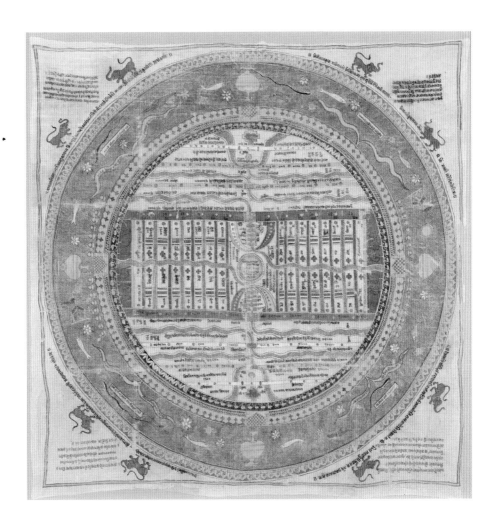

3│8 耆那教在南印度

耆那教在南亞的主要根據地其實不在印度西部，而是南部。

根據早期傳說，孔雀王朝時代，有一群人為躲避飢荒，離開耆那教最早在比哈爾的心臟地帶南遷。到了歷史時代，耆那教的存在確有實際紀錄。西元 7 世紀泰米爾納德邦席塔納瓦沙（Sittanavasal）的窟龕裡，保存了現已支離破碎，但曾經面積廣大的壁畫和蒂爾丹嘉拉的雕像。約莫源自同一時期的證據是一間位於甘吉布勒姆、至今仍在運作的耆那教寺廟，那可能是建於潘地亞時代。另外，在 7 世紀以後濕婆派和毗濕奴派聖徒以泰米爾文撰寫的詩句中，對耆那教徒抱持的負面觀感（見 124 頁）。

今天，耆那教的主要根據地在卡納塔卡邦南部，最著名的朝聖中心是 17.7 公尺高的聖者巴霍巴利巨石像（有時被稱為 Gommateshvara）。自西元 10 世紀起，它就矗立在什拉瓦納貝拉戈拉（Shravana Belgola）的山頂上。每 12 年，朝聖者會群集於此，用牛奶、藏紅花、酸奶等淨化物質進行隆重的儀式（圖一）。耆那教的苦行者，全身赤裸的天衣派（digambara）的追隨者，和著衣的白衣派（shvetambara）僧尼，都會在盛大祭典的時節來到此地。另一個重要的中心是穆德比德里（Mudabidri）附近沿岸。

巴濕伐那陀，24 位蒂爾丹嘉拉的第 23 位，在這個地區廣受愛戴，他的青銅像（圖二）和石像相當常見。寫滿符咒或「延陀羅」（yantra）的金屬圖示，也用於耆那教神殿。

圖一 巴霍巴利像的淨化

卡納塔克邦什拉瓦納貝拉戈拉的巴霍巴利像，每 12 年崇敬一次。在奉獻儀式中，朝聖者會將珍貴的物質（牛奶）澆在上面。這就是「聖首大典」，供奉者可獲功德。在耆那教傳統，巴霍巴利是苦修式虔誠的偉大模範——他文風不動地站著冥想甚久，久到腳邊都長出了草木。

圖二 蒂爾丹嘉拉巴濕伐那陀

巴濕伐那陀被奉為王，頭頂蛇頭傘蓋是他的身分特徵，背後有華麗的背板，其拱形是從神話海怪摩伽羅的嘴巴冒出來。他的兩側是王室的拂塵持者；底下則是藥叉䫀羅難陀羅和藥叉女帕德瑪瓦蒂（見 136 頁）。

青銅製
11 世紀
高 35.1 公分
德干高原
凱伊夫人捐贈
(1936,1219.1)

3｜9 朱羅王朝：青銅雕塑

朱羅王朝時代（9到13世紀）印度南部的青銅雕塑享譽國際。沿用先前帕拉瓦時代（Pallava）的金屬工藝傳統，也受惠於朱羅統治者虔誠而富裕的贊助，今泰米爾納德邦坦賈武爾地區的金屬工匠，讓金屬鑄造雕塑的生產登峰造極（關於青銅鑄造，見112頁）。

朱羅王朝的青銅神明雕塑，大多不是在神廟聖所的範圍裡受人膜拜。它們穿上衣裝、戴上花環，主要供遊行使用，在各種年度慶典裡，有時坐轎子，有時乘大型戰車，被拉著穿梭街道（見146頁）。在這樣的遊行場合，神和其特性一覽無遺；神有時也有配偶或孩子陪同（圖一），或有聖徒隨行（圖三）。在這種列隊行進的崇拜儀式中，信徒能夠與神明視線接觸（稱作darshan），也呈獻供品。經由接觸和淨化，青銅的表面（可能黃銅色或接近綠色，取決於塑像的歷史）常變得光滑（圖二）。為安全起見會將有些雕塑埋起來，最知名的可能是在提魯萬嘉杜（Tiruvengadu）發現的雕塑：今天，這個窖藏收藏的青銅像被公認為朱羅王朝時期最動人的雕塑。

這些雕塑的年代是依據銘文判定，有些雕塑與歷史人物有關。不過，朱羅的青銅像和石像之間有明確的時間連結，也有人假設愈樸素、無裝飾的作品較接近帕拉瓦時代的雕塑。近年來，這樣的見解已獲得採納，不同的風格不僅反映不同的年代，也說明了區域的差異（圖四）。

（本頁）

圖一 濕婆三人行

濕婆三人行（Somaskanda）一詞指濕婆、他的妻子雪山神女（亦稱烏摩天妃〔Uma〕）和兒子室建陀（Skanda）。這三位神明以這種形式連袂出現的概念，是這個時代所特有。

青銅製
約1100年
高48公分，長60.5公分
坦賈武爾，泰米爾納德邦
布魯克・席威爾永久基金
（1984,0403.1）

（對頁，左上）

圖二 濕婆的三叉戟

經過數百年虔誠的觸摸，這件濕婆倚著南迪的塑像表面已光滑無瑕。濕婆的三叉戟據信能斬斷無知的束縛。

青銅製（有現代的木頭）
約950年
高85公分，寬33.5公分
泰米爾納德邦
艾倫堡教授遺贈
（2001,1126.1）

（右）

圖三　守財童子

聖者守財童子是濕婆63詩聖之一（見124頁），被視為虔誠的濕婆崇拜者而為人懷念。他的裝飾重點在雙手，而雙手做出合十（anjalimudra，即合掌）的手勢。

青銅製
約970年
高48公分，寬17公分
坦賈武爾地區，泰米爾納德邦
伊頓公學捐贈
(1988,0425.1)

（下）

圖四　毗濕奴及其標誌

風格上與坦賈武爾地區的青銅像不同（相較於圖一），一般認為這座雕塑出自泰米爾納德西部。身旁的柄腳曾支撐一個青銅製的光網（prabha）。

青銅製
約950年
高35公分，寬27.4公分
孔古納德（Kongu-nadu），泰米爾納德邦西部
布魯克・席威爾永久基金
(1967,1215.1)

141

圖一　舞王濕婆

宇宙舞者濕婆為火輪環繞。他未
繫綁的一綹頭髮將恆河女神鉤在
他的右側，合掌表示崇敬。

青銅製
約 1100 年
高 89.5 公分
泰米爾納德邦，可能在坦賈武爾
地區
布魯克・席威爾永久基金
(1987,0314.1)

圖二　舞王濕婆（細部）

濕婆右手的鼓聲創造萬物。

圖三　舞王濕婆（細部）

濕婆左手持毀滅之火。

舞王濕婆

濕婆神在火圈裡跳著極樂之舞的形象，或許是「印度教的印度」的概念中最為人熟知的濃縮（圖一）。世界各地都見得到「舞王濕婆」（Shiva Nataraja）的雕塑。這位神的這尊聖像之所以受到矚目，部分應歸功於作家、思想家及藝術家阿南達·庫馬拉斯瓦米（Ananda Coomaraswamy，1887-1947）。他的父親是斯里蘭卡泰米爾人，母親是英國人，而他的著作，以及諸如法國雕塑家奧古斯特·羅丹（Auguste Rodin）的作品，都大力促成這種形式持續受歡迎，不過現在我們知道，庫馬拉斯瓦米的解釋只是眾多可能詮釋的一種。

這個形象背後的神話與宇宙活動有關。印度傳統認為時間是循環而非線性的，舞王濕婆的形象為站在時間的盡頭與初始；他「舞出」一個循環，「舞進」另一個循環。濕婆一貫的作風就是出現在時間的極端，而非之中。他手中的標誌象徵了這個故事的毀滅與創造元素：上左臂在一個循環的盡頭持火，代表毀滅（圖三），上右臂則拿著沙漏狀的鼓，代表創造（鼓聲會使創造開始）（圖二）。

這種描繪濕婆的方式在朱羅時代（9 到 13 世紀）備受歡迎，尤與該王朝高韋里三角洲腹地上契當巴南（Chidambaram）的神廟關係密切。契當巴南神廟大大受惠於朱羅王朝的贊助。在這類神廟中，「奉愛」聖者（見 124 頁）如 7 世紀詩人阿帕爾的詩句，為信徒懷念吟詠（見 145 頁）。

舞王濕婆形象的淵源尚不明確。在象島——孟買港的窟龕島——上（見 122 頁），有一塊這個主題的浮雕，可回溯至 8 世紀。不過，大致可確定的是，舞王濕婆擺出「極樂之舞」（anandatandava）姿態（有四條手臂、一腳高抬、在光環裡跳舞）的概念，是泰米爾人的想法。何時開始以青銅製作不得而知，但有件作品很可能是最早期的一例（圖五）。冶金學分析顯示這件物品與我們劃歸帕拉瓦王朝（先於朱羅的統治者）的少數青銅雕塑有諸多雷同之處。另外，從圖像學的觀點，這件雕塑亦具有年代較早的條件，如火輪為橢圓形而非圓形；左側的肩帶垂下，未揚起連接火圈；頭髮也抑制在頭的周圍，沒有揚起來連接火圈。最後，被神踩在腳下、代表無知的侏儒，身體與神像垂直，後來的雕塑則大多平行。

大型的舞王濕婆青銅像，是為遊行使用而鑄造；後來被寧著穿梭大街小巷的舞王繪畫，則是印度畫家為英國觀光客製作。在還沒有攝影的年代，這些為不熟悉這項傳統的人士提供回憶（圖四）。次頁那一大幅畫，畫的可能就是契當巴南的舞王濕婆（圖六）。

圖四 舞王濕婆和遊行中的信徒

這是一位印度畫家為歐洲客戶（見 146 頁）繪製的圖畫，呈現舞王濕婆由配偶陪同，乘坐形同小神殿的轎子。他們由持火焰、旗幟、拂塵和傘蓋的祭司侍候。

墨與淡水彩，畫在歐洲直紋紙上
約 1820 年
高 35.5 公分，寬 22 公分
泰米爾納德邦，可能在斯里蘭格姆（Shrirangam）
(1990,1029,0.4)

圖五 舞王濕婆

這件雕像的頭飾裡有豎直的羽毛，這是早期的特色，也是出現在早期泰米爾語祈禱詩讚歌裡的敘述。

青銅製
西元 800 年或稍晚
高 33.5 公分，寬 21.5 公分
泰米爾納德邦
布魯克・席威爾永久基金
(1969,1216.1)

圖六　舞王濕婆和妻子

在這幅畫，舞王和配偶在神殿裡，
或許是契當巴南的神殿；兩旁的
祭司獻上神聖的毗利婆樹葉（右）
和光明燈（左）。這種豪華的體
現是用浮雕裝飾、鑲嵌的彩色玻
璃和黃金呈現。

水粉畫，繪於布上；浮雕及鑲嵌彩
色玻璃
約 1800 年
高 48.7 公分，寬 47.5 公分
坦賈武爾，泰米爾納德邦
德瑞克夫人捐贈
(1939,0311,0.1)

如果你能看到他的眉弓，

唇上含苞待放，

紅如紅瓜的笑，

冷靜的纏結的髮，

珊瑚色皮膚上乳白的灰爐，

愉悅的金色的腳舞動起來，

那麼就連人類在這片廣袤土地上的誕生，

都是值得擁有的事。

阿帕爾（Appar），7 世紀

3│10 濕婆為宇宙救星

這座雕塑是朱羅王朝時代留存至今最精美的青銅像之一（圖二）。依據風格，判定它是西元 970 年前後的作品。相當於朱羅勢力擴張時期，也就是王朝跨出高韋里河三角洲、坦賈武爾附近的腹地，逐漸成為南部一大政治強權。這座雕塑背後的宇宙故事令人想起田園式的意象：攪乳製造奶油。故事訴說神魔分居兩端，抓著宇宙蛇婆蘇吉（Vasuki）盤繞曼陀羅山（Mount Mandara），攪動宇宙海。善與惡的元素從「攪乳海」而出，其中第一個元素是威脅宇宙未來的劇毒。濕婆，以救世主之姿，英勇地一口吞下。我們相信這座青銅像刻劃的是他攝入毒液的剎那。濕婆神的力量克服了毒之邪惡，而濕婆身體強忍緊縮的樣子，讓我們可以稍微想像他的掙扎有多激烈。神盤坐的基柱和兩旁的柄腳（支托環繞雕塑的光輪，現已失落）告訴我們，這座雕像是專門為了在節慶時遊街而製作（圖一）。雕像的背面幾乎和正面一樣美，濕婆的髮捲灑在肩膀呈扇形排列，還有象徵榮耀的輪狀裝飾「siraschakra」蓋住頭巾繫成的結（圖二）。

圖一　遊行中的濕婆一家人

這樣的繪畫呈現出 19 世紀初，濕婆這種青銅神像如何遊街。濕婆和妻子雪山神女在一起，孩子象神（障礙排除者，總是走第一個）和室建陀（兩名妻子陪同）走在前頭。144 頁（圖四）也是出自同一系列的畫。

墨與淡水彩，畫在歐洲直紋紙上
約 1820 年
高 37.4 公分，寬 23.2 公分
泰米爾納德邦，可能在斯里蘭格姆
(1990,1029.0.5)

（上及左）

圖二　濕婆「吞毒像」

這座雕塑刻劃濕婆神得到宇宙勝
利的片刻。在象徵吉祥的右邊，
他的下手打著無畏印——讓信徒
放心，宇宙的未來確鑿無疑。金
屬工匠打造出這麼美的塑像，功
夫了得，包含許多向後彎曲的元
素，熔化的合金必須在凝固前注
入。雕塑家也花了大量心力在背
面（遊行期間通常不會看到），
證明這種創作本身就是虔誠的信
仰。髮捲散落肩膀的排列引人注
目，纏髮盤起（即「jata」）的
細節也刻劃得優美動人。

青銅製

約 970 年

高 58 公分，寬 41 公分

泰米爾納德邦，可能在坦賈武爾

布魯克・席威爾永久基金

(1970,0921.1)

3│11 朱羅王朝：石雕

　　廟宇建築讓朱羅王朝的君主仍鮮明地活在南印度的風景裡。與前朝相較，朱羅神殿的規模和壯麗卓然出眾。在坦賈武爾，獻給濕婆的布里哈迪希瓦拉神廟，是羅茶羅乍一世興建，西元 1010 年落成（圖一）。坦賈武爾是朱羅王國的首府，位於王國心臟地帶高韋里三角洲的肥沃平原上。這一帶還有許多朱羅王朝國王蓋的神廟，全都有繁複精緻的石雕做點綴。其中包括康凱康達秋里斯瓦拉姆神廟（Gangaikondacholapuram，記錄朱羅在恆河兩岸的強大勢力）、達拉蘇拉姆（Darasuram）的艾拉瓦德斯瓦拉神廟（Airavateshvara）和契當巴南舞王廟的幾個部分（見 145 頁）；這些全都供奉濕婆。

　　朱羅神殿外，特別是環繞中央神龕區的部分，是石雕匠展現技藝的最重要場所。在這裡，建築通常有兩層樓專門設置擺放石雕的壁龕。雕刻計畫展現供奉神明在敘事和圖像方面的多樣性。其中相當重要的濕婆敘事是「林伽巨柱相」（lingodbhavamurti），展現他優於其他神明的地位（圖三）。另一個常在朱羅神殿外牆見到的重要濕婆形象是老師：知識相（dakshinamurti）（圖二）。

　　雖然朱羅國王是濕婆的虔誠信徒，但他們對毗濕奴的虔敬也顯而易見。以毗濕奴的形象，或其「化身」裝飾的神廟亦頗負盛名。

圖一　坦賈武爾的布里哈迪希瓦拉神廟

這座知名神廟的金字塔，高聳於塔內供奉的林伽之上。底下兩層樓牆外的壁龕，擺放著圖二和圖三之類的雕像。

圖二　濕婆為師，知識相

這裡呈現的濕婆是個和藹可親的年輕人，正教導他的追隨者，右下手施無畏印。一如舞王濕婆相（見 142 頁），他的腳踩著一個象徵無知的侏儒。

花崗岩製
10 世紀中葉
高 109.2 公分
泰米爾納德邦中部
布魯克・席威爾永久基金
(1961,0410.1)

圖三　濕婆的林伽巨柱相

濕婆在這個形象中展現優於梵天和毗濕奴的地位，從無限高、無限深的林伽中冒出來。其他兩神試著限制林伽，梵天化為雄鵝想飛到它的頂端，毗濕奴化為野豬想衝到它的底部，都未成功，不得不承認濕婆高他們一等。類似這種既敘述又證明神力的雕塑，常在供奉濕婆的朱羅神廟外緣出現。

花崗岩製
約西元 900 年
高 138 公分，寬 42 公分
泰米爾納德邦
席威爾捐贈
(1955,1018.1)

3│12 寺廟的器皿

在印度教和耆那教供奉雕像上，也見得到形形色色的青銅器，用來執行「普闍」儀式，主要功用是作為獻給神明的禮物——香（香爐）、味（擺放水果的托盤）、水（青銅容器）和涼爽（扇子）。雖然近期的物件遠近馳名，但中世紀的物件就相當稀有了，因為它們常被熔化重鑄——或被劫走（有些在戰事發生前貯藏而保存下來）。

圖二的香爐出自喀什米爾，年代可溯至 9 到 10 世紀。或許是拜埋藏所賜才能留存至今；不過這也使它失去（木造？）把手，和這尊飛翔四臂形象後擺的腿。圖三的香爐年代更晚，出自德干高原，做成一隻騰躍的貓科動物，明顯援引 12 到 13 世紀德干高原南部，曷薩拉王朝在紋章上使用的獅子圖像。還有一組更近期、更浮誇的孔雀形香爐，與 15、16 世紀德干高原的蘇丹國有關（圖四）。

出自中世紀德干高原的壺器充分展現了工匠的技藝，會置於寺廟內殿入口的三足基座上。下面這個圖例表面的球狀刻紋觸感極佳，使之名列中世紀金屬器皿的頂尖傑作（圖一）。三足基座表面的繁複裝飾，與前述香爐的獅像雷同，因此可能年代相近。

（本頁）
圖一　儀式用壺和三足基座

這兩件廟宇用品——三足基座上的壺器——的年代推測未定，可能在西元 1000 年至 1325 年之間；它們是在殿內神像敬拜儀式時使用。具觸感卻樸素的刻紋與底下撩亂的獅子圖像形成鮮明對比。

青銅製
14 世紀或更早
高 15.3 公分（壺）、10.9 公分（三足基座）
比賈布爾區（Bijapur），卡納塔克邦
凱伊夫人捐贈
(1936,1219.3、4)

（對頁，左上）
圖二　飛仙形象的香爐

這個四臂形象托著一只裝了鉸鏈的碗。焚香所釋放芳香宜人的煙，會從器皿頂端的孔冒出來。這位仙人被鑑定是布濕波丹陀（Pushpadanta），擔任獻花環給濕婆的職責。

青銅製
9 世紀晚期至 10 世紀
高 19.2 公分
喀什米爾
布魯克‧席威爾永久基金與藝術基金
(2011,3041.1)

（對頁，右上）
圖三　獅虎形香爐

玩弄比例是德干高原藝術的典型特色——請注意獅爪下的象。這頭獸先被認為是獅子的野獸全身卻有虎的斑紋，暗示金屬工匠不確定獅子究竟生何模樣（獅子不存在於德干高原的荒野上）。

青銅製
11 世紀
高 15.9 公分
德干高原東南部
希爾柏博士捐贈
(1953,0713.15)

（右）
圖四　孔雀形香爐

孔雀與大象搏鬥的觀念是眾所皆
知的德干視覺文化。這裡，香要
放進孔雀的身體裡，而表面有孔
讓煙排出來。上翹的尾巴和左邊
大象的軀幹也可以插線香，而祭
司可以握著背部的把手，把宜人
香氣獻給供奉的神像。

青銅製
16 世紀
高 29 公分（頂點）
德干高原
陳康順博士捐贈
(1993,1223.1)

3｜13 曷薩拉君主

與印度西南部曷薩拉君主有關的大型寺廟都位於貝魯爾（Belur，包括 1117 年完工的沉納克希瓦寺〔Chenna-Keshava〕）和哈勒畢德（Halebid，1121 年落成的曷薩拉什瓦拉〔Hoysaleshvara〕）。同時期另一間令人印象深刻的寺廟位於更南方的索姆納特布爾（Somnathpur，1268 年完工，圖一）。星形格局創造出令人目眩神迷的複雜，在曷薩拉建築相當常見。

這三座寺廟裝飾外牆的雕像（圖二）皆引人注目。神明幾乎以圓雕塑造，服裝、珠寶和王冠都刻得華麗至極。構成神龕的樹木和匍匐植物也刻得鉅細靡遺。這些元素也都體現於支托的女性塑像身上——她們斜倚在屋簷的水平線和牆垣的垂直線間（圖二）。特別的是，曷薩拉寺廟遺址的許多雕塑都有個別藝術家簽名。

曷薩拉王朝的王室徽章是一頭抬起一爪作勢反抗的獅子（見 151 頁圖三），這種裝飾用的紋章，在曷薩拉王朝崩解、承繼者桑伽馬王朝（Sangama）崛起後，仍在德干高原延續數百年之久。桑伽馬王朝的根據地在更北邊棟格珀德拉（Tungabhadra）河畔的毗奢耶那伽羅（今亨比〔Hampi〕）。

圖一　索姆納特布爾

坐落庭院之中的索姆納特布爾神廟，是由三個獨特但相連的神殿組成。它是曷薩拉時代最後一批，或許也是最戲劇性的毗濕奴神廟。它以描繪史詩場景的外牆浮雕，以及內部梁托的圓頂著稱。其星形格局，從神廟的平台一直延伸到建築最高處。

圖二 三座女性支托塑像

這些塑像，美妙地喚起舞蹈與音樂，是訴諸感官的傑作。一位打鼓，而其他兩位舞者中，一位懶洋洋地照著鏡子。20 世紀初的舞蹈愛好者就是透過像這樣的塑像和文本研究，將印度舞蹈形式化。這三件雕塑可能曾當成禮物送給 1848 到 1856 年擔任印度總督的達爾豪斯侯爵（The Marquess of Dalhousie）；後來大英博物館向他的後代購得。

片岩製
12 世紀
卡納塔克邦西南部
高 83.8 公分（右上）；90.4 公分
（右及左上）
布魯克・席威爾永久基金
(1962,0721.1–3)

3│14 尼爾吉里丘陵

　　西高止山脈的尼爾吉里丘陵（Nilgiri hills）位於今泰米爾納度邦西北部，其文化史提供一個迷人的研究機會：偏遠的高山地區是怎麼和平原聚落文化保持來往。尼爾吉里丘陵森林蓊鬱，住著非種姓群體，包括名為托達人（Toda）的民族。這些群體似乎會收集香料，甘蔗、藥用植物、寶石、蜂蜜、硬木等林產品，跟平原居民交易。12 世紀曷薩拉統治者維斯努瓦達那（Vishnuvardhana）的一段銘文證實平原和山丘的確有接觸，而前者試圖控制後者。從這裡我們可以推測，類似地區，即部落群體與定居城市文化有所接觸之地，是否可套用同一個理論系統。

　　尼爾吉里丘陵也以山頂上的墓地聞名，它們通常設置在石頭圍成的圓圈裡；英屬時期有些被挖掘出來，尤以學者／官員艾略特的成果最為重要。原本判定出自史前時代，不過現在相信年代在西元 1000 紀，特別是從陪葬品的類別判斷，包括中央有球形的高錫青銅（圖一）、黃金珠寶（圖二）和一面來源不明的青銅鏡和造型奇特的鐵劍。除了這些高檔物件（據推測為進口物品）還有一種特定類型的陶器，質地堅硬，造型包括多種樣式的疊碗，碗蓋上有動物，偶爾有人（圖三）。雖然技術上不複雜，但這些雕塑栩栩如生；這些器皿顯然是骨灰甕。

圖一　青銅碗

這些碗因為製作工法繁複，在尼爾吉里丘陵出土時，被認為是輸入品；不過，原產地在哪裡尚不明確。西元 1 世紀時，已知西北遠方的塔克西拉也產帶球形的器皿，但可供對照的例子甚少。

青銅鑄造
西元 1000 紀中葉
尼爾吉里丘陵，泰米爾納德邦
高 4.7 公分，直徑 14.1 公分
布瑞克斯遺贈
（1879,1201.3）

圖二　黃金珠寶

這三件珠寶都出自艾略特爵士挖掘、發表的墓地。一如帶球形的青銅碗（圖一），它們也應是價值不菲的輸入品，是用林產品交易到尼爾吉里丘陵的高山地區。

黃金，（環狀物件）也有彩色石頭
可能在西元 1000 紀前半
尼爾吉里丘陵，泰米爾納德邦
高 3.5 公分（左）；3 公分（右）；直徑 2.5 公分（中）
艾略特爵士捐贈
（1886,0515.3、10、6）

圖三　骨灰甕

尼爾吉里丘陵許多用於埋葬骨灰的層疊器皿，末端都有動物或人形。左邊例子的末端是水牛，這可能與後來托達社會的動物崇拜有關。右邊的蓋子則為人形。

土器
西元 1000 紀中葉
高 39.5 公分（左）、22.8 公分（右）
尼爾吉里丘陵，泰米爾納德邦
布瑞克斯捐贈
（1879,1201.9；1880.459）

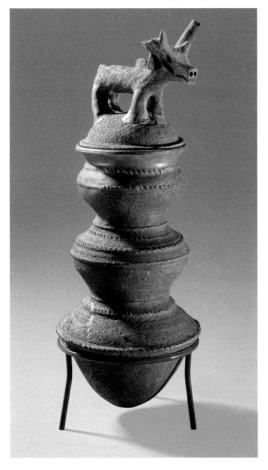

3│15 奧里薩的神廟雕塑

　　12、13 世紀東恆伽王朝的君主在奧里薩沿海贊助了神廟建造計畫。這些神廟的一大特色是頂端還有上塔，即「希哈拉」（shikhara，意為「山峰」），布巴內什瓦爾（Bhuvaneshvar）的林伽拉賈神廟（Lingaraja）和普里（Puri）的札格納特神廟（Jagannatha，164 頁）仍可見到例證。但科納爾克的神廟有多壯觀就只能靠想像了：下層建築屹立不搖，但希哈拉已倒塌。

　　奧里薩的雕塑家發展一種主要用於描繪印度教神明的風格（奧里薩北部，佛教在諸如拉特納吉里等地延續，但這是例外）。奧里薩的雕塑以鑿刻深邃著稱，較大的核心（即最重要的）人物更是精雕細琢。圖三中濕婆神由配偶雪山神女陪同，底下則是兩位神明的伐訶納，濕婆的公牛南迪和雪山神女的獅子（獅子更常幫助雪山神女的兇相化身難近母）。神廟祭拜需要的物品也清晰可見：三足基座、香爐和螺號，也細膩地描繪雪山神女之子象神。中世紀的奧里薩也描繪這位象頭神，包括一種五頭相（圖一）。至今仍不明確，許多像這樣的雕像放置於神廟的哪些地方，不過，我們確實知道神廟的門楣都有描繪行星的吉祥系列（圖二）。

圖一　象神

這種象神五頭相和配偶一起出現的描繪相當罕見，暗示它來自怛特羅（tantra）盛行的背景。它一腳踩踏的姿勢，表示它有能力回應世間的信眾。

片岩製
13 世紀
高 101.6 公分，寬 54.6 公分
奧里薩沿海，可能在柯納爾克
布里吉家族捐贈
(1872,0701.60)

圖二　羅睺，蝕相

這件「羅睺」（Rahu）像出自「9曜」，即 9 大行星系列；他代表一個星體。

片岩
13 世紀
高 99 公分
奧里薩
英國海外傳道會捐贈
(1951,0720.2)

圖三　濕婆和雪山神女

這對「神仙眷侶」坐在三葉拱形內。上面有一群神仙樂手吹笛子、打鐃鈸和鼓。獻花環和持拂塵的人也是此王室場景的一部分。捐贈者出現在雙蓮基座的兩側，基座左下方還有八行至今仍清晰可見的文字；那是一段起了頭但沒有完成的銘文。

片岩製
12 到 13 世紀
高 184.2 公分，寬 119.4 公分
奧里薩沿海
布里吉家族捐贈
(1872,0701.70)

157

3│16 尼泊爾

尼泊爾位於印度平原北部，涵蓋喜馬拉雅山山麓，以及這座世界最高山脈的一部分。自古以來，加德滿都谷地一直是這個國家最重要的地區。自西元前最後幾世紀起，由於位居印度西藏間的必經之路，以佛教和印度教為基礎的文化，便在那裡蓬勃發展。印度藝術風格能流傳至今，加德滿都谷地功不可沒，即便有些在印度本地早已被取代。比如 12 世紀東印度風格的佛教寫本製作（寫在貝葉上及木製書封內，見 128-9 頁），就是在那裡延續下來。

窣堵坡和層疊木造寺廟是加德滿都谷地最顯著的建築要件，而屹立至今的窣堵坡中，最有名的莫過於斯瓦揚布納特（Svayambhunath）和博拿（Bodhnath，又稱滿願塔）。博拿一直是市集和朝聖地，特別受到西藏遊客歡迎。從西元 7 世紀前後，這裡佛教和印度教建築的石雕就遠近馳名（圖一）。雖然加德滿都谷地生產石頭、象牙和木頭雕刻，但當地原始居民內瓦爾人真正擅長的是青銅鑄造，包括鑄造雕像、宗教器物和器皿等。他們的技術需求越過喜馬拉雅山，進入西藏。西元 10 世紀以後的佛像雕塑（圖三）展現了內瓦爾的技藝，例如凸紋飾的背板（圖四）和供奉用的壺器。帛畫（圖二）和木製書封上的繪畫在尼泊爾歷史悠久，既為印度教，也為佛教服務。

圖一　佛陀立像

這座佛像的莊嚴之美，一雙目光低垂的大眼，和施與願印的巨大右手，令人想起早期鹿野苑等地的笈多風格（見 78 頁）。基座上，在捐助者塑像底下有一段銘文，將委託製作這件雕塑的功德獻給數個受益人。

片岩製
西元 7 到 8 世紀
高 62 公分
尼泊爾
布魯克·席威爾永久基金
(1966,0217.2)

圖二　曼陀羅

受歡迎的女神財源天母（Vasudhara）能傳播財富，包括透過金錢和農業（她一手持著成熟的稻穗）。在此幅曼陀羅中（見 160 頁），她出現在中央，被隨從圍繞。東南西北方各有一條有人駐守的通道可進入她的領域。

在內部兩個正方形之間、彎彎曲曲的渦卷裝飾，是晚期印度佛教繪畫的特色，而它已經由尼泊爾傳入西藏。

繪於布上
1504 年（從銘文判定）
高 115 公分，寬 86 公分（整件紡織品）
加德滿都谷地，尼泊爾
湯普森爵士捐贈
(1933,0722,0.1)

圖三　金剛薩埵，「堅不可摧者」

不論是出現在曼陀羅中心的原始形象，或是單獨描繪成菩薩，金剛薩埵的右手皆持雷電，即「金剛杵」，左手則持「金剛鈴」。這座莊嚴的內瓦爾雕塑有三葉形的王冠和飄揚的尖端。

鍍金的青銅
15 世紀
高 44.5 公分
加德滿都谷地，尼泊爾
葛瑞斯夫人捐贈
(1932,0211.4)

圖四　背板

這塊背板缺了原本嵌著的塑像，但展現了加德滿都谷地內瓦爾金匠賴以成名的浮雕凸紋飾。這塊銅板尖端的伽樓羅像，和華麗的神話水怪摩伽羅，都是後期尼泊爾的典型作品。

青銅，鍍金、彩繪；採用凸紋飾技術
原先定年於 19 世紀，但可能早至1500 年
高 52.8 公分，寬 44.8 公分
內瓦爾工藝，但是在西藏取得
(1905,0519.96)

在南亞三大古宗教都見得到延陀羅、曼怛羅（mantra，神咒）、曼陀羅等詞彙。延陀羅和曼陀羅是平面思維，曼怛羅則是在空間裡想像——它是聲音，特別是神聖的聲音。在古代的學說中，引發創造的常是聲音，例如濕婆的鼓聲會開啟每一個新的循環（見143頁）。正確的聲音據信擁有與生俱來的創造力和保護力。因此，在印度教、耆那教和佛教，清晰地發出特定聲音——即曼怛羅——和個別神明有關，且被認為有益，就算它只是聲音，沒有明顯的意義。最知名的曼怛羅是「Om」，常在祈願的開頭聽見。

延陀羅是透過書寫把聲音封進去的設計（圖一、二）。不過，它們特別用於「普闍」（供奉）期間，目的在召喚神明現身。通常是用圓形或三角形金屬板，刻上獻給個別神明的曼怛羅。三角形的延陀羅通常是女神儀式的一部分，形狀近似女性生殖器。

曼陀羅為二度空間，被想像為神明的住所，也就是鼓勵神力進入的地方。最常見的曼陀羅是用畫的（圖三）。它們在晚期的印度佛教和後來的藏傳佛教尤其顯眼，做為冥思的輔助。然而，在埃洛拉12號洞窟裡，有個8世紀雕刻的三度空間曼陀羅：佛像坐鎮中央，身邊圍繞著排成矩形網格的菩薩。

圖一　延陀羅

這幅延陀羅設計的蓮花瓣圖案和中央的三角形暗示儀式中用來召喚女神。不同的表面覆蓋著召喚用的短文，即曼怛羅。設計嵌入一個正方形內，而正方形每一邊距離相等之處，都有進入女神宮殿範圍的入口（可與圖三相較）。

青銅製
19世紀或更早
高19.4公分，寬19.3公分
尼泊爾
法蘭克斯爵士捐贈
(1894,0520.14)

圖二 耆那教的延陀羅

這個環形大延陀羅的中心有一系列鏗鏘有力、各寫成一個單位的音節。它們是曼怛羅「hrim」。在冥思時，這樣的曼怛羅被認為能有效專注於蒂爾丹嘉拉。三角形、圓形和蓮花瓣都刻滿曼怛羅，構成強大的設計。

銅，雕刻
印度西部
完整物品直徑 41 公分
1631 年，從銘文判定
(1880,4057)

圖三 佛教神明勝樂金剛的曼陀羅

西藏的傳統布畫通稱為「唐卡」（thang-ka）；這幅畫更精確地說，是幅曼陀羅。其中心是勝樂金剛神（Samvara），阿閦佛之一相，他在宇宙曼陀羅中坐鎮東方。圖中的勝樂金剛抱著他的智慧伴侶。在重複中心元素的圓形裡，這位神明的隨從全都嵌於宮殿的門牆上。

繪於布上
1861 年，從銘文判定
寬約 44 公分（顯示的區域）
尼泊爾
克拉克捐贈
(1961,1014,0.7)

圖一　《薄迦梵往世書》一頁圖文手稿

黑天（藍皮膚者）出現在兩幅畫中，對沃林達文（Vrindavan）的牧牛人說話。沃林達文位於亞穆納河兩岸，他年輕時來此冒險。文字寫在背面（亦見215頁，圖二）。

不透明水彩，繪於紙上
約 1525 年
高 18.1 公分，寬 23.9 公分
年代不確定，可能在馬圖拉附近，或者更南
布魯克・席威爾永久基金
(1958,1011,0.4)

圖二　哈努曼

兇猛英雄哈努曼的類人猿五官和表示崇敬的合十手勢形成對比。這是「奉愛」的姿態，信徒在神的面前犧牲一切。

花崗岩製
17 世紀
高 145 公分，寬 45 公分
印度南部
(1880,298)

圖三　阿傑梅爾的契斯提神殿

這張受歡迎的印刷品，描繪知名遜尼派教師及神秘主義者契斯提（Moinuddin Chishti）位於拉賈斯坦阿傑梅爾的陵殿；這是重要的朝聖中心，來者不分宗教。

彩色平版印刷術
20 世紀
高 35.1 公分，寬 49.3 公分
在德里印刷
摩斯卡迪利致贈，紀念奧斯頓
(2016,3051.1)

奉愛

「奉愛」的觀念是過去一千年南亞宗教活動的一大特色，以印度教為最，但在錫克教、伊斯蘭與基督教方面也值得注意：這個梵語指的是對神明絕對的熱愛和完全的奉獻。在印度教的想像中，羅摩的盟友兼同伴哈努曼（見86-9頁）是無私奉獻的典範（圖二）。他結合英勇與同情的精神，就是「奉愛」聖者的特質。在這篇《羅摩衍那》裡的故事將力與愛的特質展露無遺：為了取回藥草醫治受傷的羅什曼那，他竟把整座山從喜馬拉雅山脈搬過來。

「奉愛」的起源無疑在印度南部的泰米爾聖者（見124頁）。有時那裡的詩歌讓人聯想信徒是神明的情人，而信徒流露的摯愛混雜了責怪、離別和未竟之履行。對印度神明，尤其濕婆和毗濕奴的崇拜席捲南方，輾壓佛教和耆那教——兩者原本都具有影響力，但都欠缺「奉愛」蘊含的那種對神明狂放不羈的愛。

記錄「奉愛」發展的重要文本是《薄迦梵往世書》；它可能是在西元10世紀於印度南部寫成，並受到更早期聖者崇拜的影響。書中述說年輕俊美黑天男神（見165頁，圖三）的故事，西元2000紀後，對他的崇拜在南亞各地十分重要（圖一）。黑天的行為，以及與他交流的熱切渴望，是《奉愛》傳統裡許多詩人的靈感，例如柴坦尼亞（Chaitanya）、米拉拜（Mirabhai）和桑卡拉德瓦（Shankaradeva）。

「奉愛」也見於對其他神明的崇拜，例如濕婆（得坎那達語詩人巴薩瓦〔Basava〕崇敬，他在12世紀建立林伽派〔Lingayat〕）；毗濕奴（為17世紀聖者圖卡拉姆〔Tukaram〕歌頌，他住潘達爾普爾〔Pandhapur〕，是毗濕奴化身維托巴〔Withoba〕的信徒）；以及迦梨（18世紀孟加拉狂熱崇拜者蘭普拉薩德‧森〔Ramprasad Sen〕在詩裡傾吐愛慕）。

「奉愛」詩歌的一貫主題是不論如何想像，神都是凡人可親近的概念。這無非是默默或公然否定個人在探索與神的關係時需要婆羅門做為媒介。此外，這也否定種姓結構——有些「奉愛」聖者出自低種姓家庭，因而無可避免把對神的愛置於種姓位階之上。最後一個元素是本地白話的運用，例如巴薩瓦的詩用坎那達語（Kannada，卡納塔克的語言）、圖卡拉姆用馬拉地語（Marathi，在馬哈拉施特拉使用）、蘭普拉薩德‧森用孟加拉語。對上述每一位詩人而言，使用直接親切的方言，而非有重重規則的梵文，更有益於和受眾接觸交流。

雖然「奉愛」主要是印度教的表現形式，其一如伊斯蘭教所強調「人在神前一律平等」的內涵深深吸引印度教徒，驅使他們摒棄儀式化、以神廟為主的活動，改採更親密的個人獻身。這促成一種跨信仰的融合，特別是在平民階級、印度教崇拜與穆斯林聖者之間，蒙兀兒帝國的繪畫即為印證：彙集所有教派美學之大成，且廣獲各教派信徒之崇敬。穆斯林聖徒，特別是各蘇菲教團，例如遜尼派的契斯提（Chishti）和什葉派的卡蘭達爾（Qalandari），至今仍吸引穆斯林和印度教徒慕名至其「多爾加」陵殿朝聖。其中最出名的，或許是位於拉賈斯坦邦阿傑梅爾的兩座契斯提陵殿（圖三）和德里的尼札穆丁‧奧利亞（見11頁）。

3│18 黑天，世界之主

札格納特神廟位於奧里薩邦的沿海城市普里，其淵源不詳。但裡面的黑天像——由兄長大力羅摩（持斧羅摩）和妹妹妙賢作伴——不同凡響（圖一）。到 12 世紀，這座神廟不只是地方性的神殿，也成為東恆伽王朝的朝廷所在。

在普里，黑天被視為「札格納特」（世界之主）崇拜。或許暗示森林和部落起源，這三位神明的雕像定期換新，且有專人遠赴內陸審慎挑選木材來製作。在印度中部各地，森林之神常以直立木柱之姿呈現，少有人類特徵。「普里三神」可能曾是這樣的神明，而其敬拜慢慢被正統神廟儀式同化，也逐漸想像出人形。

普里也是重要的朝聖中心，因為它是標定神聖印度境界，即「達摩」（dhama）的四個頂點之一。普里是最東點，其他三個頂點為德瓦爾卡（西）、巴德里納特普里（北）和拉梅斯沃勒姆（南）。因此普里神廟的雕像全印度皆知（圖二）。

朝聖者前來普里也是因為據傳統說法，12 世紀詩人賈雅狄瓦（Jayadeva）就是在這裡寫《牧童歌》（圖三），熱情澎湃地歌詠黑天和拉達（Radha）之間的愛情。時至今日，這部詩集的詩句仍天天在札格納特神廟吟誦。普里和賈雅狄瓦的關聯也是孟加拉聖者柴坦尼亞（約 1486-1533）決定後半生在此定居，親近黑天及其信徒的原因。如今，他的遺愛仍非常清楚地顯現在印度和世界各地崇拜黑天的信仰中。

圖一　普里三神

黑天（黑色身體）和大力羅摩分站兩側，妙賢居中。他們已經用許多不同素材複製過，包括石材、木材、青銅和黏土；也有版畫和繪圖的版本。多數體積小、容易讓朝聖者帶走，因此在印度各地都見得到。這裡的例子是一群黏土偶像裡的三尊，或許是為 19 世紀晚期倫敦一場國際展覽而製作。

黏土彩繪，中間有稻稈為軸
19 世紀
高 44 公分，寬 56 公分
西孟加拉邦，可能出自克里斯赫納納加爾（Krishnanagar）
(1894,0216.7)

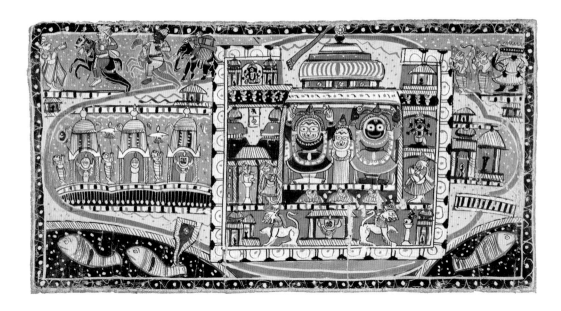

圖二　普里的神廟

依其染色、小尺寸和主題來看，
這幅畫是典型普里風格。讓朝聖
者帶走後，它可以提供遠離神廟
的「darshana」（有益視野）。
它以各種方式呈現建築：平面圖
（方形輪廓）、分區（神明在中
間清晰可見）、側面（塔樓聳立
於神明之上），以及神話（此廟
據信坐落於「毗濕奴的貝殼裡」，
神廟周圍的紅線就是殼）。

繪於棉布，上亮光漆
19 世紀或更早
高 37 公分，寬 71.3 公分
普里，奧里薩邦
(1880,0.301)

圖三　《牧童歌》一頁圖文手稿

藍皮膚的神，年輕俊美的黑天，
在百花盛開的森林裡吹笛。他的
兩側是兩位「牧牛女」（gopi）
女信徒，因為能如此接近他而心
醉神馳。下面是開花且滿是蜜蜂
的樹，頂端是這幅畫描繪的《牧
童歌》梵文詩句。

繪於紙上
18 世紀
高 24.5 公分，寬 15.2 公分
奧里薩沿海
(1947,0412,0.2)

3│19 阿薩姆的黑天紡織品

在南亞，宗教用（敬奉或在儀式中使用）漂亮紡織品的製造歷史悠久。流傳至今最令人驚豔的類型之一是出自阿薩姆的「Vrindavani Vastra」，意為「獻給沃林達文的織物」（沃林達文據說是黑天度過青春歲月之處）。有不少絲織品留存至今（圖二）。它們之所以能倖存，（幾乎沒有例外）看似是拜西藏的嚴寒氣候所賜——許多絲織品或許在 18 世紀被賣到那裡去。

編織這些布料所用的複雜技術稱作「蘭帕斯」（lampas），可同時編織兩條經線和兩條緯線，因此可同時編織前景（通常是人物或文字）和背景（圖三）。這些織物描繪的黑天生平場景，包括他擊敗蛇魔迦利耶（Kaliya）、偷藏牧女信徒的衣物，以及打敗鶴魔缽迦羅剎（Bakashura）等。說明文字也會織入布中，展現絕佳的技藝，例如其中一塊，就織了 11 行來自宗教劇《卡利—達曼》的文字，訴說黑天打敗惡魔迦利耶的故事（見圖二的上幅）。包括此劇在內的許多戲劇都是由阿薩姆虔信黑天的大師巽卡拉德瓦（Shankaradeva，1568 年過世）撰寫。此劇至今仍在布拉馬普特拉河上馬久利島（Majuli）的僧院中演出，有時演員會戴面具（圖一）。每一條織布可能都曾用來包裹一份手稿，且織上手稿的引文，或許是《卡利—達曼》戲劇本身。

圖一　缽迦羅剎的面具

以黑天為主角的阿薩姆戲劇《波那》（bhaona）會耗費大量心力製作惡魔所戴的面具。圖中的鶴魔缽迦羅剎有鉸接式的嘴，讓演出的僧侶可以裝瘋賣傻，試著用他的長喙來抓住其他演員。

繪於棉布，黏在竹條編成的基架上
2015 年
高 25.2 公分，寬 21 公分
薩瑪古利僧院（Samaguri monastery）鶴蒙德拉・戈斯瓦米（Hemchandra Goswami）工作坊製作，阿薩姆邦馬久利島
達拉皮柯拉基金會
(2015,3041.5)

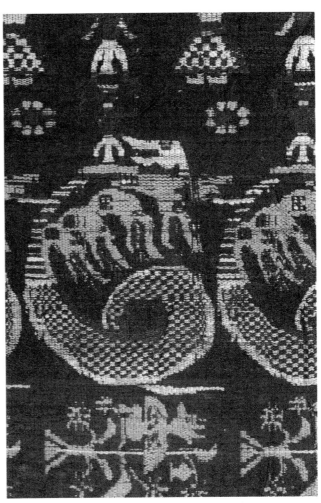

圖二　獻給沃林達文的織物

像這樣的條狀紡織品織著黑天
（毗濕奴的化身）生平的場景。
有些被賣去或帶去西藏；本例中，
它們被縫成壁掛，頂端還添加中
國的絲綢。圖中的織物描繪了一
段出自戲劇《卡利一達曼》的文
字（上幅）、迦樓羅、黑天和「牧
牛女」，以及黑天擊敗蛇鶴雙魔
（伽利耶和缽迦羅剎）。

蘭帕斯技法絲織
17 世紀
圖中呈現的部分約寬 80 公分
下阿薩姆
蘭登捐贈
(As1905,0118.4)

圖三　黑天擊敗蛇魔伽利耶

這塊大英博物館「獻給沃林達文
的織物」細部展現了「蘭帕斯」
技術──褐色背景是由一組經緯
線織成，黑天在被擊敗的伽利耶
頭上跳舞則用另一組。

3│20 基督教在南亞

　　基督教在次大陸歷史悠久，或許源於西元 4 世紀中葉。傳說多馬（Apostle Thomas）率先將福音帶到喀拉拉邦，那裡的基督徒至今仍奉他為尊。今天印度南部所用的禮拜儀式是古敍利亞式，且喀拉拉邦各基督團體和東正教之間仍有密切接觸。當地幾間教堂以巴列維文字（Pahlavi script）銘文，且使用早期傳統的花形十字，都是早期的確有這些基督團體存在的徵象（圖一）。

　　葡萄牙人在 1498 年抵達南部沿岸後，最終改變了當地的基督教信仰。印度教徒和當地原本的基督徒改宗天主教，意味不論葡萄牙人落腳何處，基督教都會披著羅馬天主的外衣在那裡興盛起來，特別是果阿和孟買附近的沿海地區。基督（圖二）和聖徒的雕像，尤其是與東正教傳播福音有關者，如方濟‧沙勿略（St Francis Xaxier），開始廣為流行（沙勿略死後葬於果阿，見 226 頁）。象牙常用於基督雕像製作，其中別具特色的形象是善牧者（Good Shepherd）。在這裡介紹的例子（圖三），雕刻家運用象牙的長形來製作獨樹一格的雕像。

　　隨著歐洲人受到貿易的誘惑，前往蒙兀兒統治者位於德里的宮廷，具基督風格的圖像也亦步亦趨。阿克巴大帝的宮廷對基督教表現出興趣，蒙兀兒畫室的繪畫可茲證明（圖四），使一些歐洲人期待王室改宗。不過，歐洲人是誤解了宮廷的求知慾，王室成員其實對其他宗教體系一樣好奇。

（本頁）
圖一　戈德亞姆聖母馬利亞教堂

十字架刻有前伊斯蘭時代伊朗使用的巴列維文字，證實基督教最晚在西元 6 世紀就出現在喀拉拉沿海地區。

（對頁，左上）
圖二　象牙飾板

這艘「救世之舟」被想像成歐洲的船隻，而聖嬰基督出現在船上。果阿以象牙雕刻著稱，而象牙製品易於攜帶，是其廣為傳布的原因。

象牙製
17 世紀初
高 13 公分，寬 9.8 公分
果阿
布魯克‧席威爾永久基金
（1959,0721.1）

（對頁，右）
圖三　善牧者基督

基督被描繪成羊群圍繞的年輕人。底座是斜倚的「抹大拉的馬利亞」。

象牙製
17 世紀初至中葉
高 23.1 公分
果阿
（1856,0623.161）

（對頁，左下）
圖四　耶穌釘死於十字架

耶穌會神父將歐洲版畫帶到早期蒙兀兒皇帝的宮廷。畫家會臨摹主題，並採用歐洲技巧來表現體積與距離，不過畫風仍是十足的蒙兀兒風格。

墨、水粉畫、金，繪於紙上
約 1590 年
高 29.3 公分，寬 17.7 公分
可能是畫家凱蘇‧達斯所繪
布魯克‧席威爾永久基金
（1983,1015,0.1）

圖一　聖者蓋茲騎虎

這位右手拿著一串珠子的聖者毫
無畏懼地騎著虎，他左手握著死
眼鏡蛇，宛如節杖，更凸顯他的
力量。這位聖徒顯然能掌控自然
世界最危險的元素。這幅用色大
膽、設計複雜的畫是一部孟加拉
故事畫卷裡 53 幅之一，而這部
畫卷是同類畫作中最精美的一例
（見 237 頁，圖二）。

繪於紙上（現裱貼於布上）
約 1800 年
高 38 公分，寬 36.5 公分（全卷
長 13 公尺）
孟加拉，可能在蘇達班森林
藝術基金
(1955,1008,0.95)

森林裡的動物：虎、象、孔雀

今天在南亞仍見得到老虎的蹤影，但數量稀少，活動範圍僅限恆河三角洲一帶，以及印度、不丹、尼泊爾的少數保護區。各地的棲息地流失是首要憂慮，偷獵也是，而中醫誤認虎骨粉可治病的觀念更助長偷獵的歪風。

不過，老虎在次大陸具有重要的文化歷史。這種兇猛的貓科動物向來被視為幾乎不可能馴服，因此只有少數特異人士，例如東孟加拉穆斯林聖者蓋茲（Gazi）能夠騎虎（圖一）。正是因為他能掌控野生動物，濃密的蘇達班森林（Sunderbans）──恆河、布拉馬普特拉河三角洲地區──才可能殖民定居。在印度教傳統，騎虎的是女神安必迦（Ambika），反映她駕馭自然世界的力量。

苦行者坐上虎皮就是要再次召喚這種力量。而「邁索爾之虎」蒂普蘇丹（Tiger of Mysore, Tipu Sultan）表現出精明的政治手腕，更是結合了所有老虎的特質（見238頁）。

印度象與人類互動的歷史淵遠流長。這種野生動物的力量確保它一直出現在文學、藝術與宗教之中；整體而言，象的象徵是確信、莊嚴，偶爾帶情色意味。象很早就在紀錄中出現（見24及40頁），象牙則從史前時代，大象還漫步在印度河流域森林的歲月，就用來製作象牙製品了。而象與王室的連結，則從歷史時代之初便已開始（圖四）。

象神（象頭神）是創生開端之神，是安置之神，若得安撫，也是障礙排除之神。在神廟裡，群象會照料這位神明，而在斯里蘭卡一年一度的佛牙節遊行（Perahera Procession），仍會有一頭象載著佛陀的聖牙遺物。

在文學中，雨季時一朵朵龐大且色彩絢爛的雲，會被比作森林巨獸。群象用提振活力的水清洗吉祥天女，也是沿用同樣的比喻（圖五）。自古以來，王室會騎象來探視臣民。這個連結叢林之王和宮殿之王的古老傳統，到1901年仍為人理解，當時，印度總督寇松侯爵（Lord Curzon）在德里杜爾巴（Delhi Durbar）騎象行進，援用古蒙兀兒的宮廷儀式（「達爾巴」〔darbar〕）現身在民眾面前。大象是王權的典範：強壯、巨大、不可抗拒。

雄孔雀會在試圖贏得雌孔雀青睞時展現一身華麗的羽毛，這與印度教兩位神明的關係尤其密切──黑天和迦締吉夜。黑天的頭帶時髦地插著一根孔雀羽毛；迦締吉夜是濕婆之子，由昴宿星團（Pleiades）的基栗底柯六姊妹（Krittika）撫養長大，從小的坐騎就是孔雀（圖二、三），孔雀七彩繽紛的展演貼切表現了他的血氣方剛。5世紀笈多君主鳩摩羅笈多一世（Kumaragupta I）的鑄幣印有孔雀開屏圖，這是在玩國王的名號，因為「鳩摩羅」（Kumara）是「迦締吉夜」（Karttikeya）的同義詞。年輕的黑天在沃林達文森林裡進行情色惡作劇時，頭帶插著一根孔雀的羽毛，同樣招搖。

蒙兀兒帝國以珠光寶氣聞名的王座──「孔雀寶座」──在1739年納迪爾‧沙（Nadir Shah）劫掠德里後，於德黑蘭度過餘生。孔雀還有另一件較平凡的事蹟：次大陸各地都有用孔雀羽毛做成的扇子。

圖二　迦締吉夜騎他的孔雀坐騎

這位年輕尚武的神明，脖子戴著虎爪組合成的鍊子，象徵驍勇善戰。

玄武岩製
西元 7 至 8 世紀
高 58 公分，寬 40.5 公分
印度東部，可能在北方邦東部
布瑞吉家族捐贈
(1872,0701.66)

圖三　迦締吉夜騎他的孔雀坐騎

這件刻劃濕婆之子騎乘美麗孔雀的小雕塑（呈現正面與背面）是在今中國和闐出土，證明印度商人和喀喇崑崙山脈另一邊的中亞商人有貿易往來。

壽山石（一種滑石），雕刻及鍍金
西元 8 世紀
高 6.4 公分
印度西北部，可能在喀什米爾
史克林爵士捐贈
(1925,0619.40)

圖四　兩枚銀製圓牌

這兩枚銀章栩栩如生地描繪大象，是造詣深厚的金屬工匠運用凸紋技術所製。其產地可能在印度次大陸西北部的事實，暗示昔日大象的棲息地遠比今天來得更北、更西。

銀製
西元前 2 世紀
半徑 7.5 公分（左）、7.1 公分（右）
印度西北部
丹姆斯捐贈
(1937,0319.6、5)

圖五　大象清洗吉祥天女

幸運女神吉祥天女坐在一朵盛開的蓮花上，讓大象幫她沐浴——全都是繁榮昌盛的象徵。

水粉畫，繪於紙上
1700–15
高 22.9 公分，寬 27.7 公分
本迪（Bundi），拉賈斯坦
(1956,0714,0.32)

4

德干蘇丹、
蒙兀兒皇帝和
拉吉普特國王

12世紀晚期至18世紀

伊斯蘭早在發展之初就來到南亞，於今巴基斯坦信德省班普爾出土的證據顯示，一座清真寺興建於西元 728 年（以銘文判定）。古吉拉特和喀拉拉這兩個與西邊海上貿易密不可分的地區，也很早就有伊斯蘭的足跡，刻赤縣（Kutch，古吉拉特西部）的巴德雷什瓦（Bhadreshvar）坐落著南亞屹立至今最早的清真寺，依銘文判斷建於 1160 年。這座小清真寺建有梁托的圓頂，和當地耆那教風格的蓮花裝飾。

11 世紀初，隨著阿富汗統治者加茲尼的馬哈茂德（Mahmud of Ghazni）從阿富汗東部進入印度平原，尋求戰利品而非貿易，伊斯蘭便以更強勢的作風為人所知。不過，要到近兩百年後，才有伊斯蘭群體（以阿富汗人和突厥人為主）成功擊敗拉傑普特（Rajput）的統治者。他們以德里為中心建立國家，並控制大半印度北部。往後兩百年，清真寺、陵墓和防禦工事陸續興建。1197 年，蘇丹在德里運用拆除印度教和耆那教神廟得來的廊柱和其他部分，建立他們第一座清真寺「全能伊斯蘭」（Quwwat ul-Islam）。沒過多久，又在附近建了巨大的「勝利之塔」古德卜高塔（Qutb Minar），這座建築的裝飾樹立了新的慣例，不僅採用眾人熟知的印度主題（珍珠帶、盛開的蓮花、植物卷形），也添加阿拉伯書法。這種自然形體與書法的結合，證明是往後數百年印度一種富麗奢華的裝飾特色。

德里的突厥和阿富汗蘇丹之間雖然爭執不休（從 1206 年開始，到 1526 年的洛迪〔Lodi〕王，有四個朝代的統治者），倒是始終維持在印度北部的統治；南亞另有其他獨立的蘇丹國，包括立足於東邊孟加拉和西邊古吉拉特的蘇丹國，首都分別設在孟加拉北部的廓爾（Gaur）／潘杜阿（Pandua）及艾哈邁達巴德（Ahmedabad）。在前者，透過許多已成廢墟、有玄武岩牆面和上釉磁磚裝飾的磚造建築，我們仍能略知原有的壯麗（見 182 頁），而在艾哈邁達巴德（及附近的占帕內爾〔Champaner〕），風格獨特的精美清真寺清楚表明統治者財

這兩座雄偉的宣禮塔和連結兩者的拱門，都是一座建於 15 世紀後半的清真寺的遺跡（後方可見的清真寺是現代興建）。推定建造者的名字西迪巴希爾（Sidi Bashir）——為蘇丹艾哈邁德‧沙（Ahmed Shah）奴役——還在上面。兩座宣禮塔呈現出前伊斯蘭時代的建築形式：階梯式的方形格局、外牆的壁龕、支撐陽台的托架，都可以在更早的寺廟建築中見到。

力雄厚（圖一）。在德干高原，溫迪亞山脈（Vindhya）南邊的高地地區，繼德里蘇丹最初的劫掠後，其他穆斯林統治者，如巴赫曼尼（Bahmani Sultanate）的蘇丹，於 14 世紀中葉到 16 世紀初在此立足。他們大致控制這個地區，但在與南方的毗奢耶那伽羅王國交戰後，巴赫曼尼王朝覆滅，一連串較小的蘇丹國在此建立。毗奢耶那伽羅的國王繼續掌控大部分南印度土地（圖二），但來自北方的蘇丹國統治者在 1565 年塔利科塔（Talikota）戰役後，導致該王國淪亡。

　　儘管蒙兀兒皇帝是印度史上最知名的穆斯林統治者，名聞遐邇的印度建築泰姬瑪哈陵就是一位蒙兀兒皇帝建造（圖三），但他們要到 16 世紀才出現在印度次大陸。第一位蒙兀

圖二　毗奢耶那伽羅的提魯凡伽拉那塔（Tiruvengalanatha）神廟

這座已成廢墟的神廟供奉毗濕奴（依銘文判定年代為 1534年），展現許多毗奢耶那伽羅王朝首府的晚期神廟風格（該城在 1565 年遭洗劫後就一直無人居住了）。神殿嵌於兩座圍牆內，一側另有一間附屬的女神殿。幾座有塔的入口「瞿布羅」（石砌的低樓層和磚造的上層建築）與神殿對齊，而從北方入口出去，有條長長的馬車道直通棟格珀德拉河。這座神廟坐落於令人驚嘆的德干景致中，有些世界最古老的地質表面裸露出來。

兒統治者巴布爾（Babur，1483-1530），來自今烏茲別克費爾干納（Ferghana）谷地，他從阿富汗進入印度，歷經一連串戰事，終於在 1526 年擊敗洛迪王朝最後一位德里蘇丹。巴布爾似乎是個迷人的人物，他的回憶錄《巴布爾紀事》（*Baburnama*）收錄了對他印度新生活的省思；他是用查塔伊突厥語（Chughtai Turkish）撰寫，反映他的中亞而非波斯世系，不過波斯語後來成為蒙兀兒的官方語言。巴布爾死後，新王朝遭遇挫敗，其子胡馬雍（Humayun）在 1540 年被阿富汗蘇爾王朝舍爾沙（Sher Shah Sur）流放，在伊朗和阿富汗度過漫長歲月，1555 年才回德里。他不到一年就過世，由最強盛的蒙兀兒皇帝阿克巴（1556-1605 在位）繼位。這時雖不是蒙兀兒權力的顛峰，卻是展現朝代最佳品質的時期。阿克巴非常優秀，凡事願意討論和辯論，特別是宗教事務，現今常將他與阿育王相提並論。阿克巴可能有閱讀障礙，卻對手稿和手稿上的圖示展現極高的熱忱。帝國在他的繼任者，兒子賈漢吉爾（Jahangir，1605-27 在位）和孫子沙賈漢（Shah Jahan，1628-1658 在位）當政時繼續擴張。後者建造泰姬瑪哈陵為後人懷念，但所有蒙兀兒人都是偉大的建造者——阿克巴在法泰赫普爾西克里（Fatehpur Sikri）打造全新的城市。阿克巴、賈漢吉爾及沙賈漢統治期間也成立帝國

圖三　阿格拉的泰姬瑪哈陵

這幀舉世聞名的紀念建築是蒙兀兒皇帝沙賈漢建造，做為妻子慕塔芝‧瑪哈（Mumtaz Mahal）的陵墓；他後來葬在她旁邊。泰姬瑪哈陵建於亞穆納河畔的一塊平台上，四周環繞一座天堂般的花園。白色大理石鑲著半珍貴的寶石，與同區其他建築（包括一座清真寺和入口）的紅砂岩呈現鮮明對比。

畫室，創作適合當時統治者的圖像，主題包括史詩、自然史和肖像等。另外，所有蒙兀兒皇帝都效法先王巴布爾，記錄本身統治的歷史。

蒙兀兒盛世的最後一位統治者是奧朗則布（Aurangzeb，1658-1707 在位），不同於前任君主，奧朗則布個性嚴厲。恪遵遜尼派教義的他，並不熱中於音樂或繪畫等藝術。在他統治期間，蒙兀兒帝國的疆域擴至最大，所有德干蘇丹終於悉數納歸蒙兀兒統轄。不過，雖然成功，征服德干的戰事卻勞民傷財，使蒙兀兒帝國再也無法恢復財政穩定，也從此不再接納多元性。奧朗則布的繼任者不若先王雄才大略，在他死後五十年，帝國持續萎縮，且陸續有新演員登上舞台，其中包括西高止山脈的馬拉塔（Maratha）統治者，以及歐洲商人和愈來愈重要的英國東印度公司。

在印度西部，建立已久的拉傑普特宮廷，例如齋浦爾（Jaipur）、久德浦和烏代浦（Udaipur）在脫離蒙兀兒掌控後重新建立為獨立國家，並透過對建築、繪畫和宗教藝術的獨資贊助來宣揚這點。

4|1 印度北部的蘇丹國

印度北部蘇丹國的建築包括知名的古德卜高塔（圖一）。這是德里蘇丹國創建者古德卜丁·艾伊拜克（Qutbuddin Aibek，1206-10 在位）打造的勝利之柱。他是阿富汗古爾王朝（Ghorid）統治者的總督。主要用紅砂岩建造，古德卜高塔是圓柱和角柱堆疊而成。它華麗地刻著渦卷飾和《可蘭經》等的文字。

之後圖格魯克（Tughlaq）王朝的堡壘圖格魯克巴德、費羅沙克特拉（Firuz Shah Kotla）的城堡，以及最後一個朝代洛迪的陵墓（圖四、圖二），目前在德里仍見得到。這些統治者的建築是他們最重要的遺產，不僅在德里，還有東邊的喬恩浦爾（Jaunpur，沙爾奇蘇丹國的中心）和古吉拉特的艾哈邁達巴德（也是一個獨立蘇丹國的根據地，以其精美建築為人所知，特別是有精緻花格窗的希迪賽義德清真寺〔Mosque of Sidi Sayyid〕）在德里蘇丹的宮廷，畫家大受歡迎，不過流傳至今的作品（圖三）甚少。

有分裂傾向且爭執不休，這些王朝彼此興戰，但仍能控制東起孟加拉、西迄旁遮普的北部大部分地區，直到 1526 年蒙兀兒人到來為止。德里卡爾吉（Khilji）王朝蘇丹阿拉烏丁（Ala ud-Din）的將領馬利克卡富爾（Malik Kafur）發動突擊深入印度南部，雖勢如破竹、摧枯拉朽，卻未造就永久的統治。德里蘇丹在德干高原任命的總督最終叛離，建立巴赫曼尼蘇丹國（見 186 頁）。更往南，在穆斯林軍隊撤退後留下的權力真空中，毗奢耶那伽羅王國成長苗壯。

圖一　古德卜高塔

這座如今已被雜亂擴張的現代德里吞噬的高塔，過去常是印度畫家為歐洲訪客寫生的主題。這取自某本風景畫集的一頁，清楚顯示高塔運用了紅色砂岩（下層）和白色大理石（上層）。

繪於紙上，取自一本畫集
19 世紀初
高 29 公分，寬 21.7 公分
德里，印度北部
裴吉特遺贈
(1945,1013,0、9、8)

圖二　香爐

這只高雅香爐的六角型設計，反映了蘇丹印度的伊斯蘭建築所使用的幾何圖形（見圖四）。

黃銅鑄造、穿孔
16 世紀
高 15 公分，寬 16 公分
印度北部，可能在德里
布魯克·席威爾永久基金
(1992,0715.1)

圖三　阿米爾・庫斯洛的《五》

詩人阿米爾・庫斯洛在德里蘇丹的宮廷裡寫他的田園敘事《五》。在這頁取自《五》的手稿局部，坎大哈公主正在敬拜一幅肖像。鮮豔的紅色背景是當地印度繪畫傳統的特色。

不透明水彩，繪於紙上
15 世紀中葉

高 33.9 公分，寬 29.2 公分（整幅畫）
可能在德里
(1996,1005,0.5)

圖四　穆罕默德・沙・賽義德的陵墓

倖存於德里風景如畫的洛迪花園，這座陵墓是為賽義德王朝一位末代蘇丹而建，他的統治在 1443 年結束。中間的八角形廂房上有圓頂；周圍是開放式拱廊，廊頂有袖珍圓頂涼亭，這些全都是次大陸伊斯蘭建築的典型特色。

4│2 孟加拉蘇丹國

在孟加拉蘇丹的首都廓爾，以及附近的潘杜阿，至今仍可見到廣闊的廢墟；潘杜阿的阿迪那清真寺（Adina，1375 年完工）是當時整座印度次大陸最大的清真寺。雖然已成廢墟，中心地帶仍留有桶形穹頂的遺跡，氣勢不凡；這種穹頂在印度伊斯蘭建築相當罕見，圓頂比較常見。這座清真寺，一如同時期孟加拉其他許多清真寺，是用磚造再鋪上玄武岩牆面（圖二），特別是嵌入「mihrab」（指引禱者麥加方向的壁龕）的牆垣。這些石雕牆面暗示清真寺建造時用了當地的工匠，因為雕刻結合了諸如盛開蓮花和植物渦卷飾等東印度在前伊斯蘭時期的典型圖案，和諸如「mihrab」和吊燈等較明顯為伊斯蘭的裝飾特色；這是賞心悅目的組合（圖三）。該城市許多建築的表面會用上釉的磁磚裝飾，但那些磁磚幾乎都不復存在。

為宣示脫離德里獨立，這些蘇丹發行了自己的鑄幣。他們也在自己的建築上留下一連串引人注目的銘文。這些是以優雅的阿拉伯「花押字」（tughra'i）刻在黑色玄武岩上，而這種字體具備延展性極佳的垂直元素，製造出戲劇性的視覺效果；一個令人印象深刻的例子是圖一的五片石板，據信是廓爾丹蒂巴拉清真寺（Tantipara）的奠基石，上有銘文記錄石板是在 1480 年優蘇福‧沙（Yusuf Shah）在位期間（1474-81）安裝。

圖一　銘文

這塊黑色玄武岩石板來自廓爾丹蒂巴拉清真寺的入口，上面刻著新傳入的阿拉伯文字，指出統治者為優蘇福‧沙蘇丹。

玄武岩
刻於 1480 年 3 月 26 日
高 49.5 公分，寬 265.5 公分
廓爾，孟加拉北部
富蘭克林上校捐贈
(1826,0708.2.a–e)

圖二　柱

黑得發亮的玄武岩，和視覺效果豐富的雕刻，是孟加拉磚造建築石砌表面的典型特色。

玄武岩
15 世紀
可能出自潘杜阿阿迪那清真寺，孟加拉北部
高 112 公分 (1880.352)

圖三　雕有「mihrab」的石板

植物渦卷裝飾和盛開的蓮花，是援用前伊斯蘭時代的設計。

玄武岩
15 世紀
可能出自廓爾，孟加拉北部
高 84.1 公分 (1880.145)

184　德干蘇丹、蒙兀兒皇帝和拉吉普特國王

德干的蘇丹

到 14 世紀中葉，巴赫曼尼的蘇丹已經以卡納塔克邦北部的比德爾（Bidar）為根據地，建立一個重要的穆斯林國家。除了他們出色的建築，那些統治者的宮廷沒什麼流傳至今——堪稱未來的徵兆。巴赫曼尼的國家在 15 世紀末分崩離析，最後形成五個各自獨立的國家：比德爾、貝拉爾（Berar）、艾哈邁德訥格爾（Ahmadnagar）、戈爾孔達（Golconda）和比賈布爾。這些國土的統治者主宰了這個地區的政治、宗教和文化生活，直到最後一位慘遭蒙兀兒皇帝奧朗則布（1658-1707 在位）和德干新興強權馬拉塔人無情攻擊，終至消滅。這些德干國家受到波斯和中亞強烈影響，與北方的蒙兀兒帝國形成對比，意味統治者信奉什葉派，也擁護遜尼派伊斯蘭。不過，在他們大部分的疆域內，他們始終是宗教與美學的少數菁英，因為多數臣民信奉印度教。

繪畫在德干蘇丹的宮廷裡蓬勃發展，特別是戈爾孔達和比賈普爾這兩個疆域最大、國祚最長的蘇丹國。當時的畫作配色大膽且使用黃金。圖像常運用不真實但迷人的比例變化。神秘的夜景廣受歡迎——你幾乎聞得到茉莉花香撲鼻（圖一）。在戈爾孔達和比賈普爾，音樂、舞蹈和詩是重要的主題，宮廷生活也是（圖二）。我們可以從這些畫作窺知統治者的性格，比賈普爾的易卜拉欣·阿迪爾·沙二世（Ibrahim Adil Shah II，1579-1627 在位）獲得最大回響（圖一）。他留給後人熱愛音樂、文學，且具神秘主義傾向的印象。他顯然不僅對印度—波斯的遺產感興趣，也對多數臣民文化的美和重要性感興趣。出自這些宮廷的繪畫有時會有漂亮的裝幀、水染大理石紋的用紙和秀麗的書法而更顯突出。

這個時期幾乎沒有象牙製品流傳下來，不過有少量獨特的樂器薩林達琴（sarinda）為人所知。這些多少讓我們了解這個地區的技術發展（圖四）。再往南走，象牙飾板會用於裝飾小印度教神殿（見 83 頁）；在廓爾，有人製作基督主題的象牙雕塑（見 169 頁），包括為出口市場而製。

在德干高原，製造色彩鮮豔的磁磚來裝飾建築外牆，也是一種造詣精湛的工藝。至今當地各式各樣的裝飾，仍沿用這種磁磚。博物館收藏了一些例子（圖三），也有中國進口、明朝青花瓷的碎片或偶爾完整的成品（圖五），價值不菲，也出現在宮廷場景的繪畫中。

圖一　易卜拉欣·阿迪爾·沙二世

圖中，這位以熱愛音樂聞名的蘇丹在晚上拿著響板。他穿著輕薄透明的長袍，披著一條金線編織的披巾。

不透明水彩和黃金，繪於紙上
約 1615 年
高 17 公分，寬 10.2 公分
比賈普爾，卡納塔克邦；推斷是畫家阿里·里薩（Ali Riza）的作品
(1937,0410,0.2)

圖二　戈爾孔達的穆罕默德·古德卜·沙的宮廷

年輕的統治者穆罕默德（1612–26 在位）在這裡迎接朝臣，其中一位（跪著的）可能是謝赫·穆罕默德·伊本伊·可敦（Shaikh Muhammad ibn–i Khatun），他在 1616 年被任命為駐伊朗大使。這幅畫畫的可能就是他辭別赴任的情景，馬和馬伕睜大眼睛在下面等候。

不透明水彩，繪於紙上
約 1612–20 年
戈爾孔達，泰倫迦納邦
高 25 公分，寬 15.5 公分
(1937,0410,0.1)

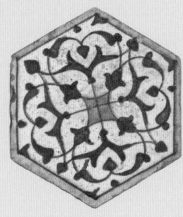

圖三　兩塊六角形磁磚

用磁磚裝飾建築──通常是清真寺外牆──的做法是從伊朗和中亞傳入次大陸。這兩個例子巧妙運用三種顏色：白、藍、綠松石藍，繪於帶紅色的磁磚上。

陶土，釉下彩繪
17 世紀
高 15.5 公分
比賈普爾，卡納塔克邦
法蘭克斯爵士捐贈
(1895,0603.152、153)

圖四 薩林達

雖然這種弦樂器是從伊朗世界傳入，其裝飾卻包含德干高原當地的元素，例如晚期神話動物一邊從嘴裡吐出大象，一邊用爪子抓緊另一隻。

象牙製
約 1700 年
高 59.7 公分，寬 16.1 公分
德干高原海德拉巴地區
廷戴爾捐贈；舒丹姆上校蒐集
(1829,1114.1)

圖五 瓷瓶

考古學挖掘已在德干高原的宮廷發現中國瓷器的碎片。這個以出口風格裝飾的葫蘆型瓶子——歐洲人稱「克拉克瓷」（kraak）——是極少數完好如初的遺物。

瓷，釉下青花裝飾
1600–20 年
高 15.5 公分
景德鎮，中國南部；在卡納塔克邦比賈普爾出土
甘迺迪夫人捐贈
(1927,0519.1)

4｜3 德干高原的金屬工藝

青銅、鐵、鋼等金屬工藝傳統，在德干高原的歷史相當悠久，今泰倫迦納邦卡因納加爾縣發現的礦渣堆即為明證。鋼或許在西元 1000 紀初就在製造，比歐洲早。其經驗之深厚，加上德干宮廷精緻的美學，在 16、17 世紀創造出傑出的金工作品。世俗和宗教使用的器皿都有人製作，且融合早期傳入的波斯式設計。世俗用品包括形形色色的容器（見 212 頁的「比德爾」），尤其是嚼食用檳榔（pan）的容器（見 210 頁）。或許為確保珠寶安全，17 世紀有少量有錘點動物設計的長方形盒子，但倖存的甚少（圖二）。同樣年代相近且倖存甚少的是蓮花瓣火焰設計的重鑄碗（圖四）。

宗教金工則見於香爐，有些採用幾何和泛伊斯蘭設計，做成八角形。也有些做成動物造形，例如獅子或孔雀（見 151 頁），沿用歷史悠久的動物描繪傳統。眾所周知抬起一爪的獅子是曷薩拉王朝的徽章（見 151 頁）。孔雀，或神話版的孔雀，則見於許多材料，有的站，有的抓東西，有的吃東西，有的跟大象打架。我們在印度—葡萄牙家具的象牙鑲嵌物、出自泰倫加納邦的故事卷軸（見 236-7 頁）（圖三）和毗奢耶那伽羅國王（1565 年前德干高原南部的統治者）的鑄幣中（圖一）見到一模一樣的圖像。這是德干由來已久的形象，在蘇丹國時期一再美輪美奐地重現。

圖一　阿希塔德瓦拉亞王的金幣

這枚金幣是在毗奢耶那伽羅帝國（以亨比為根據地）全盛時期發行，正面圖案使用雙頭鷹攫大象圖，即「gandabherunda」，一種神力的象徵。

黃金製
1530–42 年（阿希塔德瓦拉亞王在位年代）
直徑 10 毫米
在毗奢耶那伽羅（今亨比）鑄造，卡納特克邦
艾略特爵士捐贈
(1886,0505.44)

圖二　首飾盒

用印度的動物如象、魚、形形色色的鳥，包括孔雀，裝飾著這只首飾盒的外觀；另一面則以兩個王室人物為主。打開首飾盒的把手是一朵盛開的蓮花。

錘點黃銅製
17 世紀後半
高 15.2 公分，寬 22.1 公分
德干高原北部
(1939,0117.1)

圖三　故事畫卷

傳統的「gandabherunda」，即雙頭鷹用喙和爪子攫住大象的圖案，出現在這個描繪巴凡納‧里西（Bhavana Rishi）史詩的畫卷中。他被認為是泰倫加納編織工種姓「Padmasali」的先祖。這部總長超過9公尺的畫卷，訴說這群編織工英勇的起源。故事通常在晚上說，並使用歌曲和畫卷來講解，往往一講就好幾個小時，堪稱某種古早版的電影——一幅彩色畫面接著一幅，訴說令人陶醉的長篇神話。

繪於上漿的棉布
18世紀晚期
長930公分，寬85.5公分（全卷）
泰倫加納邦
布魯克‧席威爾永久基金
(1996,0615,0.1)

圖四　蓮花形盆

幾何形或蓮花形的水設施，如噴泉或池子，會出現在德干高原的菁英建築中，例如比德爾的拉巴格（Lal Bagh）和奧蘭加巴德（Aurangabad）的比比卡巴格巴拉陵（Bibi Ka Maqbara）。如同這個盆子，同樣的概念應用於創造兼具美觀與功能的物品。

鑄黃銅，雕刻
17世紀
直徑 22.5 公分
德干高原
布魯克‧席威爾永久基金
(1963,1017.1)

4|4 帖木兒的王侯

自 1913 年大英博物館收購這幅蒙兀兒名畫起，相關文章已
多不勝數。這幅畫描繪一群帖木兒的王侯子孫坐在花園裡一座涼
亭周圍和裡面，坐在正中間的是第二位蒙兀兒皇帝胡馬雍（1530-
40 及 1555-56 年在位；身分是從他特別的頭巾判斷）；這些王侯
都由僕人侍候（圖一）。這幅畫原採波斯風格，但在蒙兀兒王朝
時期兩度做了添增。不過其波斯畫風，加上核心人物的身分，讓
學者得以判定最早的手筆，是 1545 年赴喀布爾觀見胡馬雍的阿布
杜·薩瑪德（Abd al-Samad）或米爾·賽義德·阿里（Mir Sayyid
Ali）。雖有毀損（全圖約有四分之一失落），這仍是蒙兀兒早期
繪畫既重要又優美的紀錄。

這幅畫最早的目的不詳，但後來有許多部分以蒙兀兒風格大
規模修改，也嵌入多位人物（及說明），特別是胡馬雍的後代，
以「符合最新情況」（圖二）。或許是在賈漢吉爾（1605-27 在位）
統治初期進行，接著在沙賈漢（1628-58）執政之初又做一次。有
些人物被完全竄改，也有些人物的比例被改變。雖然仍未完成，
這幅畫想必被設想成一份王朝的紀錄，強調蒙兀兒統治者與其中
亞祖先帖木兒的連結。這種血緣關係對蒙兀兒皇帝非常重要。

圖一 帖木兒的王侯

就算有些部分失落，還是看得出
原作的莊嚴宏偉。諸多元素顯
然為波斯早期的特色——花園涼
亭、懸鈴木、金色天空、嶙峋山
景——這些全都襯托著涼亭裡後
來添加的蒙兀兒列席者。

不透明水彩，繪於布上
約 1550–55（原作）；約 1605
及 1628 年（二作及三作）
可能在阿富汗喀布爾開始；於印
度北部添加
藝術基金
(1913,0208,0.1)

圖二　帖木兒的王侯

這幅畫的中央描繪敘事主角：纏
尖頂頭巾的胡馬雍坐在畫面右
邊，阿克巴、賈漢吉爾和沙賈漢
面對他。蒙兀兒的王侯從左邊和
右邊望向涼亭裡面。

4│5 阿克巴統治時期的繪畫

在阿克巴（1556-1605 在位）漫長統治時期之初，逐漸熟悉波斯畫家薩瑪德和阿里的作品；他們是被他的父親胡馬雍帶到德里，為早期蒙兀兒繪畫帶來薩法維王朝（Safavid）的樣板（見190頁）。阿克巴統治時期的重要成就，是將這項傳統融合在地印度習俗，再增添一些從觀摩歐洲版畫習得、描繪體積和距離的新觀念——那些是耶穌會神父和商人帶到蒙兀兒宮廷的。

阿克巴帝國畫室的第一項重大任務是《哈姆札紀事》的插圖，共達 1,400 幅。這個文本敍述主人翁哈姆札（Hamza）的傳奇事蹟（圖三）。我們知道阿克巴喜歡冒險故事，也愛請人唸這個文本給他聽。在這些畫中，印度對色彩和自然世界的觀感造就一系列視覺饗宴。這項計畫歷時 15 年完成，不過只有幾幅畫流傳至今。

阿克巴也渴望說波斯語的穆斯林廷臣了解印度教臣民的偉大史詩（見 71 頁）。因此，下令將《羅摩衍那》和《摩訶婆羅多》從梵文譯為波斯文。兩者也都由宮廷畫家作畫（圖二）。帝國畫室的其他大作包括幫波斯文學《巴布爾紀事》，和阿克巴自己的統治史《阿克巴紀事》（Akbarnama）畫插圖。他也鼓勵肖像畫，因而確立了日後蒙兀兒標準的格式——男性人物側身站在彩色的表面上，沒有背景。阿克巴宮廷後期首屈一指的畫家是曼蘇爾（圖一）。

圖一　維納琴手，可能是奴巴汗（Naubat Khan Kalawant）；推定為曼蘇爾（活躍於 1590–1624 年）所畫

曼蘇爾最為人稱道的是他在阿巴克之子賈漢吉爾統治時期，以自然世界為主題的畫作。不過這幅畫是以樂手為主角；現場也有鳥和開花植物，皆為吉兆。

不透明水彩及黃金，繪於紙上，
題字、蓋印
約 1590–95 年
高 11.2 公分，寬 9 公分（僅圖的部分）
蒙兀兒印度
布魯克·席威爾永久基金
(1989,0818,0.1)

圖二　堅戰，與揭羅拿摔角

《戰爭之書》是《摩訶婆羅多》的波斯文摘錄及譯本，手稿現已分散，在這分離的一頁，般度五子的長兄堅戰和他同母異父的兄長揭羅拿（Karna）摔角。這兩位人物之間的關係是這部龐大史詩的典型特色：有近親關係的個人相互較量。

不透明水彩，繪於紙上
1598 年
高 20.3 公分，寬 11.1 公分（僅圖的部分）
蒙兀兒印度
(1921,1115,0.13)

圖三　《哈姆札紀事》的一頁

奴魯達爾王子（Prince Nurudd-
ahr）溺水，先知以利亞（Elias）
搭救。雖然這幅圖是繪於阿克巴
統治之初，但確切印證波斯／中
亞主題與印度對自然世界的觀感

已合為一體；森林裡充滿聲音和
美。

不透明水彩，繪於棉布，推定是
畫家巴薩凡納（Basavana）的作
品
約 1567–72 年

高 67.4 公分，寬 51.3 公分
蒙兀兒印度
坎貝爾牧師捐贈
(1925,0929,0.1)

4 | 6 出口用的刺繡床罩

　　葡萄牙人是近代率先和印度貿易的歐洲人，雖然他們一開始殖民於西岸，主要是果阿，但也在印度東部恆河／布拉馬普特拉河三角洲的薩特加翁（Satgaon）鎮上做生意，特別是紡織品交易。當地加墊縫製並刺繡的床單在葡萄牙蔚為流行，時間可溯至西元17世紀初。多數是棉製，而縫紉通常使用未染的金黃絲線（也有一些玫瑰粉刺繡的例子留存下來）。有些是受委託為葡萄牙特定貴族製作，刺繡主要展示盾形紋章。

　　特別令人感興趣的是，在這些紡織品中發現部分在地、部分歐洲的混合圖像。歐洲圖像包括忙於打獵的葡萄牙士兵（圖一），正義女神和天秤出現在床罩的中心，四個象限都有臨摹自歐洲版畫的場景（這些銅版印刷是在今比利時安特衛普製作，出口量相當大）（圖二）。孟加拉的刺繡師看到源於古典或聖經場景時，未必了解其指涉，因此如今不是每一幅圖畫都能輕易鑑定。不過有兩類描繪相當明確：出自奧維德（Ovid）《變形記》的〈阿克泰翁之死〉和皮拉穆斯（Pyramus）及西絲比（Thisbe）的故事。

　　製作這些異國情調的出口商品之後，精美刺繡的傳統延續下來，數百年後以較小、更本土的「坎塔」（kantha）之姿在孟加拉各地出現（見278-9頁）。

圖一　刺繡床罩

像這樣高密度刺繡和加墊縫製的紡織品，17世紀在葡萄牙廣受歡迎。這類作品的吸引力仰賴白棉底和「tussar」金絲的微妙對比。葡萄牙士兵常出現在這些被褥上，多半是狩獵場景。此圖呈現他們穿戴特殊服裝，包括頭盔，騎著馬，揮著劍。

棉，絲
17世紀初
孟加拉，可能出自薩特加翁
蘭托·辛格先生收藏

圖二　刺繡床罩

這件刺繡棉織床罩中間的圓標是
正義女神和她的天秤；她被一群
美人魚環繞，其中一條（正下方）
在彈吉他──歐洲樂器。右邊的
局部顯示臨摹自歐洲版畫（可能
在安特衛普製作）〈阿克泰翁之
死〉，這位不幸的主人翁出現在
下方，女神黛安娜正把他變成
鹿，上面，他正被自己的獵犬撕
成碎片。

棉，絲
17 世紀初
長 272 公分，寬 236 公分
孟加拉，可能出自薩特加翁
布魯克・席威爾永久基金
(2000,1213,0.1)

4｜7 印花棉布

多采多姿的印度紡織品吸引了早期歐洲商人的目光。染色技藝精湛、色彩和種類令人眼花撩亂的紡織品，讓印度東南部——從默蘇利珀德姆（Machilipatnam）到高韋里三角洲，或歐洲人所謂的科羅曼德爾海岸（Coromandel coast）——受到矚目。英國人稱這樣的染色紡織品為「印花棉布」（chintz）。

當歐洲人於 15 世紀末初次抵達印度時，印度紡織品已經有一條銷往東南亞的既定路線（見 72-3 頁），而歐洲很快介入這筆買賣。那些紡織品倖存的甚少，不過我們可以從稍後的例子窺知一二（圖三）。狩獵畫像是德干宮廷紡織品的典型主題，而在 17 世紀中葉戈爾孔達地墊等成品上，看得到較完整的樣貌。

這個區域後來的輸出品，包括用印花棉布製成的「帕稜布」（床罩或壁掛）。這類貿易的國際特色，在（圖二）這塊巨大的布上一覽無遺；看得出從中國輸往歐洲的簾子複製過來的設計元素，以及取自日本印刷書籍和荷蘭、英國版畫的主題。為這一大件紡織品提供有趣見解的是一塊發現於印尼蘇拉威西，印花一模一樣的碎布，現為蘇拉特的塔皮系列收藏。印花棉布貿易的國際性還可從一只布袋（圖一）看出，由兩塊更大的布的兩個部分組成，在斯里蘭卡保存及重複使用，但最早是在科羅曼德爾海岸製造。

圖二　大塊帕稜布

這一大塊染色和彩繪紡織品，引人入勝的是圖像裡同時看得到亞洲和歐洲的淵源。但最值得注意的或許是背面蓋了西里爾文字（Cyrillic）的海關章，表示它 1772 年時出現在聖彼得堡，等於為其製造提供了年代下限。

染色棉布
18 世紀中葉，1772 年以前
高約 500 公分，寬約 500 公分
科羅曼德爾海岸，或許在默蘇利珀德姆
布魯克・席威爾永久基金
(1998,0505,0.1)

圖三　一塊地墊的碎片

以狩獵和動物圖像裝飾的紡織品，會在德干宮廷做地墊使用。葡萄牙人叫它們「pintado」，而這個詞常出現在出口貨品清單裡。雖然這個名稱指的是繪畫行為，但這些圖案，其實是透過運用不同的防染和媒染等程序，創造出不同的顏色。

防染棉
約 1630 年
高 45.5 公分，寬 205 公分
科羅曼德爾海岸
布魯克・席威爾永久基金
(1964,0208,0.1)

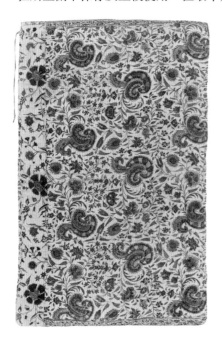

圖一　布袋

兩塊大小不一的染色棉布（或許原本是裏裙）縫合成一只布袋。從形狀判斷，這只布袋或許是製作來裝貝葉經手稿的。

染色棉布
18 世紀
長 105 公分，寬 64.5 公分
科羅曼德爾海岸；輸出到斯里蘭卡、於斯里蘭卡發現
布魯克・席威爾永久基金
(2002,0408,0.4)

197

4 | 8 蒙兀兒的玉

在印度的印度—伊斯蘭統治者，特別是蒙兀兒皇帝當政時，和闐玉（和闐位於今中國西部邊疆）非常珍貴。蒙兀兒宮廷的工坊會用和闐玉製造器皿和個人物品。和闐距離受蒙兀兒君主喜愛及統治的喀什米爾不遠，雖然要翻過喀喇崑崙山脈的崇山峻嶺，但卻是一條相對短的貿易路線，而這條路線也在這個時期確立。蒙兀兒的城市，有人雕刻玉器和其他玉製品，並且常刻上文字。玉具有極堅硬和易碎、半透明等對比鮮明的特性，而蒙兀兒統治者對玉的偏愛或許是承襲自他們的帖木兒祖先，後者也是出了名的玉品製造贊助者。根據紀錄，賈漢吉爾擁有昔日為帖木兒皇帝製造的玉品，而他玉器上的一些銘文暗示了這種密切的關聯性（圖一）。

杯、盤（圖一、二）是出土最多的玉器，而其中一些最精美的，將玉石與生俱來的特性發揮得淋漓盡致。後期的例子有時會鑲入不同顏色的玉，以及青金石和紅寶石等奇珍異石；後者最令人驚豔的是一對水菸壺（圖三）。這些是蒙兀兒玉器工藝的絕美實例，鑲青金石成鳶尾花，嵌墨綠翡翠成葉，而每一朵花、每一枚葉都刻著脈紋。據信它們曾為乖戾的英國收藏家威廉·貝克福德（William Beckford，1760-1844）所有。

圖一 杯

這個做成瓠瓢狀的出色玉杯，因下緣刻有文字而更顯優美。銘文指出它屬於蒙兀兒皇帝沙賈漢，而沙賈漢在此自稱「連結之王二世」（Second Lord of the Conjunction），遙指他的祖先，有類似頭銜「連結之王一世」（First Lord of the Conjunction）的帖木兒。

玉製
1647–1648 年（銘文記載）或更早
高 6 公分，長 17.8 公分
蒙兀兒印度
拉斐爾遺贈
(1945,1017.259)

圖二 盤

蒙兀兒後期的玉製品常鑲入寶石和貴金屬做較豐富的裝飾。這只優雅盤子的花形與內部裝飾所嵌入的黃金小樹枝，是一樣的圖像。

玉製，鑲黃金、紅寶石與珍珠
18 世紀
直徑 24.2 公分
蒙兀兒印度
席威爾捐贈
(1938,1011.1)

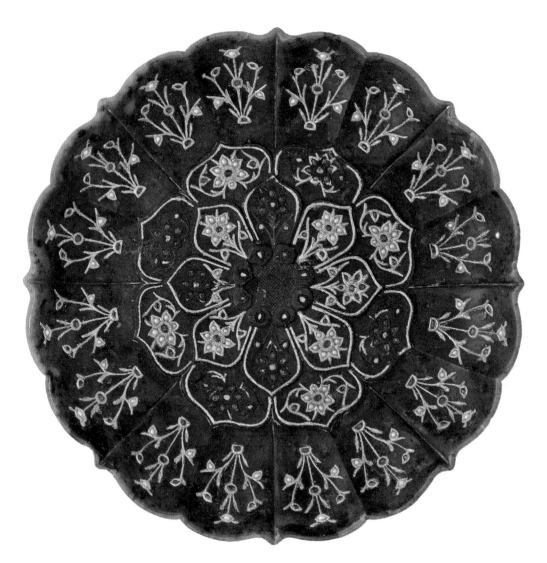

圖三　水菸壺

這一對華麗的鑲玉水菸壺
（huqqa）展現了對奢侈的喜好
（見 211 頁）。兩件玉器都以嵌
入墨綠翡翠、青金石和紅寶石，
並個個鑲上金邊形成的花卉圖案
裝飾。後來，被帶到歐洲時，它
們被放在鍍金的底座上，而底座
又置於大理石的架子上。

玉、黃金、青金石、紅寶石
約 1700 年
高 19.4 公分
蒙兀兒印度
席威爾捐贈
（1956,0724.1、2）

200 德干蘇丹、蒙兀兒皇帝和拉吉普特國王

晚期蒙兀兒繪畫

賈漢吉爾當政時間（1605-27），宮廷對圖繪史詩和歷史故事的興趣暫時中止，注意力轉向記錄自然世界。賈漢吉爾探索喀什米爾的行動更加深這點，他一再親訪當地，並在回憶錄《賈漢吉爾傳》（*Tuzuk-i Jahangiri*）裡憂傷地描述。在他的御用畫家中，曼蘇爾最善於描繪自然世界，尤其是花卉和動物主題。

與王室相關的主題也在賈漢吉爾當政時受到歡迎。圖一的知名畫作記錄一項古印度習俗的新用途：拿金子秤統治者（這個例子是賈漢吉爾的兒子）的份量；這件事也記錄在賈漢吉爾的回憶錄中。基督教持續引發賈漢吉爾宮廷的好奇，有一幅「天使報喜」（Annunciation）可能繪於他在位期間。圖中的聖像可能是臨摹自西方版畫，不過技巧完全是印度手法，瑰麗的花卉飾邊也是。

兒子沙賈漢繼位（1628-58 在位）後，有一項重大的繪畫案：圖繪他的官方正史《帝王紀》（*Padshahnama*）。肖像畫受到歡迎，而有條紋的金色天空、圖畫底下一排排開花植物，以及精緻的頭巾和武器都愈來愈普遍（見209 頁，圖三）。

不過，到了奧朗則布執政時期（1658-1707），情況截然不同。他奉行嚴格的遜尼派意識型態，不贊成先前蒙兀兒宮殿的尋歡作樂，包括編纂王朝的故事。多數情況下，繪畫只在宮廷外欣欣向榮，而這也預示了奧朗則布過世，蒙兀兒帝國四分五裂後的情況。唯有穆罕默德·沙（Muhammad Shah）在位時（1719-48）出現短暫的穩定，不過波斯國王納迪爾·沙 1739 年洗劫德里的行動敲響了喪鐘。畫家開始離開，前往勒克瑙（Lucknow）和孟加拉（見 226 頁）等地尋找贊助者。

圖一　幫庫喇姆王子秤重

賈漢吉爾——穿著輕薄的「賈馬」（jama，棉製外衣），面對他的兒子，盤腿坐在秤上的未來皇帝沙賈漢。隨從把一袋袋的錢堆疊到秤上，準備分給窮人。前景有一盤盤奢華的布料和用寶石裝飾的武器。背景，最後面的架上看得到中國的瓷器。

不透明水彩和黃金，繪於紙上。
約 1615 年
高 30 公分，寬 19.6 公分（圖）
蒙兀兒印度
曼努克及寇爾斯小姐透過藝術基金遺贈
(1948,1009,0.69)

圖二　《天使報喜》

這幅著色畫無疑是以一幅歐洲版畫為依據，表現蒙兀兒宮廷對基督教圖像的興趣。不過，也有若干印度特色悄悄滲了進來，例如天使行五體投地的跪拜禮。

顏料繪於紙上
17 世紀
蒙兀兒印度
高 16.3 公分，寬 9.3 公分（圖）
(1920,0917,0.13.21)

圖三　賽義德·阿卜杜拉汗接待訪客

奧則朗布死後，數名統治者接連短暫繼位，而這部分可歸咎於賽義德兩兄弟阿卜杜拉·汗和侯賽因·阿里·汗從中作梗，他們一直扮演殘忍無情的擁王者。他們來自一個立足蒙兀兒宮廷已久的家族，對其政治手法習以為常。這幅圖描繪阿卜杜拉·汗接待訪客，有顧問隨侍、樂手使賓主盡歡。

繪於紙上
18 世紀初
高 21.4 公分，寬 34.5 公分
蒙兀兒印度
(1921,1011,0.4)

4│9 晚期的喀什米爾藝術

16世紀末，蒙兀兒皇帝阿克巴併吞了喀什米爾谷地。不過，在此之前的幾百年，伊斯蘭已是喀什米爾的首要宗教，第一位穆斯林統治者是在1320年左右皈依的在地人。就喀什米爾改宗之事，伊朗和中亞的影響或許比印度平原來得顯著。

17世紀時，我們對喀什米爾有較多了解，因為蒙兀兒統治者發現喀什米爾谷地的氣候和美景都令人難以抗拒。賈漢吉爾尤其熱中於和妻子努爾賈漢（Nurjahan）一同巡訪喀什米爾，他在斯里納加爾（Srinagar）近郊闢建花園，如今即使狀態不復以往，花園的水池、噴泉和繁茂的花草樹木，仍舊美不勝收。其中最知名的是連接達爾湖（Dal Lake）的沙利馬爾花園（Shalimar Gardens，圖二），從17世紀初的遊記到愛德華時代的英國歌曲，都一直在文學裡懷念它。賈漢吉爾也詳實記錄了當地的自然史。

這段時間，建造和整修了多座陵墓和清真寺。包括賽義德·馬達尼（Sayyid al-Madani）之墓，入口裝飾著色彩繽紛的磁磚（圖一）。喀什米爾工匠的金工技藝在中世紀已頗負盛名（見150頁），但在蒙兀兒和之後的時期，這種技藝被轉去製造器皿，其中許多運用阿拉伯式藤蔓花紋和書法的裝飾，令人眼睛一亮（圖三）。

圖一　花卉磁磚

蒙兀兒時期的彩色磁磚常使用像圖中這樣的繽紛色彩，尤以紅棕色最為突出。應用「乾繩」（cuerda seca）技法來防止色彩互相混雜的裝飾，幾乎全用於花葉圖案。

上釉的陶土
約1655年
高19.5公分，寬17.2公分
拉合爾製造、被帶往喀什米爾，或是在斯里納加爾製造
牛津大學阿須摩林博物館
（EA1994.77）

圖二　沙利馬爾花園

蒙兀兒統治者在斯里納加爾的達爾湖附近布置了一系列花園。沙利馬爾花園是在1616年賈漢吉爾當政時建造，和其他如尼夏特（Nishat Bagh）等花園一樣，由一層一層通往湖泊的台階組成，而台階之間以一系列小瀑布和噴水池隔開。歐洲旅人貝尼爾（François Bernier）曾在1660年代撰文描寫沙利馬爾花園。

圖三　有刻字的碗

像這樣的器皿先前被認為是波斯產品，但有證據顯示這個例子是在喀什米爾製造，因為它是興建新德里時捐贈者在喀什米爾購得。刻在邊緣的文字出自波斯詩人哈菲茲（Hafez，1325–1390），並暗示器皿可能原為飲酒用。

鑄銅、雕刻
1600–30年
直徑25公分（最寬處）
喀什米爾
梅德捐贈
（1969,0212.1）

4│10 泰姬瑪哈陵

　　今天，這棟建築或許是印度最知名的象徵，但諷刺的是，它其實混雜了各種遺產。它大半仿照波斯和中亞的王陵結構，但大量植物、花卉和建築裝飾等元素，也流露濃濃的印度風格。那在 1632 至 1643 年間建於阿格拉的亞穆納河畔、蒙兀兒堡下游（圖二）。蒙兀兒第五任皇帝沙賈漢是為他的愛妻慕塔芝‧瑪哈（卒於 1631 年）委託打造這座陵園。她的墓位於地下層，之後沙賈漢（卒於 1666 年）也葬在旁邊。

　　泰姬瑪哈陵位於一座正式花園的盡頭，花園裡布滿水道，讓人聯想到天堂。陵墓本身建於兩大座平台上——下層砌了紅砂岩的外牆，在河濱仍清晰可見，上層則為白色大理石。位於上層平台中央、壯麗輝煌的圓頂陵墓也覆蓋著白色大理石，且大多鑲了中等貴重的寶石，排成花卉圖案（圖三）。四座宣禮塔屹立在方形上層平台的邊緣，在它們外面的東、西方，分別有一座清真寺和大會堂。不論你信哪個宗教，不論你對沙賈漢有何看法，泰姬瑪哈陵無疑是人類文明最偉大的建築之一，如泰戈爾所形容的：「永恆面頰上的一滴淚」——毫無意外，也為世人一再作畫和拍攝（圖一）。

圖一　泰姬瑪哈陵

花園裡的泰姬瑪哈陵遠景，為早年照片，此後至今，來此偉大紀念建築攝影者絡繹不絕。

蛋白印相，玻璃板底片；攝影師不詳
1860–70 年
高 22 公分，寬 28 公分
阿格拉，北方邦
紐約大都會藝術博物館唐辛贈
(1985.1168.26)

圖二　泰姬瑪哈陵俯瞰圖

這個不常見的角度呈現平面風景，且盡可能展現細節，包括阿格拉堡（Agra Fort，左上）。這可能是製作來給歐洲遊客當紀念品。

不透明水彩，繪於紙上（未完成）
約 1800 年
高 18.6 公分，寬 26.6 公分
阿格拉，北方邦
透過尊敬的安妮‧麥唐納捐贈
(1940,1012,0.1)

圖三　泰姬瑪哈陵裡的屏風圖

這面八邊形的屏風圍著瑪哈和沙賈漢的紀念碑，是由切割過的白色大理石組成，鑲著彩色的半珍貴寶石，精緻而優美。兩人的墓位於下面的地下層。

紙上水彩畫
約 1820 年
高 21.7 公分，寬 29 公分
阿格拉，北方邦
裴吉特捐贈
(1945,1013,0.9.5)

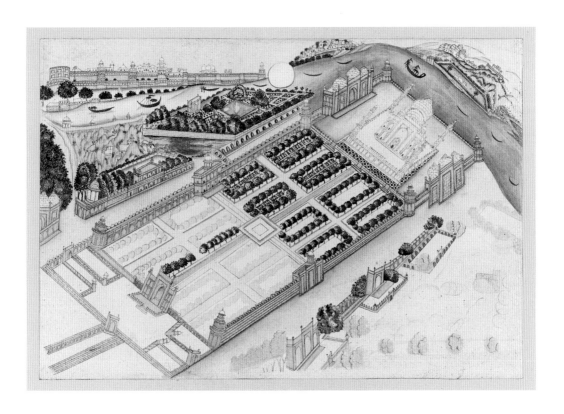

圖一 欄楯的圓標

阿馬拉瓦蒂這座窣堵坡（見
60–61頁）的圓標裡，一名女舞
者面對觀者，身邊則圍繞各種樂
手：鼓手、豎琴手、長笛手，以
及背對觀者的魯特琴手（琴頸在
左，琴肚在右）。

帕爾納德出產的石灰岩製
西元3世紀
高225公分，寬60公分（欄楯
的範圍）
阿馬拉瓦蒂，安得拉邦貢土爾線
(1880,0709.17)

圖二 一名統治者與舞者

宮廷樂手替兩名舞者伴奏，他們
的演出剛臻至高潮。他們曲著
腿，雙手高舉，伸向讚賞的君主。

不透明水彩，繪於紙上
18世紀中葉
高22.6公分，寬19.8公分
拉賈斯坦邦，可能在齋浦爾
(1920,0917,0.155)

舞蹈

在古印度，不論在美學理論「味論」（rasa）或實務上，雕塑和舞蹈都息息相關。人物在神廟裝飾裡的重要性證實此連結；印度雕塑充斥舞蹈和音樂創作的場景（圖一），古代的舞蹈更是神廟和宮廷生活的一大特色。舞蹈是娛樂及致敬神和王的方法，在世俗和精神領域同樣重要。神的活動與舞蹈之間的關聯也彰顯在「舞王濕婆」的形象中（見142-3頁）。

南亞的舞蹈固然向來因區域而異，但今天來看，北部傳統和南部傳統之間存在著基本差異。五百多年來，北部的菁英舞蹈形式主要是宮廷活動，因為舞蹈不是正統穆斯林儀式的特色。但舞蹈和音樂卻是德干蘇丹（187頁）、蒙兀兒王朝（192頁）及後續穆斯林宮廷的重要層面（圖二）。我們今天所知的「卡達克」（kathak）舞蹈形式就是那個傳統所衍生，以活潑的腳步配合精湛的旋轉和踩踏，愈跳愈激昂，愈跳愈亢奮。

在印度南部，連結神廟生活的舞蹈凌駕穆斯林文化的影響延續下來，不過到了19世紀末，英國的道德觀念對此嚴厲抨擊；在地的神廟舞蹈幾乎徹底絕跡。一位南印度舞蹈風格「婆羅多舞」的振興／再創者是路克蜜妮·黛薇·阿倫戴爾（Rukmini Devi Arundale，1904-1986）。比她略晚，在次大陸也在西方投身印度舞蹈的則是拉姆·哥帕爾（Ram Gopal，1912-2003，圖三），他曾和艾麗西婭·瑪柯娃（Alicia Markova）等芭蕾舞星共舞。比上述兩位年代略早的是尤代·香卡（Uday Shankar，他也和安娜·巴甫洛娃（Anna Pavlova）等人

一起重新創作印度舞蹈。根據紀載，他曾為了編排印度舞而赴大英博物館研究印度雕塑。

圖三　舞者拉姆·哥帕爾

緬甸印度混血的拉姆·哥帕爾，在二次世界大戰前以他重新開創的印度舞旋風般席捲倫敦。波蘭畫家托波爾斯基（Feliks Topolski）一再為他速寫，這裡是描繪成黑天。

哥帕爾舞蹈第三集
費利克斯·托波爾斯基
墨，繪於紙上
1939年
高18公分，寬13.5公分
倫敦
布魯克·席威爾永久基金
(2006,0116,0.9)

4│11 武器與盔甲

從金屬首度出現在南亞，劍和其他兵器便開始製造。已有例子在史前時代的沉積物之中發現，顯示鐵和鋼從很久以前就在鍛造了，特別是在印度南部。這項南部的專門技術在歷史時代持續流傳，泰米爾納德邦的坦賈武爾兵工廠出產的冷鍛（watered）鋼刀尤其知名。從中世紀的雕塑也可以認識武器。

不過，要到蒙兀兒和後來時期，才有大量劍、盾、斧、匕首和盔甲（包括人和動物身上的）流傳下來。這些都用鑲金鑲銀、上琺瑯、雕刻等技巧精心裝飾，刀身則常以冷鍛鋼製造，會用於儀式和實際用途。

這些兵器常展現宮廷氣派，而流傳至今、帶有玉柄和其他硬石柄的匕首頗負盛名（圖二）；蒙兀兒統治者常把這樣的物件送給諸侯。有相當多數量的劍是從印度西部流傳下來，其統治者是蒙兀兒軍隊的將領。這些包括「talwar」──一種常見的印度軍刀，柄端常有鑲嵌裝飾，還有鋼或水牛皮製成的盾，最外層通常有四支飾丁（圖三）。其他常見的兵器包括「katar」（拳刃），這在印度各地都見得到，但出了次大陸就罕為人知；那主要見於蒙兀兒宮廷的貴族畫像中（圖三），也常有精美的裝飾（圖四）。刺象棒（圖一）和斧頭同樣裝飾得精巧細緻。

圖一　象鉤

使用刺象棒或象鉤來控制大象的做法，最晚在西元前 2 世紀即有記載（見 173 頁，圖四）。這個例子有精美的鑲金裝飾，把手還有鈴鐺（鈴鐺聲想必能「鼓勵」大象）。

鋼、金製
17 世紀
長 56.5 公分
蒙兀兒印度
布雷福女士捐贈
(1948,0415.2)

圖二　匕首

這支匕首的玉柄在金質底板鑲了紅寶石、綠寶石和鑽石。這樣的刀刃深受蒙兀兒宮廷歡迎，而贈送漂亮的物品，不論兵器或華服，是行之有年、能確保忠誠的方式。

玉、鋼、紅寶石、綠寶石、鑽石、金；天鵝絨、木材
17 世紀
長 43.5 公分，寬 7,5 公分
蒙兀兒印度
贈者不詳的禮物
(2001,0521.41)

圖三　法基爾·汗（Faqir Khan）畫像

這幅沙賈漢宮廷的貴族畫像中，我們可以看到蒙兀兒盔甲的三個重要元素：拳刃，在編織華麗的腰帶上；talwar 軍刀，有鍍金裝飾的柄和紅絲絨的鞘；以及盾牌，通常用水牛皮製成，有彩繪裝飾。

不透明水彩，繪於紙上
1640–50 年
高 21.9 公分，寬 12.2 公分
蒙兀兒印度
(1920,0917,0.13.11)

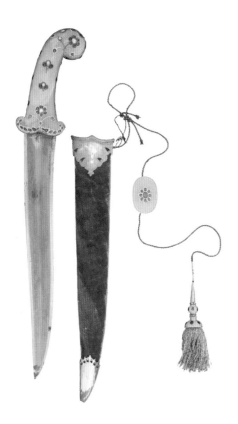

圖四　拳刃和刀鞘

拳刃，是蒙兀兒時代常見的武
器，亦常見於畫像中（見圖三）。
這一把，一如其他許多拳刃，巧
妙地結合美學的優雅和致命的用
途。

鋼，鍍金、鏤刻；鑲人造石，仿
紅寶石和綠寶石；木材、絲絨
18 世紀
長 48 公分，寬 10.5 公分（最長
處）
蒙兀兒印度
梅瑞克中將
(1878,1101.472)

4│12 鑲嵌的金屬器皿

在德干高原比德爾製造，因此通稱「比德爾」（bidri）的鑲嵌金屬器皿，或許最遲是在 17 世紀生產。將銀（有時銀和黃銅）鑲入黑色表面形成的對比，成就了令人驚豔的裝飾。製造品主要是器皿，許多都跟準備或攝食檳榔（圖一）或菸草（圖三）有關。其他造型包括瓶、壺、盆等等。

這些物品的鑄造用了含鋅的合金。印度比歐洲更早了解如何在熔煉過程中壓縮鋅（最晚 14 世紀）。拉賈斯坦扎瓦爾（Zawar）的礦區產鋅砂，會在當地熔煉而後輸出。

讓比德爾名聞遐邇的器皿之所以特別，是因為已在器皿表面蝕刻的圖案還嵌入銀線或銀片。在鑲嵌過程的尾聲，表面會覆蓋一層含有氯化銨的泥糊；移除漿糊、磨亮表面後，金屬就會變得極富光澤，進一步提升器皿主體和鑲嵌物之間的對比。

最早的例子（年代定於 17 世紀，今已罕見）有非常複雜的表面裝飾，銀片幾乎完全覆蓋物品表面；這種技巧叫「aftabi」。後來的例子鑲嵌較少，黑色較多；很多出現在繪畫裡，特別是水菸壺的底座（圖四）。比德爾風格在 18、19 世紀蔚為風行，在海德拉巴的生產更持續到今日。19 世紀初，為在印度的歐洲人製造的產品，有時會用古典圖案裝飾。後來的物件是在布爾尼亞（Purnea）、比哈爾和勒克瑙製造，技術是在英屬時期傳入（圖一）。

圖一　檳榔盒

這只小盒子常見於運用比德爾技術的工藝師的作品集。它是名為「pandan」的容器，用來裝製作檳榔的原料。盒裡有匣，匣有隔間分裝不同原料，匣底的空間則用來存放檳榔葉。

鋅合金，鑲銀
18 世紀末或 19 世紀初
高 9.5 公分，長 12 公分
布爾尼亞、比哈爾或勒克瑙，北方邦
西蒙‧迪格比紀念慈善組織捐贈
(2017,3038.23)

圖二　有塞的瓶子

這個精美的容器有漂亮的花卉裝飾，運用銀和黃銅的鑲嵌物營造戲劇性的效果。這種瓶型是從伊朗傳入，再次暗示德干高原和西邊國家關係密切。

鋅合金，鑲銀和黃銅
17 世紀或 18 世紀初
高 30 公分，寬 17 公分
比德爾，德干高原
韓德森遺贈
(1878,1230.758)

圖三　水菸壺底座

這種經由加味水吸食菸草的器皿，在比德爾運用「比德爾」技術大量製造。一般認為球形壺的年代比鈴形來得早（見 212 頁，圖二）。

鋅合金，鑲銀
約 1740 年
高 16.5 公分，寬 14.5 公分
比德爾，德干高原
米歇爾伊尼斯捐贈
(1934,0514.6)

圖四 穆罕默德・沙

17、18 世紀的印度統治者畫像常
呈現他們抽菸的樣子。通常，就
像這一幅，畫中的水菸壺簡直是
王室標準配備，一如擱在穆罕默
德・沙皇帝（1719–48 在位）旁
邊的劍，和棲息在他戴套右手上
的鷹。這只顯然是比德爾製品的
水菸壺，放在地板它專用的圓形
墊上，屬於後期、18 世紀典型的
鈴形壺。

繪於紙上
18 世紀中葉
高 44 公分，寬 25 公分
印度北部
(1974,0617,0.17.20)

4│13 菸草和檳榔文化

一如辣椒、番茄、馬鈴薯等現今被視為純印度本土的植物，菸草也來自新世界，由葡萄牙人引進印度，雖然買漢吉爾不怎麼高興，仍迅速流行起來。菸草通常是使用水菸壺來抽。用這種方法，煙會先通過加了香味的水才被吸入，因此吸菸者需要容器來盛水；容器多樣，從非常平凡的土器或椰子殼到最精緻的鑲玉（見199頁）、彩色玻璃或進口陶瓷做成的都有（圖一）。還有許多是金屬製（圖二，另見211頁），17世紀以後常描繪在肖像畫中。在印度的歐洲人，樂於養成抽水菸的習慣。

嚼檳榔也是南亞社會的樂事。檳榔（用可食用的葉子包住香料）是用檳榔荖葉製作（圖三）。每一片葉子會先塗上熟石灰，再添加香料、糖、會輕微影響精神的檳榔核果碎片，也常加進菸草——可依喜好調整內容物。一整塊通常會在餐後當成「餐後酒」嚼食，旁邊會擺痰盂，因為嚼檳榔會製造大量紅色唾沫。

檳榔盒，即擺放製作檳榔原料包的容器，非常普遍（圖四）。裡面有平坦、乾爽的空間（通常在底部）來保存檳榔葉，不同的原料也都有地方存放。檳榔核果會用專用的刀具切割，其中許多例子也是獨創裝飾的焦點（便於攜帶的熟石灰盒亦是）。

圖一 球形水菸壺底座

這件奢華的中國製瓷器或許是蒙兀兒後期宮廷使用，證明抽菸用具的來源有多廣，以及亞洲兩大帝國，蒙兀兒印度和大清帝國的貿易路線已然建立。

釉下瓷、釉上琺瑯
康熙年間，1662–1722年
直徑14公分，高18公分
景德鎮，中國南部
詹尼斯捐贈
(1956,1017.2)

圖二 鈴形水菸壺底座

比圖一的瓷器平凡，但仍不失優美，這個後期的水菸壺底座是用「比德爾」技術製作和裝飾（見210頁）。罌粟花的裝飾圖案堪稱後期「比德爾」產品的正字標記。

鋅合金，鑲銀
19世紀初
高19公分，直徑17.5公分（底部）
德干高原，或許產自比德爾
(1880.229)

圖三　檳榔荖葉

同時標示了植物學名稱和印度在地名稱，這幅出自《皮爾森畫集》（*Pearson Album*）的檳榔荖葉畫呈現了個別的葉片，而每一片都可用來包檳榔。這本畫集裡有許多作者不詳的畫都是圖繪次大陸的植物——實際與裝飾用途的都有（亦見 229 頁）。

不透明水彩，繪於直紋紙
約 1820 年
高 49 公分，寬 37 公分
可能繪於加爾各答西浦爾植物園
（Sibpur Botanic Garden）
皮爾森少校遺贈
(1999,0203,0.2)

Piper Betle, of Linnaeus.　Diandria Trigynia.　Paun Leaves.

圖四　八邊形的檳榔盒

像這樣的盒子是製作來存放檳榔的原料——葉子放置在涼爽的低層，香料放於上層匣中。康乃馨的雕刻裝飾是蒙兀兒藝術家的最愛，原本塗滿黑色的漿糊來凸顯圖案（蓋子上有可見的殘留物）。

捶平、雕刻的黃銅，塗漿糊
17 世紀末
高 10.2 公分，寬 14.6 公分
印度北部
席威爾捐贈
(1956,0726.18.a–b)

4│14 拉傑普特繪畫：早期流派

南亞一些最美麗動人且生氣蓬勃的繪畫是印度西部各國的宮廷——多數位於現代拉賈斯坦邦境內——委託製作。這些宮廷是由自稱拉傑普特（「國王之子」之意）的家族統治，與蒙兀兒和英屬時期的戰士生活方式有關。他們起源不明，可能是西元 1000 紀時當地和外來族群混血。有些印度西部以外，例如旁遮普山地甚至尼泊爾的土邦，也自認是拉傑普特。大型繪畫中心位於久德浦、齋浦爾、比卡內爾 (Bikaner) 和基斯杭格阿爾 (Kishangarh)，及較小型的宮廷裡，有些現今屬於鄰近政治實體。後面四個單元將介紹其中幾個不同宮廷創作的繪畫。

少數幾個例子時間上比蒙兀兒人抵達次大陸來得早或相近（圖一、二），多數是在蒙兀兒皇帝控制德里（或阿格拉或拉合爾）時期創作。有些工作室到英屬時期仍繼續出產精美的圖畫。

儘管特別的配色和大色塊之應用讓拉傑普特的繪畫連上悠久的傳統，但它們也納入蒙兀兒宮廷的繪畫。廣言之，出自拉傑普特宮廷畫坊的繪畫，以及幾乎每一件出自拉傑普特宮廷的事物，都結合了源自這兩個淵源的面向，唯獨神廟繪畫除外；它們既具國際性、內建波斯傳統，也具地方性：宛如吟遊詩人，色彩繽紛、浮誇又激盪情感。

拉傑普特的繪畫大多創作於紙上（布只用於神廟），目的是給個人欣賞，由一人傳給另一人，做為一種（男性）娛樂，從來不是為了掛在牆面供人觀賞而畫。畫要拿在手上個別觀賞，也意味作畫的表面可轉至閃閃發亮的金屬表面，也可以闡明畫家的其他藝術元素。

圖一 《薄迦梵往世書》的一頁

這部已分散的手稿裡，有許多幅畫是現存最早的拉傑普特繪畫——儘管不可避免地毀損，依舊活潑生動、引人入勝。《薄迦梵往世書》包含黑天早年的敘事（從他的藍皮膚判定）。上圖，他和妻子在圓頂涼亭裡收受禮物，圖中也描繪了一間暗示已準備就緒但未使用的臥房，以及兩人一起用餐的場景。下圖，他駕著戰車離開。文字記載於背面（亦見 162 頁，圖一）。

不透明水彩，繪於紙上
約 1525 年
高 17.3 公分，寬 23.2 公分
地點不確定，可能在馬圖拉附近或更南
布魯克・席威爾永久基金
(1958,1011,0.2)

圖二　達烏德《嬋達衍那》
（*Chandayana*）的一頁

勞里克（Laurik）和嬋達（Cha-
nda）史詩般的愛情故事在蘇丹
國時代開始大受歡迎。文本或許
集結了較古老的吟遊傳統，但作
者在敘事裡注入蘇菲派的元素。
這些圖畫的典型特色是色彩單調
的背景加金色斑點裝飾，人物也
置於金色斑點上──這些在這幅
畫都看得出來，雖然它已缺損不
全。在（狹義的）拉傑普特地區
外繪製，這個圖畫系列的風格要
素卻對後來的拉傑普特繪畫構成
影響──例如全單色背景和透明
服裝的繪畫手法。

不透明水彩，繪於紙上
約 1530 年
德里─阿格拉地區
高 24.9 公分，寬 19.4 公分（包
含邊緣）
布魯克・席威爾永久基金
(1968,0722,0.2)

4│15 齋浦爾和久德浦

　　今天齋浦爾是拉賈斯坦邦最知名的城市，因位置最靠近德里，過去受到蒙兀兒人影響最深。16、17 世紀齋浦爾的統治者和蒙兀兒國維持密切的聯姻和政治連結，而在這段期間，有一種王室風格結合了蒙兀兒和拉傑普特的美學理念。我們今天所知的城市是相對後期建立（1728 年），因此最早的繪畫來自首府或琥珀堡（位於齋浦爾北方的山丘上）的時期。在蒙兀兒的勢力隨著 1707 年奧朗則布駕崩式微後，宗教主題開始風行，且有諸多例子為人熟知（圖一）。到 19 世紀時，畫家紛紛展現嫻熟的歐洲透視畫法。

　　比齋浦爾更深入沙漠的久德浦，統治者是拉索爾（Rathore）家族；他們控制了馬爾瓦地區（Marwar）。17 世紀初，他們也比較接近蒙兀兒，並幫他們打仗。我們透過「拉迦瑪拉」（見 222 頁）看出早期繪畫的端倪（圖二），雖有缺損，仍可看見當地的美學已為蒙兀兒美學取代（圖三）。當蒙兀兒在 18 世紀衰敗，久德浦的繪畫便戲劇性地開花結果，強調色彩、圖案、層次和肖像，犧牲了蒙兀兒的自然主義（圖四）。

（本頁）

圖一　濕婆

坐在伏誅象魔被剝下的皮上，這位典型的瑜珈行者用了三種不同色調的灰來描繪，令人印象深刻：象皮、神就坐的山丘，以及從他髮中流出的恆河——再以猩紅的邊框襯托。

不透明水彩，繪於紙上
約 1750 年
齋浦爾，拉賈斯坦邦
高 30.2 公分，寬 23.5 公分（包括邊框）
摩爾夫人捐贈
(1940,0713,0.45)

（對頁，上）

圖二　《索拉蒂・拉伽尼》

這幅畫是出自一個獻給音樂、圖像與情感的系列；這樣的繪畫被稱為「拉迦瑪拉」（見 222 頁）。每一幅畫都代表一段旋律和與之有關的情感。這些可以是拉迦（男性）或拉迦尼（女性）。這個出自久德浦的早期系列，有特殊既黑又高的地平線。

不透明水彩
約 1630 年
馬爾瓦，可能在拉賈斯坦邦久德浦
高 21.9 公分，寬 15.2 公分
藝術基金
(1955,1008,0.37)

圖三　久德浦的蓋吉・辛格一世

蓋吉・辛格（Gaj Singh，1619–
38 在位）以蒙兀兒宮廷高階貴
族之姿出現，配備鑲著珠寶的武
器、披金布肩帶、纏珍珠頭巾。
依循宮廷肖像畫的既定標準，他
背後為綠色背景，水平線很高。
聯姻使他成為沙賈漢的表兄弟。

不透明水彩，繪於紙上
約 1630–38 年
高 36 公分，寬 24 公分（僅中間
圖畫部分）
蒙兀兒印度
(1920,0917.0.13.14)

圖四　詹達沃爾的哈里・辛格

色彩、圖案、吸引力是這幅馬爾
瓦貴族畫的指導原則。請留意畫
面底下精美的水菸壺底座和享用
檳榔的裝備。

不透明水彩，繪於紙上
約 1760 年
高 27.2 公分，寬 23 公分
馬爾瓦，拉賈斯坦邦
(1947,0412,0.3)

4｜16 梅瓦爾的烏代浦和德沃加爾

在頑抗蒙兀兒人的拉傑普特王國中，梅瓦爾（Mewar）是最後一個，而與梅瓦爾有關的畫作，最早定年於 1605 年。這些是王室被逐出根據地烏代浦期間，於查萬德（Chawand）繪製。這些畫來自「拉迦瑪拉」系列（見 222-3 頁），風格仍未受蒙兀兒的感性影響（圖一）。1615 年歸順蒙兀兒後，烏代浦的宮廷畫逐漸接觸蒙兀兒風格，至該世紀結束前，已創作出受帝國畫室影響的肖像畫。大約十年後，一批迷人的畫作描繪在 1711 年來到烏代浦、欲往蒙兀兒宮廷的荷蘭大使及隨員（圖二）。二十年後，在桑格蘭·辛格（Sangram Singh）統治時期（1710-34），畫家以大橫版格式圖繪史詩，而在他和幾位繼任者執政時，烏代浦也發展了描繪大型公眾場面的傳統和一種獨特的肖像畫風格（圖三）。

隨著烏代浦政權在 18 世紀沒落，一些宮廷畫家在更有利可圖的地方找到贊助人。巴赫塔（Bakhta）和其子喬哈（Chokha）就是這樣的畫家，他們在烏代浦西北方的德沃加爾（Devgarh）宮廷找到主顧。他們在這裡信奉一種多少有點狂野但極具吸引力的風格，將色彩的搭配發揮得淋漓盡致。德沃加爾統治者的畫像十分常見，騎在馬背上的尤其出色（圖四）。

圖一　描繪音樂創作：《索拉蒂·拉伽尼》

有獨特長方形頭部的人物置身鮮豔色塊的背景和圓頂建築底下——這是早期梅瓦爾風格的特色。在這幅取自查萬德「拉迦瑪拉」的畫中，女性把檳榔遞給愛人，為更親密的接觸揭開序幕。

不透明水彩，繪於紙上，繪者為納薩魯丁（Nasiruddin）
約 1605 年
高 27.8 公分，寬 22.5 公分
查萬德，拉賈斯坦邦梅瓦爾
布魯克·席威爾永久基金
(1978,0417,0.3)

圖二　穿歐洲服飾的情侶

這是不是特定人物的肖像，尚不得而知。但可確定，這幅畫有歐洲版畫做為模板——作者用點畫（stippling）模仿美柔汀技法（mezzotint），邊緣任意撇畫的線條則讓人聯想到凸版印刷。

繪於紙上
約 1720 年
烏代浦，拉賈斯坦邦梅瓦爾
高 18.6 公分，寬 11.4 公分
(1956,0714,0.27)

圖三　烏代浦的「瑪哈拉納」阿里·辛格

梅瓦爾的國力在阿里·辛格（Ari Singh）統治時期（1761–73）由盛轉衰，但這幅畫裡的他戴著串串珍珠，還拿著珠光寶氣的兵器。他的服裝是用最細緻的布縫製。金色加穗的大光環是梅瓦爾王室肖像畫反覆出現的特徵。

不透明水彩，繪於紙上
1764 年
高 20.7 公分，寬 17.2 公分
烏代浦，梅瓦爾
(1956,0714,0.23)

（左）

圖四 德沃加爾「拉瓦特」（統治者）哥庫爾‧達斯（Gokul Das）及坤伐爾‧德維‧辛格（Kunvar Devi Singh）

這一大幅畫描繪了德沃加爾統治家族的兩位成員，騎著他們出奇豐滿和騰躍的駿馬比賽狩獵。德沃加爾是烏代浦統治者分封的諸侯，或「thikana」。

不透明水彩，繪於紙上，推定出自巴赫塔之手
1780 年代中期
高 43.8 公分，寬 33.6 公分
德沃加爾，拉賈斯坦邦
席威爾捐贈
(1958,1011,0.11)

4│17 其他拉傑普特中心

在今拉賈斯坦邦南部的本迪和科塔（Kotah），都有宮殿壁畫和紙上圖畫存留至今。17世紀時，本迪的繪畫以描繪青翠的草木、劇烈的天氣影響和召喚「情色氛圍」（sringara rasa）著稱（圖一）。稍後，王室打獵圖成了附近科塔的特產（圖二）。

較北邊的基斯杭格阿爾也有自己的獨特風格，而這與拉賈・拉傑・辛格（Raja Raj Singh）的統治有關（圖三）。這種風格的垂瞼、大眼之美獨樹一格。

17世紀末，拉賈斯坦南部的納特德瓦拉給予一批宗教難民庇護，他們是伐拉巴哈卡亞（Vallabhacharya，1478-1530）黑天教義的追隨者。這個新教派原居於沃林達文以呼應黑天生平，後於蒙兀兒後期因生命受到威脅，信徒帶著神像紛紛逃離，最後定居在納特德瓦拉。從1670年代至今，那裡都是他們主神廟所在地。

該教派的一大特色是節慶繁多，而圖畫常描繪節慶盛況（圖四）。通常黑天像會出現在畫面中央，舉起牛增山，單用一指便能提供讓追隨者安身的保護傘；化身此相的黑天稱為「斯里納西」（Srinathji）。

圖一　巴拉瑪薩（Barahmasa）系列畫作，描繪「Vaisakh」月

這幅圖頂端的文字引用自喀斯哈沃達斯（Keshavdas，1555-1617）的詩，敘述情人在初夏的誓約。愛神伽摩（Kama）在叢林裡瞄準；從茉莉花弓射出的蜂箭朝著陽台上的拉達和黑天而去。

不透明水彩，繪於紙上
1680–1700年
高30.2公分，寬22公分（全頁）
本迪，拉賈斯坦邦
無名氏捐贈
(1999,1202,0.5.7)

圖二　科塔的王室狩獵

許多出自科塔的18世紀畫作都描繪了打獵的場面，常採用非常立體的風格而令人驚豔──樹木和動物更是幾乎以管狀呈現，引起21世紀後現實主義美學的共鳴。

不透明水彩，繪於紙上
約1780年
高31.8公分，寬53.6公分
科塔，拉賈斯坦邦
(1953,0411,0.10)

圖三　馬背上的拉賈・拉傑・辛格

這幅畫裡的兩位人物交換渴望的眼神，加上芒果樹上累累的果實，都凸顯了拉賈拜訪情人的情色氛圍。他涉水而來的罕見特色或許反映了基斯杭格阿爾當地的建築。

不透明水彩和金，繪於紙上
約1725年
高21.8公分，寬15.4公分
基斯杭格阿爾，拉賈斯坦邦
(1959,0411,0.1)

（右下）

圖四　黑天「斯里納西」相
前景堆積的食物暗示這是秋天的
指食山節（Annakuta）。這幅畫
在取得時可能還很新，是來自摩

爾少校（Major Edward Moor，
1771–1848）的收藏，他是英國
率先有系統敘述印度教的作家之
一。

不透明水彩和銀，繪於紙上

約 1785 年
高 31.5 公分，寬 21.1 公分
納特德瓦拉，拉賈斯坦邦
摩爾夫人捐贈
（1940,0713,0.67）

4｜18 拉迦瑪拉：「旋律的花環」

　　「拉迦瑪拉」（ragamala）一語字面意義為「拉迦的花環」，即「音樂旋律的花環」，可做多重解釋。它基本上與美學反應有關，最常用於鑑賞一種印度繪畫（圖一、二）。它的用法具有這個概念：詩與繪畫呈現的詩意，和聽到一段旋律的感受，兩者，是有情感連結的。特定的旋律「拉迦」，是一天特定的時間和特定的季節所獨有（圖三）。因此，詩、繪畫、音樂全都聚集在一個與時間有關的系統裡。印度人酷愛分類，而這份愛已創造出一個讓所有元素環環相扣的系統：這就是「拉迦瑪拉」。這個系統裡有一個男性「拉迦」，他有好幾個妻子「拉迦尼」，有時他們還有兒子「拉迦普特拉」，這些全都是可能在詩裡和音樂裡召喚的特性。

　　往往，愛人的離別「viraha」，是繪畫背後的感傷，而通常是女主角（在黑天的畫中，女主角被認定是他的配偶拉達）被描繪成渴望愛人出現——通常畫的角落會有空床等待他歸來（圖四）。欣賞諸如此類 17、18 世紀的繪畫時，腦海會馬上浮現更深一層的元素：信徒的「奉愛」詩，他們了解情人離別是種隱喻，象徵人類心靈渴望與神結合（「奉愛」見 162-3 頁）。

圖一　維拉瓦（Vilaval）的拉迦尼

女主角為情人打扮自己，對著侍女拿的鏡子梳頭。這個畫面勾出離別的愁緒。她坐在前蒙兀兒類型的涼亭裡，令人憶起更早期的圖像。「拉迦瑪拉」這系列畫作的特色是幽暗的天空和有固定格式的樹。

不透明水彩，繪於紙上
17 世紀中葉
高 19.7 公分，寬 14.5 公分
摩臘婆（Malwa），印度中部
古爾本基安捐贈
(1924,1228,0.3)

（右）

圖二　阿薩瓦里（Asavari）的拉迦尼

這個音樂表現被想像成一位部落女性，穿孔雀羽毛裙，用歌聲引誘蛇出樹林；圖中，她彈七弦琴給自己伴奏。場景想像在一座亂石嶙峋的島上，四周環繞著盛開的睡蓮。

不透明水彩，繪於紙上
約 1740 年
高 31.9 公分，寬 21.6 公分
德干高原
瑪裘瑞・寇德威爾基金
(1964,0411,0.2)

（左下）

圖三　瓦桑塔的拉迦尼

瓦桑塔（Vasanta）即春天，這裡將拉迦尼想像成女主角，正跟情郎（描繪成黑天）在蒼翠的花園裡跳舞。有樂手伴奏，背景則有床在等待。

不透明水彩，繪於紙上
約 1650 年
高 38.4 公分，寬 24.9 公分
摩臘婆，印度中部
庫馬拉斯瓦米捐贈
(1927,0223,0.1)

（右下）

圖四　可能是迪帕克（Dipak）的拉迦

此圖流露類似（圖一）的渴望情緒。心煩意亂的女主角拿著一盞火快熄的燈，等待她的愛人。同時，空蕩蕩的床等待著，繁星點點的夜空，月光閃耀。

不透明水彩，繪於紙上
約 1660 年
高 27.7 公分，寬 18 公分（包括邊框）
本迪，拉賈斯坦邦
布魯克・席威兒永久基金
(1958,1011,0.7)

大事紀

5 在印度的歐洲人和英國人

1510至1900年

從蒙兀兒時代後期，歐洲商人在印度政治舞台就愈來愈活躍：最早是葡萄牙人，他們 1510 年在果阿建立聚落（圖一），接著是荷蘭人，活躍於印度西部的蘇拉特和斯里蘭卡，再來是法國人和英國人。最後是英國強大到能利用蒙兀兒帝國崩潰中的混亂，以及與後續國家的承諾而占得便宜。他們從買賣厚利商品的生意人，慢慢掌握政治權力，特別是收稅大權。這個過程是漸進的、逐步的，但持續不斷。17 世紀時，東南沿岸的馬德拉斯（今清奈）堡壘舉足輕重，因為他們就是從這裡和位於現今馬來西亞及印尼極重要的香料市場做生意；也很早就點燃對斯里蘭卡（除了喜馬拉雅山區，佛教唯一仍繁榮興盛的地方）的興趣。後來，特別是在羅伯特・克里夫（Robert Clive，1725-1774）任官、在普拉希戰役（battle of Plassey，1757）得勝後，焦點又轉向拜大規模紡織貿易所賜、已十分富裕的孟加拉。孟加拉的權力中心在加爾各答，而英國和孟加拉的銀行家及商人都賺了大錢，其中一些人——例如泰戈爾家族——在往後幾世代仍具有強大的影響力。貿易不限於平紋細布（muslin，特別是產自達卡的）等紡織品，還有靛藍染料、鴉片和 19 世紀的茶。

蒙兀兒帝國在 1707 年奧朗則布去世後一蹶不振，於是許多較小的國家在次大陸崛起，由先前的總督或將領建立並宣布

圖一 果阿舊城的慈悲耶穌大殿

建於 1594–1605 年間，是葡萄牙人在果阿最重要的教堂之一，慈悲耶穌大殿也因是聖方濟沙勿略（St Francis Xavier）葬身之處而聞名。這位聖者不只是耶穌會的創始者，也是羅馬天主教在印度、日本和中國的傳教士。印度西岸許多葡萄牙人貿易聚落都建有這種巴洛克風格的教堂。

獨立；他們或多或少與歐洲商人結盟。德里東方、戈默蒂河
（Gomti，恆河支流）畔的勒克瑙；加爾各答北方、孟加拉胡
格利河（Hugli）畔的穆爾希達巴德（Murshidabad）；以及德
干高原的海德拉巴是三大強國。上述宮廷主要信奉受伊朗影響
的什葉派伊斯蘭，這點使他們的建築、繪畫活動和裝飾藝術獨
樹一格。但他們絕大多數的臣民始終信仰印度教。

　　在拉賈斯坦北方的旁遮普，令後期蒙兀兒政權芒刺在背的
錫克教徒一直無法以特定人士為中心串連起來，直到強勢的蘭
季德・辛格（Ranjit Singh，1792-1839 在位）當政。他憑著性格
魅力，將這個地區兼併為單一王國。儘管錫克教宗師最受尊崇，
該王國同樣是印度教的家園——事實上，也是一小撮歐洲投機
客的大本營。

Narasinghavatar 4th Avatar Vishnu reclining on the serpent Ananta (eternity) Contemplating the creation of the world.

圖三　毗濕奴供奉在泰米爾納德的斯里蘭格姆

這幅色彩亮麗的畫，來自一個幾乎所有作品都呈現個別印度教神明的合輯，其中有些神明供奉在特定神廟裡，就像這幅。豐富的色彩和精緻紡織品的描繪，即這個地區賴以成名的特色，也是這批南印度「公司繪畫」的特徵。它們畫出對英國人來說新鮮、興奮又值得記錄的當地宗教生活的面向。神明因為是最重要的部分，在畫中的比例比現實大得多，但神廟的格局要素無一遺漏，例如右上方的圓形水槽「Chandra Pushkarini」和附近的一棵聖樹和黑天殿。

水粉畫，繪於歐洲直紋紙和浮水印紙
約 1820 年（浮水印標有年代「1816」）
高 29.2 公分，寬 22.9 公分
可能在泰米爾納德邦
布魯克・席威爾永久基金
(2007,3005.39)

　　至於拉傑普特，從喜馬拉雅山麓丘陵統治的一批小王公，雖然政治勢力無足輕重，卻具有重要的文化影響力。印度一些最強烈、最引起感官刺激的畫，就是 17 世紀末在這裡創作出來的（圖二）。約一個世紀後，同樣這個地區又造就風格截然不同的畫家——俗稱帕哈里派（Pahari）。

　　後蒙兀兒文化世界的一大普遍特色，是與宮廷有關的大規模中央集權式贊助已趨分散。藝術發展見於拉合爾和拉賈斯坦各宮廷等區域中心，亦見於找到歐洲人贊助的工匠和畫家。用黑檀木、黃檀木和白檀木等奢侈木料製造，並鑲嵌珍珠母、象牙和獸骨的華麗家具，在歐洲蔚為流行。畫家也在因參與歐洲貿易而蓬勃發展的城市中找到新的出路。他們學會不同的技巧，部分是研究英國大量輸入的版畫而得。他們為歐洲客戶作畫的內容已較少正式的宮廷場景或圖繪史詩，而較多記錄性

質的場面——對許多駐印度的歐洲人，特別是英國居民來說新穎、迷人、特殊的事件。這樣的創作被歸為一大類：「公司繪畫」（Company paintings）。從南方的坦賈武爾（圖三）到北方的德里，這些畫的風格幾乎毫無關聯。但它們確實有共通點：有委託人、年代在 19 世紀、為記錄而畫（圖四）。最精美的畫不只是讓委託人帶回歐洲的紀念品，通常有更重要的用途。天平的另一端則有一系列繪於小雲母片上的圖畫，呈現出人口中的不同種姓、職業或節慶，這些對於來到南亞的英國人都很新鮮。

圖一 王室營地，選自《波利埃畫集》

安托萬・波利埃（Antoine Poli-er，1741–1795）是瑞士出生的軍官，先後住在法扎巴德（Faizabad）和勒克瑙。他贊助印度畫家，其中多位喜歡展現嫻熟的歐洲技巧，例如像這幅圖使用的單點透視。

不透明水彩，繪於紙上
1780–85 年
高 54 公分，寬 76 公分
勒克瑙，北方邦
(1974,0617,0.5.1)

圖二 銀碗

在 19 世紀及 20 世紀初，為英國人和親英印度家庭製造銀器的數個地區之中，勒克瑙特別擅長布滿棕櫚樹且有野生動物棲息的設計。

銀製，敲花
19 世紀後半
直徑（頂）24 公分，高 15 公分
勒克瑙，北方邦
安崔西特捐贈
(2011,3014.72)

繼承國

綜觀 18 世紀，隨著蒙兀兒帝國掌控力瓦解，分裂且走向獨立的國家陸續出現，如恆河平原中央的勒克瑙、孟加拉的穆爾希達巴德和德干高原的海德拉巴。它們發展出獨特的文化風格，也在文化及軍事上與歐洲人連成一氣。

位於恆河北支流戈默蒂河畔的勒克瑙，原是蒙兀兒阿瓦德省的重鎮，後來成為一個獨立王朝的首府，而最重要的領導人是舒亞（Shuja al-Daula）和阿薩夫‧道拉（Asaf al-Daula）父子；後來的加齊‧海達爾（Ghazi al-Din Haidar）雖然政治上平凡無奇，文化上卻非常重要。這些統治者以建築活動流芳百世。宮殿、清真寺、陵墓和「伊曼巴拉」神殿（imambara，紀念什葉派的穆哈蘭姆節，見 234 頁）都以動人的風格建造，既沿用蒙兀兒也參考歐洲元素。他們也以在 18 世紀末贊助歐洲藝術家和歐洲傭兵著稱，前者如堤利‧凱特爾（Tilly Kettle）和約翰‧佐法尼（Johann Zoffany），後者有克勞德‧馬丁（Claude Martin）──他不僅是法國軍人，也是求知若渴之士。印度畫家很多是逃離德里宮廷（1739 年遭波斯納迪爾‧沙洗劫）的難民，發展出擅長表現建築遠景的繪畫風格，常運用俯瞰視角及單點透視（圖一），且幻想奔放，尤其是畫家密爾‧卡蘭‧汗（Mir Kalan Khan）。

勒克瑙在 1857 年捲入「印度起義」，暴動過後，許多納瓦布建築都被破壞或毀損。所幸當時的攝影讓我們一睹其風格之精彩。不過，勒克瑙仍繼續做為創造力中心，尤以銀器製造最為重要（圖二）。

位於恆河流域下游的穆爾希達巴德是東印度在蒙兀兒統治下的首府。18 世紀時，它在孟加拉納瓦布統治下走向獨立──他們是穆爾希德‧庫利‧汗（Murshid Quli Khan）的後裔，該城市正是以他為名。在納瓦布贊助下發展出一種繁複的後期蒙兀兒繪畫風格（圖三），而該城市迅速成為金融和貿易中心。當時建立了一批雄偉的納瓦布宮殿（圖四），以及給富商，特別是定居該城之耆那教金融家居住的豪宅。然而，由於鄰近英國在加爾各答的殖民點，該城無可避免和那個日益擴張的勢力起衝突，尤其是在 1757 年克里夫在普拉希戰勝、當地的收稅權落到英國人手上之後。穆爾希達巴德也是知名的絲織和象牙雕刻中心。

德干高原的大城海德拉巴自 18 世紀中葉蒙兀兒政權分崩離析後，就由阿薩夫‧賈赫（Asaf Jah）家族統治，到 1948 年海德拉巴加入印度聯邦為止。海德拉巴統治者是蒙兀兒貴族尼札姆‧穆勒克（圖五）的後裔，他原本住在蒙兀兒君主穆罕默德‧沙的宮殿，後脫離到印度這個地區自立為賈赫。什葉派伊朗和這個王朝的連結很深，波斯蘇菲派的過往亦影響深遠。然而，儘管城市為穆斯林和什葉派控制，周圍始終有極龐大的印度教人口。

一群城市畫家著眼於使用鮮豔配色的宮廷肖像畫（圖五）。海德拉巴的統治者是非常富裕的尼札姆，他們也是 19 世紀的偉大建造者，其宮殿，例如查摩哈拉宮（Chowmahalla）和法拉克努馬宮（Falaknuma）（圖六），都是以多元風格建造（後者採新古典主義）。

圖三　花園裡的納瓦布

這位納瓦布坐著，一身珠寶，抽水菸。在他身後是拿著孔雀羽扇「morchal」的僕人，花卉圖案的地墊上有檳榔盒和痰盂，兩者都是必要的好客物品。

不透明水彩，繪於紙上
約 1760 年
高 24.4 公分，寬 35.8 公分
可能在穆爾希達巴德，西孟加拉邦（1920,0917,0.239）

圖四　穆爾希達巴德納瓦布的宮殿

這幅畫的繪者是派鐸夫人（Mrs Pattle，我們對她一無所悉），呈現這位納瓦布的宮殿在 1829 年新古典主義赫澤杜厄里宮（Hazarduari）建造前的情景。圖中的水上遊船包括一種有孔雀船首像的知名船型：「murpankhi」。

紙上水彩畫

約 1813 年
高 35.8 公分，寬 65.8 公分
穆爾希達巴德，西孟加拉邦
道斯韋特捐贈
(1958,1118.8)

圖五　尼札姆·穆勒克在花園涼亭下

尼札姆·穆勒克（Nizam al-Mulk，1671–1748）是蒙兀兒帝國後奧朗則布時代的德干高原總督。他的繼任者是阿薩夫·賈赫家族，統治海德拉巴到1948年止。

不透明水彩，繪於紙上
約1800年
高20.5公分，寬14.2公分
在索拉普（Sholapur）或海德拉巴畫
(1856,0712,0.911)

圖六　海德拉巴的法拉克努馬宮

原為海德拉巴第六任尼札姆的親戚建造、英國建築師威廉·梅瑞特（William Ward Marrett）設計，這座宮殿後來移交給尼札姆用來做為賓館；今天仍是飯店。這是用混搭但以新古典主義為主的風格建造，也是典型19世紀印度王侯採用的建築風格。

5│1 穆哈蘭姆節遊行

對什葉派穆斯林來說，先知之孫伊瑪目侯賽因（Imam Husayn）在680年死於卡爾巴拉戰役（battle of Kerbala），是每年都要紀念的要事，他們會重現他殉道的戰事，並舉辦遊行，俗稱「穆哈蘭姆節」。在這場遍及南亞各地的遊行期間，男人扛著侯賽因陵墓的模型（即「ta'ziya」，用竹子和布製作），走過大街小巷，並用捶胸、自我鞭打等方式明顯表現哀傷（圖一）。遊行也會舉著有金屬標牌的杆子，很多標牌做成手掌五指伸直的形狀，即「'alam」（圖二、三）。

穆哈蘭姆節遊行在印度各地舉行，特別令人難忘的是在孟加拉的穆爾希達巴德、北方邦勒克瑙和德干高原許多前海德拉巴大城的遊行。在德干高原，伊朗的什葉派文化和政治影響，在16至19世紀特別顯著——穆哈蘭姆節遊行就在其中。「'alam」這種令人印象深刻的金匠作品平時收藏起來，只在遊行期間使用，而那時也常用布將它包起來，掛上茉莉花環致敬。據信有些「'alam」擁有療效，信徒會接近它們祈求緩解病痛。很多「alam」刻有裝飾，包括《可蘭經》，特別是什葉派文本（圖二）。

圖一　穆哈蘭姆節遊行的畫冊繪畫

遊行隊伍舉起的圓頂建構是侯賽因陵墓的模型，它與大象之間，一個男人扛著有花環裝飾的「'alam」。他前面的兩個人也各扛著一個聖陵的模型。

不透明水彩和黃金，繪於紙上
1820–30年
高30.8公分，寬44公分
泰米爾納德邦，可能在蒂魯吉拉帕利
布魯克·席威爾永久基金
(2005,0716,0.1.7)

Mahommedan Procession during the Mohurrum Feast

（右）
圖二　遊行標牌「'alam」

這些開掌造型的標牌，是在紀念
先知之孫侯賽因一家人捐軀的卡
巴拉戰役。圖中這個在穆哈蘭姆
節遊行中舉起的標牌面積龐大，
每一面都有刻字，包括一塊嵌板
列出 12 位伊瑪目的名字。

黃銅製，雕刻
可能在 18 世紀
德干高原
高 214.5 公分，寬 78.3 公分
哈利南夫人捐贈
(1920,0707.1)

（左）
圖三　遊行標牌「'alam」

這個「'alam」手掌上描繪一
座插滿旗子的圓頂神殿，神殿
兩邊各有一匹天國的人頭馬
「buraq」。每一根手指上也都
刻了「'alam」。博物館的紀錄

敘述它為阿瓦德（首府為勒克
瑙）國王的標牌。

黃銅製，雕刻
18 世紀或更早（1860 年進入大
英博物館）
勒克瑙，北方邦
高 41 公分
(As1863,1101.1)

5│2 說故事的畫卷

在印度，巡迴說書人用畫卷解說故事的傳統相當悠久（見114頁）。這裡幾個分別來自孟加拉、泰倫加納和拉賈斯坦的例子，流露了不符攝影寫實，卻色彩豐富、層次分明、情感澎湃的古印度美學。這些畫卷的大小、分框、故事的色彩和運作，讓它們早在電影發明前就與電影無異了。

孟加拉有近兩百年的紙上畫卷留存下來，不過顯然更早就在使用了。畫卷必須時時跟著吟遊詩人的敍事鋪開和捲起，意味現存的古卷少之又少。有一卷訴說穆斯林聖者「pir」的故事，和他們定居恆河／布拉馬普特拉河三角洲的經過有關（圖二）。另一卷風格相近，描繪《羅摩衍那》的場景，暗示參與的藝術家不在意宗教差異。

另一脈傳統流傳於泰倫加納的畫卷，風格迥異，描繪各種姓的起源。一個戲劇性的故事圖解織布工種姓的淵源；他們是巴凡納·里西的後代，也就是這幅畫呈現的主人翁（圖一）。這些畫卷描繪了在這個傳說傳誦前就受到尊崇的象神。

最後一個例子來自拉賈斯坦，用來在夜間訴說英雄帕普吉（Pabuji）的傳奇。整部故事畫在一大塊棉布而非畫卷上面。說書人妻子帶著一盞燈打光，說書人唱到哪裡，光就移到哪裡。

圖一　來自泰倫加納邦的說故事畫卷

這部畫卷的主角是泰倫加納織布工的祖先巴凡納·里西，描繪他騎著老虎和惡魔羅剎（rakshasa）搏鬥——他可以掌控自然與超自然世界。

繪於上漿的棉布上
18世紀晚期
全卷長9.3公分，這幅長85.5公分
泰倫加納邦
布魯克·席威爾永久基金
(1996,0615,0.1)

（左上及右上）

圖二　來自孟加拉的說故事畫卷

這卷長 13 公尺畫卷的中間部分
（亦見 170 頁），左圖，聖者
曼尼克（Manik）神奇地使一頭
母牛分泌乳汁，並讓其他已被火
燒死的牛隻復活。動物和聖者所
在的鮮紅色地面是典型的印度畫
法，充滿戲劇張力但無意顧及視
角或寫實。這部畫卷對動物的描
繪非常細膩，尤以右圖為最。在
南亞，大象與王室的關係格外密
切；就像此圖，一位穆斯林王室
人物乘象轎，身後的人物拿著拂
塵（也是地位崇高的象徵）。

繪於紙上（現裱貼在布上）

約 1800 年

聖者曼尼克一幅高 34 公分（全
幅長 13 公尺）

孟加拉，可能在蘇達班

藝術基金

(1955,1008,0.95)

（右）

圖三　帕普吉的棉布畫

拉賈斯坦英雄帕普吉的傳奇充斥
著偷牛、搶劫等不軌行為和風流
韻事。在這幅局部圖中，主角坐
在他的城堡裡，全副武裝，但也
像個蒙兀兒皇帝一樣，將芳香的
花湊近鼻子。

繪於棉布

20 世紀初

長 540 公分，寬 132 公分（整塊
布）

拉賈斯坦，可能在馬爾瓦

(1994,0523,0.1)

5│3 蒂普蘇丹：「邁索爾之虎」

海德・阿里（Haider Ali，1761-82 在位，圖一）和他的兒子蒂普・蘇丹（1782-99 在位，圖三），在 18 世紀末英國於印度西南部擴張的故事中扮演關鍵角色。身為邁索爾這個印度教為主地區的穆斯林統治者，他們建立了一個暴起暴落、頂不住英國勢力日益擴張的王國。在蒙兀兒政權瓦解後，印度南部錯綜複雜的合縱連橫中，蒂普尤其是英國人的眼中釘，既俘虜英國囚犯，還與法國人結盟；他也宣布獨立，拒絕主權被英國併吞。

雖然蒂普和父親打了四場英邁戰爭，他仍維持相當複雜的宮廷，波斯語、坎那達語、泰盧固語皆通用；邁索爾也是多個重要貿易網路的中心。多數在蒂普・蘇丹宮廷製造的物品都標有他獨特的老虎圖像──野獸本身（圖四）或虎紋「babri」。

1799 年，斯赫里朗格阿帕特塔納戰役（battle of Seringapatam/Shrirangapatnam）後，蒂普的統治也走到盡頭。戰後，宮殿遭洗劫，許多物品都被搬走，最著名的蒂普黃金王座被拆解帶走。英國鑄造勳章紀念這場勝利，並分送給所有參與的士兵（圖二）。蒂普在人們記憶中是抵抗英國強權的一號人物，他至今仍是印度南部的守護者。在這個脈絡下，印度第一流的現代劇作家吉里什・卡納德（Girish Karnad）寫了一部以蒂普為主角的戲劇。

圖一 海德・阿里

海德・阿里，蒂普・蘇丹之父，篡奪了邁索爾瓦迪亞（Wodeyar）統治者的王位，後來打了兩場對抗英國的戰事。19 世紀末，世界最早製造廉價大眾印刷品的奇特拉夏拉平床印刷機（Chitrashala Steam Press），印了一本德干高原英雄特集。

奇特拉夏拉平床印刷機印刷
1878–1900 年
高 50 公分，寬 33.7 公分
浦那，馬哈拉施特拉邦
(1990,0707,0.15)

圖二 赫里朗格阿帕特塔納勳章

這枚金質勳章上的意象非常清楚──英國獅征服了印度虎；鑄造年代是 1799 年，也就是蒂普命喪沙場的那一年，勳章背後則是戰場的場景。蒂普死後，王國回歸 50 年前被海德・阿里罷黜的瓦迪亞家族統治，承認英國宗主權。

黃金製
1799 年
直徑 4.8 公分
伯明罕製造
喬治四世捐贈
(G3,EM.57)

圖三　蒂普‧蘇丹

英國大眾對蒂普有濃厚的興趣，因此在他死後，畫像和版畫層出不窮。其中許多都流於幻想，但這幅肖像畫有可能神似本人。

美柔汀印刷，雷諾斯（S. W. Reynolds）從原畫製作
1800 年 5 月發表
倫敦
高 27.1 公分，寬 18.8 公分
道吉森捐贈
(1917,0809.27)

Engraved by S.W.Reynolds.

TIPPOO SULTAUN.
From an original Drawing in the Possession of the Marquis Wellesley.

圖四　蒂普‧蘇丹兵工廠出產的劍

明顯嵌了一頭潛行的老虎，劍柄下方還有虎紋，這把兵器顯然和蒂普‧蘇丹有關。虎紋裡的波斯銘文特地提到他的名字。許多出自蒂普兵工廠的武器都有類似裝飾設計，而在他落敗後被當成戰利品帶去歐洲。

鍛造劍身、鑄劍柄、鑲嵌黃金
18 世紀晚期
長 97.5 公分，寬 9.5 公分
邁索爾地區，德干高原西南部
梅瑞克中將捐贈
(1878,1101.450)

5│4 錫克教徒：信仰與防禦

錫克教起源於宗師古魯・那納克（Guru Nanak，1469-1539，圖一）。他是在蒙兀兒立足北印度前的騷亂年代，多位舉足輕重的心靈老師之一。那納克主要在旁遮普地區宣講，最著名的理念是：是印度教徒或穆斯林無關緊要；重要的是對神的愛，而宗教標籤（因此還有宗教對立）會令人分心。他和其他聖者的教義後來集結成一本巨著：《古魯・格蘭特・薩希卜》（*Guru Granth Sahib*，簡稱《錫克聖書》）。在錫克廟裡，這是主要的崇敬對象；廟裡沒有偶像。

那納克死後，9 位「古魯」相繼現世引領那納克的門徒。多位古魯遭到蒙兀兒皇帝迫害：第五代古魯阿爾瓊（Arjan）在賈漢吉爾當政期間被處決，第九代得格・巴哈都爾（Tegh Bahadur）也被奧朗則布處死。10 位古魯的最後一位是戈賓德・辛格（Gobind Singh，1666 – 1708，圖二），面臨迫害壓力，他將追隨者轉化為武術團體，熱切捍衛信仰，就算那意味殉道。這種尚武精神後來促成四處巡迴、高纏夾帶武器的藍頭巾，相當容易辨識的勇士「阿卡利」（Akali，圖三）的發展。

錫克廟（gurudwara），遍及南亞各地，不過以旁遮普為根據地。其中最知名的是坐落在阿姆利則（Amritsar）的哈爾曼迪爾（Harmandir），俗稱金廟（圖四）。

圖一 古魯・那納克

這幅在他去世已久後創作的古魯・那納克畫像，在他左邊有人彈雷巴布琴（rebab）；這位是馬爾達那（Mardana），是隨這位聖者旅行的穆斯林樂手，吟唱他創作的讚歌。

不透明水彩，繪於紙上
約 1820 年
高 13.8 公分、寬 18.5 公分
坎格拉，喜馬偕爾邦
(1922,1214,0.2)

圖二 「正統派」

最後一代錫克古魯戈賓德・辛格坐在王位上，將「甘露」分給追隨者。甘露是一種糖水，飲下的人，必須團結起來捍衛信仰，這些人遂成為「正統派」。人物上方的文字是古魯穆奇文，記錄這件事是在春天的光明節於阿南德普爾發生。

手工著色版畫
約 1890 年
高 26.3 公分，寬 40.4 公分
旁遮普，可能在拉合爾
(1994,1216,0.5)

圖三 阿卡利的頭巾

阿卡利高聳的藍頭巾常夾帶武器，尤其是鐵環。象徵性的物品和徽章也常被裹在裡面；圖中有一枚「第 45 拉特雷錫克步兵團」的徽章，這支英屬印度陸軍團曾立下汗馬功勞。

染成藍色的棉布（現代）；鋼製裝飾品和徽章
19 世紀後半
高 72.5 公分，直徑 28.5 公分
第 45 拉特雷錫克步兵團團長索耶爾中校 1894 年贈予國宴廳博物館；2005 年移交給大英博物館 (2005,0727.1.a–p)

（下）

圖四　阿姆利則的哈爾曼迪爾

這座位於旁遮普阿姆利則的著名廟宇俗稱「金廟」，是所有錫克教徒的聖地。它是用白色大理石建造，上半部覆蓋鍍金銅板，下半部鑲嵌了花卉圖案的彩色石頭。這座建築位於人造池裡，要從右側的石砌堤道進入。

顏料及黃金，繪於紙上
19 世紀中後期
高 18.7 公分，寬 23 公分
旁遮普，可能在拉合爾
布魯克・席威爾永久基金
(1984,0124,0.1.17)

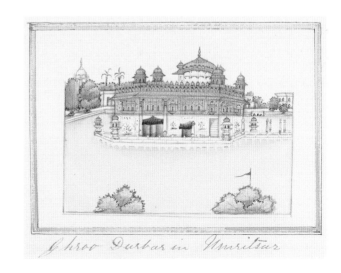

5│5 蘭季德·辛格

　　蒙兀兒帝國於 18 世紀崩潰後，外圍部分相繼宣布獨立。旁遮普和周圍領土紛紛和波斯人、阿富汗人和馬拉塔人交戰，錫克教勇士也參與其中。最後一位錫克教古魯（見 240 頁）戈賓德·辛格在 1708 年遇刺，直到蘭季德·辛格（1792-1839 在位）領導，不同錫克教團體才聯合起來。在他主政下，錫克教勢力一統且愈來愈強大，在旁遮普成長茁壯。

　　雖然年輕時個子嬌小，且受過天花創傷（也使他一眼失明），辛格顯然是位傑出統治者（圖二）。他設法讓相爭不休的錫克教派系團結一致，並透過武力將統治權擴至阿富汗的喀布爾、信德的木爾坦（Multan）和旁遮普北方山區；他也控制了查謨（Jammu）和喀什米爾。他並以蒙兀兒的拉合爾古城為基地，成功拓展外交，在他統治期間，錫克王國和德里的英國人和平共處。

　　雖然蘭季德·辛格在世時凝聚各錫克教團體，但他死後，五位家族成員（包括三個兒子和一個孫子）迅速接連不和平繼位。英國在邊境發動兩場英錫戰爭介入這場混亂，第一次戰後，雙方簽訂《貝哈伊羅瓦條約》（Treaty of Bhairowal），英國擁立辛格倖存的幼子達利普·辛格（Dalip Singh）為傀儡王（圖三）。三年後，第二場英錫戰爭導致達利普·辛格被廢黜，流放英國。旁遮普恢復和平，但歸英國統治（圖四）。

圖一　鐵環

雖然這個裝飾繁複的例子可能僅供展示用，鐵環卻是錫克教徒所用的致命武器。如 241 頁的例子所示，鐵環常夾帶於勇士的頭巾裡。

黑鋼製，鑲金
18 世紀
直徑 19.7 公分
旁遮普
韓德森遺贈
(1878,1230.945)

圖二　蘭季德·辛格和馬拉塔統治者亞許萬·拉歐·霍爾卡（Jaswant Rao Holkar）

在這場會談，霍爾卡試著爭取辛格支持他對抗擴張中的英國勢力而未果。辛格（紅衣者）較精明地與英國維持和平。

不透明水彩，繪於紙上
1805–10 年
高 17.1 公分，寬 24.2 公分
旁遮普
(1936,0411,0.1)

圖三　貝哈伊羅瓦條約
（1846 年 12 月 26 日簽訂）

年輕的達利普・辛格出現在錫克宮廷成員之列，面對印度總督哈丁男爵（Lord Hardinge）和其他英國官員。

不透明水彩，繪於紙上
約 1847 年
高 39.5 公分，寬 53.9 公分
旁遮普
曼努克及寇爾斯小姐透過藝術基金遺贈
(1948,1009,0.109)

圖四　錫克教女子乘牛篷車

19 世紀後期，這個地區的繪畫開始使用歐洲透視法和明暗來表現體積，這幅卡普爾・辛格（Kapur Singh）的畫作就是一例。閹牛盛裝打扮，彷彿乘客是要去參加婚禮。

不透明水彩和黃金，繪於紙上
1874 年
高 36.9 公分，寬 49.8 公分（畫）
拉合爾，旁遮普
布魯克・席威爾永久基金
(1997,0616,0.1)

5│6 印度南部的卡拉姆卡里布

　　「卡拉姆卡里」（kalamkari）是一種繪於布上的敍事畫，以產自印度南部，特別是今安得拉邦南部城鎮卡拉哈斯蒂（Kalahasti）聞名。它主要是供廟宇使用。其他位於更南方泰米爾納德邦的中心，則較不知名。這些大面積紡織品用了各式各樣這個地區出名的染色技巧。就技術層面而言，卡拉姆卡里就是17、18世紀風行歐洲的印花棉布製品的南印度版（見196-7頁）。以往這種大塊布料都設計印度教主題，但近幾十年也處理基督教主題。通常會有大幅中央版面介紹主要的神明或事件，周圍則以連環圖畫的格式深入敍述主要人物的故事元素（圖二），也常添上用當地泰盧固文寫成的圖說。

　　卡拉姆卡里布最常見的展示位置或許是寺廟供奉的神像後面，或是懸掛在廟區的圓柱廳裡；在後者，這些畫布是展示來讓信徒了解相關神明的故事。這在過去識字率不高時格外有用，因此，就這方面來看，這樣的繪畫和說故事畫卷可劃歸同一類別（見236-7頁）。也有其他例子呈現《羅摩衍那》等史詩場景（圖一）或描繪個別神明（圖三）。

　　卡拉姆卡里是在上過漿的棉布上製作。製作過程冗長，是從拿竹筆（kalam）勾勒個別人物的輪廓開始；不過重複的輪廓有時也會用蓋印法完成。上色會用兩種方式，一是反覆將布浸入染液而特定區域上抗染劑（藍色），二是塗上媒染劑（特殊的紅色），也有些畫是手繪，因此完成的畫布是集不同技巧之大成。

圖一　卡拉姆卡里紡織品描繪《羅摩衍那》的場景

這塊布是以連環圖畫訴說主要圖像：已加冕的羅摩的故事，而這個局部描繪搭建通往蘭卡的橋。這是哈努曼和他猴子軍團的功績之一。在建造橋梁的猴子軍團底下，畫著魚、蟹和其他海洋生物。

棉，筆繪、蓋印、染色，抗染劑和媒染劑都有使用

20世紀

長358公分，寬175公分（整塊布）

安得拉邦，可能在卡拉哈斯蒂（As1966,01.496）

圖二　卡拉姆卡里紡織品

這一大塊布中間的圓標描繪毗濕奴躺在宇宙蛇阿難陀上。這幅畫是在泰米爾納德邦蒂魯吉拉帕利附近斯里蘭格姆島上的蘭格納沙神廟（Ranganatha）受人崇拜，這裡以畫滿魚的藍色圓圈示意。中央區外的多幅圖畫畫了《摩訶婆羅多》的事件。

棉，筆繪、蓋印、染色，抗染劑和媒染劑都有使用
19 世紀／20 世紀初
高 335 公分，寬 390 公分（整塊布）
安得拉邦，可能在卡拉哈斯蒂
布魯克·席威爾永久基金
(1991,0327,0.1)

圖三　女神難近母的卡拉姆卡里紡織品

這位 12 臂女神騎著她的獅子伐訶納。難近母激烈的性格，可從她的武器、火焰般的頭髮和身穿的格子莎麗服看出來，最後一項也是安得拉邦其他忿怒女神的特色。

棉，筆繪、蓋印、染色，抗染劑和媒染劑都有使用
約 1920 年
高 254 公分，寬 248.5 公分
安得拉邦，可能在卡拉哈斯蒂
布魯克·席威爾永久基金
(1995,1109,0.1)

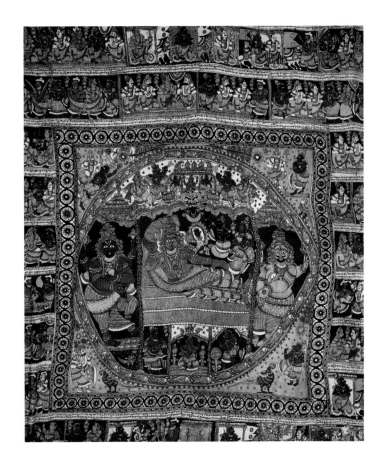

5|7 刺繡

在南亞工藝師令人眼花撩亂的紡織技藝中，刺繡有悠久的歷史，也使用形形色色的針、線和底材。印度西北和東北部一直是主要產地。最早的例子包括為葡萄牙出口市場而製作的產品（見194-5頁）。不過，古吉拉特（堪稱印度最重要的刺繡中心）為歐洲市場製作的刺繡地墊和床罩是專業工藝師用鎖鏈針法（chain stitch）繡成（圖一），品質絕佳，從 17 世紀末就遠近馳名。

更後期則有旁遮普婚禮派上用場的方形披巾，俗稱「普爾卡里」（phulkari，花團錦簇）和「巴赫」（bagh，花園）。其他刺繡紡織品多為宗教用途，例如拉賈斯坦出產的「picchvai」用於黑天神殿（圖二）。此外，旁遮普山區的「rumal」也刺著黑天生平場景，則用來覆蓋擺放供品的托盤。最後，在宗教用刺繡中還有用金屬線為什葉派儀式製作的旗幟（圖三）。

刺繡過的布當然也出現在服裝上。有些華麗的蒙兀兒物件流傳至今，不過更常見的是農村社區的衣物，尤其是印度西部。古吉拉特西部和信德地區女性的頭巾「odhni」圖樣，通常是花卉或圓形圖案（圖四）。印度西部農村有衣物密集刺繡的習俗，特別是給孩子穿的。

其他著名傳統包括與勒克瑙（白底刺白繡，「奇坎」〔chikan〕）和孟加拉坎塔（見278-9頁）有關，以及來自德干高原半游牧社會「班加拉」（Banjara）的刺繡（264-5頁）。

圖一　刺繡地墊

鮮豔而固定的顏色，以及融合異國風情和幻想的刺繡圖像，使歐洲對像這樣的出口物品趨之若鶩。這裡的視覺標誌既援引自蒙兀兒宮廷，也取自古吉拉特當地素材。

有顏色的絲，繡於棉上
約 1700 年
長 320 公分，寬 274 公分（整塊）
古吉拉特
蘭托・辛格收藏

圖二　刺繡的「picchvai」

無疑是為普希提瑪格神殿（Pushtimarg）製作（見 220 頁），這幅「picchvai」呈現黑天吹笛，身邊圍繞著愛慕他的牧牛女。他站在與他有關、繁花盛開的迦曇婆樹（kadamba）下無動於衷。底下和周圍則是與他年輕時在沃林達文度過田園時光有關的圖像。

絲繡，鎖鏈針法繡於緞子上
19 世紀晚期或 20 世紀初
高 211 公分，寬 134 公分
刻赤，古吉拉特邦
布魯克・席威爾永久基金
（1992,0131,0.1）

圖三　刺繡的旗幟

這面旗幟原有一對，或許是用於年度穆哈蘭姆遊行（見 234 頁），尤其上面繡了什葉派伊瑪目的名字。用金線形成高浮凸刺繡，是穆斯林縫紉的典型風格。

棉、緞、絲、絲絨、亮片、玻璃飾片、金線
19 世紀晚期或 20 世紀初
高 164 公分，寬 46.5 公分
印度北部
布魯克・席威爾永久基金
（2003,0718,0.1）

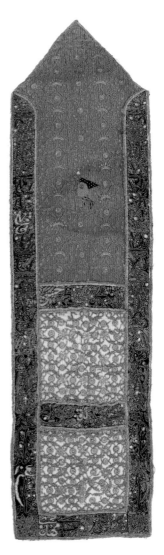

圖四　刺繡的「odhni」

全部用鎖鏈繡針法裝飾，這件披
肩（此圖呈現中心圖樣的細節）
以它黑色的底、栗色和黃色的縫
線和閃亮的鏡像創造驚人的美學
效果。這樣的物件是塔爾沙漠
（Thar Desert，今印度巴基斯
坦邊界附近）南部的典型。

絲披巾，刺繡、玻璃鏡
印度、巴基斯坦
19 世紀晚期或 20 世紀初
長 195 公分、寬 170 公分
（整條披巾）
刻赤，古吉拉特邦
布魯克・席威爾永久基金
（2012,3020.1）

5│8 旁遮普山區的繪畫

有些看來最饒富生趣（主題及配色方面）的繪畫，是 17、18 世紀之交，在旁遮普山區的小宮廷繪製。時至今日，其色彩之鮮豔和畫面之強烈，使這些畫依舊大受歡迎。蒙兀兒繪畫的纖細及帕哈里派的柔和在這裡並不存在；熾烈，基於宗教崇拜或尚武因素時常出現，前伊斯蘭的印度繪畫遺產依舊鮮明。我們知道，或可以推論出一些相關畫家的名字。

1660-70 年前後開始、可能由克里坡（Kripal，努爾普爾一個畫家家族之首）所繪的早期繪畫之中，有圖解《萊薩河》（*Rasamanjari*）的戲劇作品，那是詩人布哈努達塔（Bhanudatta）的文本，描述英雄「nayaka」和女英雄「nayika」的原型。把甲蟲螢光綠殼嵌入頁面是這系列畫的一大特色（圖二）。約從 1715 年開始，另一個詮釋《萊薩河》的系列畫，或許是克里坡的孫子戈魯（Golu）所作（圖三）。在這裡，男性原型不再是黑天，而是一位宮廷人物，或許是畫家的主顧：努爾普爾的拉賈·達亞·達塔。

一幅「拉迦瑪拉」系列（見 222-3 頁）的圖畫是出自附近的巴胡（Bahu）。衝突的色彩依舊顯眼，故事也幾乎一樣震撼（圖一）。同樣出自巴胡的是一個《羅摩衍那》系列，名為〈香格里羅摩衍那〉，年代大約在 1680-95 年。另一批宮廷風繪畫裡則有來自曼科特的作品——圖解《薄迦梵往世書》（見 162-3 頁）有大膽的單色背景、高地平線和嫻熟的色彩運用（見 101 頁），會出名絕非偶然。

圖一　與音樂劇《Ahiri Ragi-ni》有關的畫

驚人的配色和主題——包括如此接近一條致命的蛇——造就一幅扣人心弦的畫。文字敘述這裡表現的音樂類似一條滑溜的蛇所發出的聲音。

不透明水彩，繪於紙上
約 1720 年
高 19.1 公分，寬 17.9 公分
巴胡，喜馬偕爾邦
曼努克及寇爾斯小姐透過藝術基金遺贈
(1948,1009,0.108)

圖二　《萊薩河》系列圖畫，可能是克里坡所繪

在此英雄類型系列中，主角被想像成藍皮膚、纏著招牌黃腰布的黑天。同時，詩人布哈努達塔的文本裡，這位女主角伶牙俐齒，而在這幅畫中，她漫不經心地表示外面天氣熱得要命，寢室蔭處比較涼爽。戲劇性的配色強調了這個不算隱晦的訊息。

不透明水彩和黃金，鑲嵌螢光甲蟲殼
1660–70 年
高 23.4 公分，寬 33 公分
巴斯霍赫利，喜馬偕爾邦
曼努克及寇爾斯小姐透過藝術基金遺贈
(1948,1009,0.107)

圖三　《萊薩河》系列圖畫，戈魯所作

一個年代稍晚但和（圖一）同類型的繪畫系列，描繪了兩個情人分在兩間房，一名女子居中穿梭。這幅畫暗示分離的愁苦「viraha」，而女主角把背拱起來的樣子（左腳用力牢牢踩在地上，把身體撐起來），更凸顯這種情緒。

不透明水彩，繪於紙上。
約 1710 年
高 17.2 公分，寬 27.6 公分
努爾普爾，喜馬偕爾邦
布魯克·席威爾永久基金
(1961,0211,0.2)

5 | 9 畫家奈恩蘇克和其家族

奈恩蘇克（Nainsukh）是旁遮普山區或帕哈里後期流派的佼佼者。他在 1710 年前後生於山地國居勒（Guler，位於今喜馬偕爾邦），隸屬名畫家潘迪·蘇（Pandit Seu）家族。18 世紀中葉受雇於鄰國賈斯洛塔（Jasrota）統治者期間大受歡迎，約卒於 1778 年。

雖然他之前和之後都曾為其他宮廷效力，但他最為人稱道的是在賈斯洛塔宮廷的作品，特別是描繪統治者巴爾萬特·辛格（Balwant Singh，1724-63 年在位）的畫。兩人似乎過從甚密（圖二）。這位繪者與其繪畫對象之間的共情在完成的作品顯而易見。他的主顧似乎是音樂鑑賞家，因為音樂演出常出現在奈恩蘇克的畫中，不過主題也包括日常生活——印度繪畫罕見的特色。

奈恩蘇克家族是否曾在蒙兀兒宮廷畫室受過訓，至今仍無定論。固然有描繪蒙兀兒統治者穆罕默德·沙的畫作被判定出自奈恩蘇克之手（圖一），但那可能是他在德里所繪，也可能是在山區運用平原畫法所繪。奈恩蘇克的兄弟曼納庫（Manaku），可能是一部大開本圖解《羅摩衍那》戲劇系列的繪者（圖三）。奈恩蘇克的兒姪，以及受他們影響的畫家，將帕哈里風格延續到 19 世紀。

圖一　蒙兀兒皇帝穆罕默德·沙，判定為奈恩蘇克所作

穆罕默德·沙德里宮廷畫室的畫家們，畫了大量以他為主題的畫。與蒙兀兒宮廷後期其他畫作相較，這件奈恩蘇克年輕時的作品相對簡約，他或許是之後才發展於成熟作品展現的技法。

不透明水彩，繪於紙上
1735–40 年
高 25.4 公分，寬 35.6 公分
居勒，喜馬偕爾邦
曼努克及寇爾斯小姐透過藝術基金遺贈
(1948,1009,0.148)

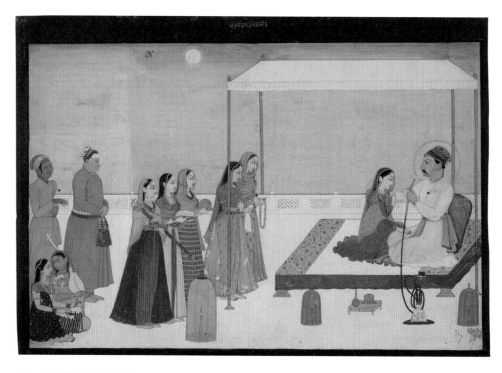

圖二　拉賈‧巴爾萬特‧辛格聆聽音樂，奈恩蘇克作

在這幅日常宮廷生活的重現，統治者和他聆聽的樂手顯然都聚精會神。似乎就是這樣的特質讓奈恩蘇克的作品受到早期印度繪畫收集人士，例如亞美尼亞人曼努克和其英國伴侶寇爾斯小姐的鍾愛，他倆將其龐大收藏的這個部分遺贈給大英博物館。

不透明水彩，繪於紙上
1745–50 年
高 19.2 公分，寬 32.5 公分
賈斯洛塔，喜馬偕爾邦
曼努克及寇爾斯小姐透過藝術基金遺贈
(1948,1009,0.130)

圖三　〈蘭卡圍城〉系列未完成的一頁，可能是曼納庫所作

兇猛的惡魔湧出蘭卡城門和羅摩的熊猴大軍戰鬥。圖中，羅摩、妻子悉多和弟弟羅什曼那，以及熊王闍婆梵（Jambavan）和猴王須羯哩婆（Sugriva）坐在山頂。

不透明水彩，繪於紙上
1725–1730 年
高 59 公分，寬 79.8 公分
居勒，喜馬偕爾邦
藝術基金
(1955,1008,0.78)

5│10 神的機動性

　　南亞許多地方的宗教有一項引人注目的特色：神像會暫時在各地移動（「ta'ziya」遊行，見 234 頁）。節慶時，這些寺廟神像會穿梭大街小巷讓信徒瞻仰和「正見」：良益的目光接觸。以往，許多寺廟會禁止低階種姓進入，因此神明暴露於眾——就算神像完全被花環覆蓋——是備受歡迎的盛事，大家都可以擠進遊行行列中。這些神像有的乘著自己的伐訶納讓崇拜者輪流扛在肩上（見 146 頁），有的坐特製的戰車，通常不是廟裡原本供奉的那尊神像，而是特別用青銅鑄造的節慶版「utsavamurti」。

　　這種神明暫時離廟出訪的例子見於印度各地，從南部的泰米爾納德到東部的奧里薩（著名的神廟戰車獻給化為札格納特的黑天，見 164 頁），到北部的尼泊爾（化為陪臚的濕婆以可畏的面具之姿遊行）都看得到。諸神搭乘的戰車形形色色，但最突出的一例來自泰米爾納德邦蒂魯吉拉帕利附近的斯里蘭格姆；一具比例模型在 18 世紀晚期製作，於 1793 年贈予大英博物館（圖三）。像這樣的雙輪戰車是由兩個部分組成，永久不變的底座是木造，並以適合載運神像的獨特雕板裝飾（圖二），上半部則是用竹子和布臨時搭成，年年重新布置。

圖一　一部神廟戰車，或許在斯里蘭格姆

在神廟牆外，這部戰車（看得到車內所供奉戴花環的神明）由信徒拉動，他們亟欲擁有親近神明之殊榮。盛裝打扮的大象背上飄揚著哈努曼的旗幟，暗示遊行的是羅摩像。

不透明水彩，繪於紙上
約 1820 年
高 20.5 公分，寬 29.4 公分
泰米爾納德邦，可能在蒂魯吉拉帕利
(1974,0617,0.14.5)

圖二　戰車雕板

這片雕板（頂端有卡榫固定結構）曾用來裝飾一部戰車的底座。勇士騎著用後腿站立的馬，這是斯里蘭格姆藝術家的固定作品，尤以在舍沙曼達帕（Shesha Mandapa）見到的最負盛名——位於當地主廟東側的圓柱廳堂。

木造
19 世紀或更早
高 43.5 公分，寬 29 公分
泰米爾納德邦，可能在斯里蘭格姆
布魯克・席威爾永久基金
(1997,0127.2)

圖三　一部神廟戰車的比例模型

18 世紀的學者好奇現有宗教傳統能否解釋在龐貝古城發掘的文物，向印度尋求線索。如查爾斯・馬爾許（Charles Marsh）等研究人員在 1792 年大衛・辛普森（David Simpson）於倫敦舉行的拍賣會上收購了印度物品。本業為外科醫生的辛普森 1780 年代效力於東印度公司時，曾以斯里蘭格姆為基地。辛普森曾親眼見證斯里蘭格姆神廟的儀式，也讓這具模型記錄了精髓。

木造、紡織品、漆
1780 年代
高 220 公分，寬 90 公分
泰米爾納德邦，可能在斯里蘭格姆
馬爾許捐贈
(1793,0511.1)

5│11 移動的面具

　　位於喜馬拉雅山西麓丘陵的喜馬偕爾邦，神常以金屬面具「摩哈拉」（mohra），而非立體神像的形式參加遊行（圖一）。加德滿都谷地也有這樣的安排：在瑪茨嚴德蘭斯節（Matsyendranath festival），乘雙輪戰車遊街的是陪臚（濕婆惡相）的面具，而非較常見的雕像。

　　在喜馬偕爾，西姆拉（Shimla）以北地區舉行節慶時，摩哈拉會被帶出神廟（山區神廟多半為木造，或是結合石造與木造）置於木轎中，接著木轎會用供花裝飾，由男信眾扛著遊行（圖二）。摩哈拉在各地穿梭除了讓民眾能一睹神明，賦予吉祥的體驗外，也能確立神的職權範圍，並讓他／她能拜訪附近村里的兄弟姊妹，聯絡感情。掛上花環的轎子由群眾陪同，有些民眾會吹奏特殊的大開口喇叭（圖三、圖四）或蛇形樂器，和歐洲中世紀的樂器類似。製作這種面具的傳統一路延續至今。

圖一　摩哈拉（可能是濕婆神的）

節慶期間，摩哈拉代表神明巡迴鄉村各地。這張面具有第三隻眼和橫越胸口的蛇，暗示它和濕婆神有關。

青銅鑄造
或許在 18 世紀
高 15.7 公分，寬 10 公分
古盧（Kullu）谷地，喜馬偕爾邦
西蒙‧迪格比紀念慈善組織捐贈
(2017,3038.57)

圖二　裝飾神轎的照片

這頂神轎「ratha」，載著神明的面具，覆蓋著花環。轎子可以用木杆扛起來遊行，讓信徒看見神明的尊容。

彩色照片，克里斯蒂娜‧諾布爾（Christina Noble）拍攝
1970 年代
馬納利（Manali），喜馬偕爾邦
布魯克‧席威爾永久基金

圖三　奈恩蘇克的畫

奈恩蘇克（見 250 頁）住在喜馬偕爾邦；吹奏這種特殊大開口喇叭的樂手會一路為面具遊行伴奏，是這個區域的傳統。這幅畫曾為英國畫家溫妮芙瑞德‧尼科爾森（Rosa Winifred Nicholson，1893–1981）所有，她記錄了她在印度的經歷如何影響她自己的作品。

不透明水彩，繪於紙上
約 1740 年
高 16.3 公分，寬 23.7 公分
賈斯洛塔，喜馬偕爾邦
布魯克‧席威爾永久基金和藝術基金
(2019,3004.1)

圖四　喇叭手的照片

1970 年代，這些喇叭手在馬納利地區幫一場面具遊行伴奏，與上圖奈恩蘇克描繪的 18 世紀風情如出一轍。

彩色照片，克里斯蒂娜‧諾布爾拍攝
1970 年代
馬納利，喜馬偕爾邦
布魯克‧席威爾永久基金

5│12 斯里蘭卡

在斯里蘭卡，中世紀晚期乃至現代的佛教，是以上部座佛教而非大乘教義為基礎，不過，早期圖像歷史的實際紀錄仍與大乘關係密切，例如菩提薩埵（見68-9頁）。昔日，這座島在泰米爾及後來僧伽羅人統治時，首府是波隆納魯瓦，該城於13世紀衰落後，權力中心逐漸轉移到島的東南部。大型雕像較少見，木造、象牙和小型青銅雕塑成了常態。象牙製品尤其值得注意；首飾盒從16世紀開始建立名聲，有些更做為外交禮物送去歐洲（圖一）。其他象牙雕刻的例子包括扇柄、家具鑲嵌物和梳子。金屬雕像也延續下來，但幾乎都是佛像——或坐或站。以上都是斯里蘭卡最後一個獨立首府康提（Kandy）的典型產物。

宗教融合（religious syncretism）在此十分顯著，大乘佛教神明觀世音菩薩演變成在地神明 Lokeshvara Natha，對印度教神明室建陀的崇拜也在卡塔拉加瑪（Kataragama）等神殿生根。這間神殿引人注目之處，在於斯里蘭卡社會所有成員，不分宗教或經濟背景都會前來朝拜。在其他神殿，特製的紡織品（圖二）和面具（圖三）都會參與驅邪儀式。

圖一　用象牙板裝飾的容器

諸如此類的容器，以及全由象牙製造的小首飾盒，是最早出現在歐洲的斯里蘭卡物品。16世紀斯里蘭卡統治者與葡萄牙人首次交流後，它就被當成外交禮物。今天，雖然失去一些裝飾，由跳舞的人物和神話吉祥動物建構的設計，仍不失莊嚴華麗。

木造，鋪象牙飾板
約 1600 年
高 32.4 公分，寬 51.9 公分
法蘭克斯捐贈
(1892,0216.25)

圖二　披巾

這塊布可能是在驅邪儀式中使用，在布的中央，一位女性，據推測為女神，看似剛吃掉她右手拿著的形體的頭。她左手拿著三叉戟，或許暗示她與濕婆有關，因為這種武器為濕婆所有。

抗染棉布
可能在 19 世紀
長 204 公分，寬 108 公分（整條披巾）
斯里蘭卡
(As1910,-.486)

圖三　驅邪面具

包含面具舞的驅邪儀式在斯里蘭卡行之有年。精神困擾被認為尤其適用於這種治療，那可能包括終止惡魔附身時會引發的激烈反應。

木造，上漆
可能在 19 世紀
高約 30 公分
斯里蘭卡
(As1972,Q.1188)

5 | 13 公司繪畫

「公司繪畫」一詞是個包羅萬象的總稱，泛指 18 世紀晚期到 19 世紀初，印度畫家受歐洲人委託繪製的作品（「公司」指東印度公司）。許多畫作都加了英文或其他歐洲語言的圖說。它們是在次大陸各地製作，最重要的中心是加爾各答（圖一）、德里（圖二）、帕特納（Patna，圖三）和坦賈武爾。除了使用一些歐洲技法，以及通常與紀錄有關之外，各畫作的風格不一。在許多方面它們扮演了後來照片所扮演的角色；它們兼具美學和紀實功能，後者尤其重要，因為對歐洲人來說，畫中呈現的印度生活元素新鮮而稀奇。

因此，畫家常被要求詮釋日常生活的各種面向，而非像次大陸早期繪畫傳統較常凸顯精緻的宮廷生活。公司繪畫也證明印度繪者有卓越的能力運用任何指定的畫法。很多人受過晚期蒙兀兒風格的訓練，生涯初期可能曾隸屬某個王室宮廷，但後來，他們都能毫無困難地為新主顧創作需要熟悉歐洲透視法、透過明暗來描繪體積，以及不同表現媒介（水彩而非水粉畫）的作品。雖然品質良莠不齊，不過有些例子是最優美的印度繪畫，也是敏銳的紀錄。

圖一 〈望江南〉（*Senna occidentalis*），選自《伊姆皮畫集》

這幅植物畫是由謝赫·宰努丁（Sheikh Zain ud–Din）所繪，他是在伊姆皮爵士夫婦（Sir Elijah and Lady Impey）1773–83 年駐加爾各答期間為他們效力的三名畫家之一。伊姆皮夫婦委託描繪鳥類、動物和植物；有三百多幅畫留存下來。

不透明水彩，繪於歐洲紙上
約 1780 年
高 63.6 公分，寬 93.7 公分
加爾各答，西孟加拉邦
布魯克·席威爾永久基金
(1992,0130,0.1)

（對頁，上）
圖二 一群錫克教徒

名字寫在附帶的一張紙上，這裡描繪的錫克教徒跟俗稱《弗萊瑟畫集》（*Fraser Album*）裡的畫作類似。該畫集是 19 世紀初期東印度公司官員威廉·弗萊瑟（William Fraser）在德里及附近委託繪製，他負責記錄土地持有情況以便正確收稅，後來為北印度文化深深著迷。召募士兵和記錄新領土是這項藝術工程的兩大動力。

紙上水彩畫
約 1820 年
高 24.4 公分，寬 38 公分
德里或附近地區
(1966,1010,0.9)

（下）

圖三　泥像商販，可能是席瓦‧達亞‧拉爾所繪

在帕特納，畫家席瓦‧達亞爾‧拉爾（Shiva Dayal Lal）和堂兄弟席瓦‧拉爾（Shiva Lal）繪製日常生活的情景來滿足歐洲人對敘事畫的需求。這幅圖描繪一位賣偶像的商販和製作偶像的陶工。至少還有兩幅類似日常主題的畫出自同樣畫家之手：一張賣牛奶的和一張賣水果的。

不透明水彩，繪於紙上
約 1850 年

高 26.5 公分，39.8 公分
帕特納，比哈爾
曼努克及寇爾斯小姐透過藝術基金遺贈
(1948,1009,0.156)

5│14 動植物──和神明

印度的動植物令歐洲人備感好奇，因此常有英國客戶委託印度畫家作畫。18世紀晚期，北印度畫家受到新主顧吸引而定居於加爾各答，為包括伊姆皮一家和韋勒斯萊勛爵（Lord Wellesley，1798-1805年擔任總督）等客戶繪製觀察細膩的自然史圖畫（圖二）。這些畫家是為東印度公司，特別是該公司的外科醫生兼植物學家效力，他們是基於科學與經濟的理由記錄印度的自然史。

東印度公司設在加爾各答西浦爾的植物園是植物繪畫中心，而與威廉·羅克斯堡（William Roxburgh）、法蘭西斯·布坎南（Francis Buchanan）和那塔尼爾·瓦利希（Nathaniel Wallich）等人有關，他們全都四處旅行，並委託畫家記錄植物。《皮爾森畫集》（見213, 229頁）裡的許多畫都是在西浦爾創作。

南印度畫家大多佚名，罕見的例外包括隆吉亞（Rungiah）、戈文都（Govindoo，畫植物）和耶拉帕（Yellapah，畫種姓類別）。一本描繪蘭花的畫集證明南方派（畫在雲母上、色彩繽紛）也存續下來（圖三）。

許多公司繪畫（見258-9頁），包括風景、建築和人物，都裝訂成畫冊送往英國。在印度北部，繪畫主題包括阿格拉的蒙兀兒遺跡，特別是泰姬瑪哈陵（見204-5頁），以及形形色色的人物。

宗教也提供豐富的題材──出自帕特納（圖一）和泰米爾納德（圖四）的系列都值得注意。

（本頁）
圖一　毗羅跋陀羅

像這幅多臂毗羅跋陀羅（Virab-hadra，濕婆神的惡相）這樣惹人注目的宗教圖畫，很容易被初入印度的歐洲人誤解。這幅畫屬於大英博物館一大批散畫，那些畫皆描繪印度教的神明和英雄，且顯然出自同一間畫室。

紙上水彩畫
約1820年
高27.2公分，寬22.4公分
比哈爾邦，可能在派特納
（1880,0.2022）

（對頁，左上）
圖二　禿鷹

這幅禿鷹幼鳥圖上的英文說明，推測了這隻鳥和另一隻18世紀在東非發現的鳥種異同之處，強化了這種漂亮的圖像也參與了科學分類實務的事實。

紙上水彩畫
約1800年
高53.9公分，寬40.8公分
西孟加拉邦，可能在加爾各答
威爾許捐贈
（1956,0211,0.2）

（上）

（上）

圖三　蘭

這幅蘭花畫（*Laelia purpurata*，紫花蕾麗亞蘭）出自一位佚名畫家的畫集。這部畫集有三個地方不尋常：只收錄蘭花畫；畫在大片雲母上，而雲母是出了名的不適合作畫；這些畫是臨摹一本1875年在倫敦出版、談論蘭花種植的書籍。

不透明水彩，繪於雲母
1875年以後
高28.5公分，寬21.5公分
蒂魯吉拉帕利，泰米爾納德邦
布魯克・席威爾永久基金
(2003,0222,0.10)

（右）

圖四　濕婆和雪山神女

圖中，兩位神明被想像在凱拉什山（Mount Kailash）上，也就是他們位於喜馬拉雅山的住處。他們身穿華麗衣裳，珠寶用了大量昂貴的金色顏料。這出自一部包含63幅畫的選輯，賣給英國軍事或商業人士，他們亟欲記下在印度南部生活的點點滴滴。

不透明水彩和黃金，繪於歐洲紙上（一張印有「1816」浮水印）
約1820年
高18.3公分，寬19公分（圖畫部分）
安得拉邦南部／泰米爾納德邦北部
布魯克・席威爾永久基金
(2007,3005.17)

5│15 民間青銅像

「民間青銅像」（folk bronze）一詞泛指各式各樣在次大陸各地發現的雕塑（大多是小型）。這些物件唯一相近之處，是非屬城市且通常強有力的風格：所屬教派、大小，以及製作的技巧和規格皆相差懸殊。這種非菁英的傳統也是一座寶庫，讓往後較精緻的雕塑風格賴以發展。

馬哈拉施特邦內陸有一大批雕塑刻畫了牧人之神坎杜巴（Khandoba）和他的配偶（圖一）。他有許多肖像特徵和濕婆雷同，與他同騎的配偶也被想像為雪山神女，但他們的故事仍具地方色彩（圖二）。其他民間青銅像則與印度中部各地（如薩特布拉山區〔Saptura〕（圖三）和奧里薩西部）的部落團體有關，在那些地方會在露天神殿裡奉獻金屬雕塑。

也有雕像是用於家中神壇（圖四），而不同的個別崇拜，例如毗羅跋陀羅和他的盾，會製作出特定的青銅像（圖五）。鄉下非神廟式的神殿裡所供奉的女性神明，通常和大地、繁殖和財富有關——或許會用動物獻祭取悅之。

圖一　坎杜巴之轎

在卡納塔卡邦中部馬伊拉一年一度的馬蘭納節，坎杜巴的塑像常由信徒扛著穿過街道。這張照片裡，坎杜巴和配偶的塑像都掛上花環，準備遊行；他們身上都灑了吉祥的薑黃粉。

（對頁，左上）
圖二　坎杜巴和他的配偶

這件牧群守護神坎杜巴的雕塑活靈活現。神的右側是他的狗，面對一個小林伽。坎杜巴拿著三叉戟，明顯暗示他和濕婆有關。

青銅鑄造
可能在 18 世紀（1853 年時已在英國）
高 11.5 公分，寬 5.6 公分
可能在馬哈拉施特邦
蒙特諾利斯伯爵捐贈
(1853,0108.4)

（對頁，右上）
圖三　濕婆

這件雕塑不複雜，但動人的造型是其典型。簡化寫實描繪、強調諸如眼睛、耳朵和手中三叉戟的元素，是典型部落美學的特色。

青銅鑄造
19 世紀或更早
高 6.2 公分
薩特布拉，中央邦
波爾斯基夫人捐贈
(1998,0616.4)

（對頁，左下）
圖四　濕婆林伽

這尊或許出自某個家庭神壇的林伽後有五頭蛇保護；有座「瑜尼」做為供品的引道。濕婆的公牛坐騎南迪崇拜地望著林伽；他的右邊有一疊供品。

青銅鑄造
摩爾少校收集，或為他製作
約 1790 年
高 5.3 公分，寬 5 公分
可能在浦那，馬哈拉施特邦
摩爾夫人捐贈
(1940,0716.96)

（對頁，右下）
圖五　毗羅跋陀羅

這塊飾板（以及圖四的林伽）是摩爾少校所有。1790 年代他被派駐浦那；1810 年出版《印度萬神殿》（The Hindu Pantheon），是英國人對印度宗教的早期研究。他的研究基礎是他收集的大批小型青銅雕塑和繪畫——現藏於大英博物館。

摩爾少校收集，或為他製作
約 1790 年
高 34.5 公分，寬 27 公分
馬哈拉施特邦
摩爾夫人捐贈 (1940,0716.29)

5│16 班加拉的紡織品

班加拉一詞（有時作羅姆巴爾尼〔Lombarni〕）泛指一群或許源自印度西部的流動工人。今天在其他許多地區都看得到他們的蹤影，特別是卡納塔卡邦和安得拉邦。他們起源不詳，但可能在 17 世紀以鹽和穀物商販之姿，跟著蒙兀兒軍隊南進德干高原，為軍人提供商品。此後他們就留在印度這個地區，靠打零工維生。他們相對卑微的謀生方式與其活潑的美學不符，而尤以女性服飾的裝飾最能展現他們的審美觀念。

刺繡（圖一）和貼花（appliqué）是主要使用的技巧，有時更施作於已經用紮染（tie-dye）或蓋印法裝飾的布上。女性忠於其拉賈斯坦—古吉拉特血統，會穿荷葉邊裙而非莎麗，搭配露背短衫，兩側用帶子固定，最後繫上棉布蓋頭——通常也用貼花和刺繡裝飾（有時會點綴銅板）（圖三）。

工作時，女性也常綁頭巾來減輕扛運罐子的負擔——包括水罐，和在工地工作所用的泥罐。這種頭巾會先用一塊平面的布蓋在頭上，布上繫著一個山羊毛做的粗環提供罐子的支撐，還有一塊布垂到脖子。這三大要素通常是大面積精緻刺繡的焦點，也可見到使用瑪瑙貝殼的裝飾（圖二）。在刺繡裡嵌入鏡元素的手法同樣令人憶起其西印度背景，營造出一種繽紛炫目的設計（圖三）。

圖一　刺繡的錢包

這個小袋或錢包有色彩鮮豔的刺繡和瑪瑙貝殼點綴，是典型的班加拉美學。

棉製，瑪瑙貝殼
20 世紀初
長 30 公分，寬 26 公分（含流蘇）
德干高原北部
拉爾收集，約 1914 年；戈萬爵士捐贈
(As1933,0715.319)

圖二　裝飾過的扛罐布

諸如這條扛罐布等日常物品，在特殊場合常是萬眾矚目的焦點——圖中是新娘禮服的一部分，包含各種針法的刺繡、點綴瑪瑙貝殼和貼花。

棉、瑪瑙貝殼、羊毛、金屬
19 世紀晚期（捐贈者在 1900 年前後取得）
長 49 公分，寬 25 公分
希莫加縣（Shimoga District），卡納塔卡邦
史萊特夫人捐贈
(As1953,02.6)

圖三　班加拉的女性服飾

這整套服裝包括裙子、上衣和蓋頭,全都充滿五彩繽紛的刺繡和小鏡子。上衣在背後敞開,只用帶子繫緊。裙子有類似的裝飾,包括貼花、銅釦和流蘇。

棉、鏡物、金屬流蘇
19世紀晚期(1895–1910年取得)
上衣:長56公分,寬75公分;裙:長102公分,寬48公分(腰部);蓋頭:長197公分,寬129公分(包括額飾)
可能在卡納塔卡邦
哈德遜小姐捐贈(由她的父母收集)
(As1974,23.29—31)

大事紀

6 殖民時期、獨立建國與現代性

現代性

19世紀晚期到現在

圖一 強納生・鄧肯,孟買總督

這是一位東印度公司高級官員的非正式畫像。攤開在他桌上的是一張粗略的地圖,可能是印度地圖。此圖中的家具是歐洲接觸初期在地工匠製作的典型:原料為當地硬木,但工匠模仿歐洲設計,為像強納生・鄧肯(Jonathan Duncan,1756–1811)這種在印度生活的歐洲人製造歐洲風格的桌椅、床和其他物品。這幅畫原屬於摩爾少校(見 262 頁)。

紙上水粉畫,印度繪者不詳
約 1800 年
高 17 公分,寬 21 公分
孟買
布魯克・席威爾永久基金
(2019,3010.1)

　　在印度北部,英國從加爾各答(1690 年設為東印度公司的商業駐地)起步的擴張,一開始是沿恆河而上到派特納、安拉阿巴德和德里然後繼續往北經旁遮普(1843 年為英國人殖民)和信德,直抵阿富汗邊界(1858 年取得)。在印度中部,蒙兀兒王朝後期勢力已遭馬拉塔酋長希瓦吉(Shivaji,1627-1680)侵蝕,使他的繼任者能夠把領土擴張到家鄉以外。後來,當英國人進軍馬拉塔的中心浦那(Poona,今 Pune),馬拉塔人挺身對抗。剷除馬拉塔勢力後,浦那西方孟買地區(Bombay,今 Mumbai)的腹地便落入英國人之手(圖一)。這些後來結合成孟買市的島嶼,被葡萄牙納入布拉干薩的凱薩琳(Catherine of Braganza)與查理二世的(Charles II)聯姻的嫁妝後,正式歸英國控制。從 18 世紀末到整個 19 世紀,加爾各答一直是英屬印度的首府,也是總督府所在地(圖二)。早期一位總督華倫・黑斯廷(Warren Hastings,1774-85 在位)是備受爭議但行事幹練的行政官員,也對印度文化充滿熱情。

　　英國在南亞的擴張主要是基於貿易需求,尤其是初期階段,東印度公司的倫敦股東還是最高權威的時候。1857 年始於

18 世紀晚期，叔姪檔畫家湯瑪斯和威廉・丹尼爾（Thomas/William Daniell）足跡踏遍印度各地。這裡，他們畫出這棟建築在日益擴張的加爾各答城裡的樣貌。圖中呈現 1787 年啟用之際的聖約翰堂；它屹立至今，只做了些微修整，聖壇上有德國畫家約翰・佐法尼畫的《最後的晚餐》（The Last Supper）。右後方，遠處有加爾各答英國殖民地建立者，約伯・查諾克（Job Charnock）的八角形陵墓。

凹版版畫，手工上色，系列第 12 號
1788 年
高 40.2 公分，寬 52.5 公分
加爾各答
(1870,0514.1486)

密拉特兵變的叛亂，是該公司的轉捩點。這起事件導致英國軍民傷亡，以及遍及印度中北部的混亂。叛變名義上的領袖是巴哈杜爾・沙（Bahadur Shah，1775-1862），最後一位蒙兀兒皇帝的後代。暴動最後被控制，但英國人的反應殘暴且不符比例原則。1857 年事件令英國政府大感震驚，從此，東印度公司的商業利益就被英國政府權威取代；這也意味蒙兀兒復辟的希望蕩然無存。這些新事況在維多利亞女王於 1877 年自命為印度女皇時塵埃落定。從那時到 1947 年，印度做為英國領地，為印度總督管轄。20 世紀初數十年，次大陸──從南方的甘尼亞古馬里（Kanyakumari）到北方的吉爾吉特（Gilgit）等地區，宛如一幅由英國人直接或間接（簽訂條約、透過居住各王侯領地的僑民）統治的馬賽克。加爾各答仍是最重要的城市，直到 1911 年，英王／印皇喬治五世在德里杜爾巴宣布遷都德里，並將在舊城郊建造新城市。這項大工程的建築師是艾德溫・魯琴斯（Edwin Lutyens）和賀伯・貝克（Herbert Baker）。

20 世紀，政治自由的風氣逐漸籠罩。起初只是星星之火，但漸漸足以燎原。後來成立的兩大團體包括國民大會

黨（National Congress）和全印穆斯林聯盟（All-India Muslim League），重要人物包括人稱「聖雄」、倡導非暴力抵抗的甘地（M. K. Gandhi，1869-1948）、印度獨立後首任總理賈瓦哈拉爾‧尼赫魯（Jawaharlal Nehru，1889-1964），以及巴基斯坦建國者穆罕默德‧阿里‧真納（Muhammad Ali Jinnah，1875-1948）——三位都是在英國受訓的律師。同為律師的安貝德卡爾（B. R. Ambedkar，1891-1956）亦為令人欽佩的道德標竿。他為甫獨立的印度制定憲法，也是「不可碰觸者」（untouchable，不在種姓體系中的人）的掌旗手（圖三）。大眾文化對這些男士，以及其他許多參與獨立奮鬥的人，皆有塑造形象，且每一位都有可辨識的個人樣貌；甘地以放棄西式服裝、回歸手紡、手織原產棉布「卡迪」（khadi）著稱。反觀安貝德卡爾則不認同甘地浪漫的印度鄉村生活觀念，總是被描繪成穿西裝打領帶——象徵他渴望脫離種姓束縛的傳統印度。

不幸的是，英國在打完筋疲力竭的二次世界大戰後，迅速離開印度，加上難以同時滿足印度教及穆斯林人口的需求，無可避免的必須依宗教信仰進行的印巴分治。1947 年 8 月正式實施後，印巴分治造成民眾大舉遷徙：印度教徒從新創立的巴基斯坦移入印度，穆斯林從印度移入巴基斯坦。過程中有多人喪命：起碼超過一百萬，可能多出甚多，但確切數字永遠無從得知。分割後，南亞建立印度、西巴基斯坦和東巴基斯坦（後者在 1971 年獨立為孟加拉）。斯里蘭卡在 1948 年獨立，尼泊爾和不丹維持為獨立國家；錫金（Sikkim）原本獨立，後於 1975 年加入印度聯邦。

自脫離英國獨立後，南亞的政治敘事變化莫測，但主要包括印度、巴基斯坦一連串爭奪喀什米爾的戰爭、1971 年孟加拉獨立戰爭，以及之後在斯里蘭卡爆發的泰米爾少數族群和僧伽羅人之間的內戰。經濟和社會進展也出現變化，尤以印度、孟加拉和斯里蘭卡最為顯著。在文化領域，電影、大眾印刷品和

圖三　安貝德卡爾博士

身為印度獨立運動最傑出的人物之一，安貝德卡爾出身自馬哈拉施特拉一個「不可碰觸」的家庭。透過堅忍不拔的努力，他在印度及海外受律師訓，成為獨立印度制憲的靈魂人物。1956 年，他和追隨者皈依佛教，脫離種姓制度的印度教。今天有人把他視為菩薩，不過他留給世人最重要的訊息永遠是「教育、組織」。

版畫，印於紙上
20 世紀晚期
高 42.5 公分，寬 29.8 公分
印度北部
大英博物館之友（唐利集團）
(2003,0714,0.14)

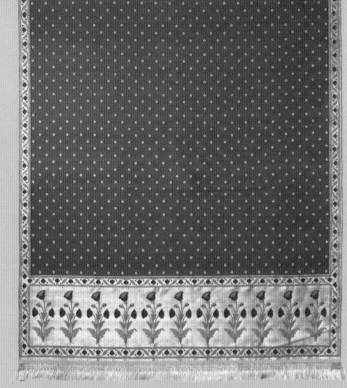

圖四 披巾

這條令人驚豔的披巾是在 1996 年於德里 ASHA 工坊製造。這間工坊是史學家拉胡爾·賈恩（Rahul Jain）創立。遵照他研究的蒙兀兒時期編織技術及沙賈漢時期（1628–58）的花卉圖案，該工坊製造的物品既表現編織的複雜，也富於動人的美。

手織絲，鍍銀線
1996 年
長 242 公分，寬 90 公分
德里（沿襲瓦拉那西編織傳統）
新德里紡織藝術協會捐贈
(2001,0602,0.1)

文學全都蓬勃發展，多數（但並非全部）未受審查。在南亞許多地方，藝術家，常將自己的觀點結合透過國際接觸獲取的技術和概念，於家鄉和國外找到作品的出口（大離散和愈來愈便利的傳播助長了這件事）。次大陸最古老的一項文化傳統——手工紡織，在失傳邊緣被支持者救回；包括「卡迪」領域和時裝界，印度工藝在國際大放異彩（圖四）。令人津津樂道的是，印度早在西元前 3000 紀印度河文明時期就在使用絲和棉了；輪子轉了一圈，周而復始。

6│1 卡利壇繪畫

　　加爾各答的卡利神廟（Kali temple）最晚從 19 世紀初就深受歡迎。它坐落於「壇」（ghat）上：那是通往信徒沐浴之河的階梯。以往，在地或來訪朝聖者希望能從神廟帶點神聖紀念品離開，因此贊助群集那裡的圖像畫家。這些作畫迅速但色彩繽紛、令人著迷的作品，依神廟所在地點通稱為「卡利壇繪畫」（Kalighat paintings）。

　　這些紀念品畫家或許和昔日孟加拉鄉間的巡迴畫家和說書人源於同樣的團體（見 236-7 頁）；事實上，畫卷的圖畫和卡利壇繪畫中都有一些道德故事。取身在城市之利，這些畫家會用不濃稠的水彩和機器製造的紙。卡利壇繪畫的題材多半是宗教，尤以女神迦梨和難近母（圖一）及濕婆（圖二）最多。黑天和其妻拉達——與孟加拉神祕主義者柴坦尼亞關係密切（圖三）——的畫也相當受歡迎。也有人畫當時世俗的主題——著名的訴訟、孟加拉諺語，或時髦公子和交際花打情罵俏。

　　卡利壇畫家活躍時間不長，可能只有四、五十年。隨著 19 世紀晚期手工上色的平版印刷及彩色平版印刷（見 284-5 頁）陸續出現，這些手繪畫作便被便宜的量產圖畫取代。反諷的是，有些英國傳教士收購卡利壇神廟的畫，是為了展現印度信徒有多墮落。其中一部分用來籌措傳教團展覽的資金，因此留存下來（圖四）。

圖一　難近母

這位戴著珠寶、頭髮散開的美麗女神站在她獅子坐騎的背上，準備和牛身惡魔摩醯濕婆決一死戰。

水彩畫，繪於機器製造的紙上
約 1860 年
高 46 公分，寬 27.5 公分
卡利壇神廟，加爾各答
(1949,0409,0.76)

圖二　五頭濕婆

身為難近母的丈夫，濕婆常在卡利壇的畫像中出現。他兩隻右手分別拿著一把維納琴（下）和他特有的雙頭鼓（上）——鼓聲會創造宇宙中的生命。濕婆是最偉大的苦修者，而苦修者常和虎皮同時出現；有時坐在虎皮上，有時像這裡纏在腰部。濕婆有很多名字，其中之一便是「帕修帕提」（Pashupati）：萬獸之王，而他能掌控老虎這種叢林裡最兇猛的野獸，便令人聯想到這個名號。

水彩畫，繪於機器製造的紙上
約 1860 年
高 46.2 公分，寬 27.5 公分
卡利壇神廟附近，加爾各答
(1949,0409,0.84)

圖三　羅摩、黑天、柴坦尼亞的複合體

這位孟加拉的神明結合了毗濕奴的已知三大化身：綠臂的羅摩高舉他的弓；藍臂的黑天吹他的長笛（兩者都名列標準化身）；拿著苦修的提袋和枴杖的是孟加拉聖者柴坦尼亞，他有「高蘭加」（Gauranga）之稱，字面意義為「金色四肢」，如圖所示，與黑天和羅摩的深色皮膚不同。

水彩畫，繪於機器製造的紙上
約 1890 年
高 46 公分，寬 28 公分
卡利壇神廟附近，加爾各答
費利曼托博士捐贈
(1993,0810,0.4)

圖四　象神和他的老鼠坐騎

這幅畫就卡利壇繪畫來說大得出奇（約是多數畫作的四倍大），而一塊標籤背面殘留的文字提供了可能的解釋，暗示它曾在一場傳教展覽中使用。傳教團文獻中有不少此類展覽的紀錄，展覽的目的在彰顯印度宗教不合禮教的本質。

紙上水彩畫
約 1870 年
高 129 公分，寬 100 公分
卡利壇神廟附近，加爾各答
布魯克・席威爾永久基金
(1995,0404,0.1)

6│2 印度的攝影

　　早在 1850 年代初，攝影就已經在印度生根發展，最早是英國
居民熱愛的嗜好，沒多久便為印度人仿效，後來更成為政府記錄
的工具。英國最早的攝影師包括林諾斯・崔普（Linnaeus Tripe，
1822-1902），他拍攝的南印度神廟建築（圖一）、阿馬拉瓦蒂挖
掘作業和緬甸建築（他是 1855 年英國駐緬甸宮廷使節團成員）至
今仍舉世聞名。他和比格斯（Biggs）、皮古（Pigou）等當時攝影
師拍攝的照片，留給我們極具紀錄價值的視覺資源。19 世紀晚期，
業餘愛好者及「印度考古研究所」等官方機構都創造了印度過往
歷史的豐富紀錄。

　　19 世紀後半，首屆一指的印度攝影師是拉賈・拉拉・丁・達
亞爾（Raja Lala Deen Dayal，1844-1905），他的公司經營了多間
成功的照相館。政府機關運用攝影來記錄民族誌（圖二）和印度
統治者等主題，以及重要的公開炫耀時刻，例如 1911 年英王喬治
五世的杜爾巴。20 世紀時，攝影已在全球風行，而記錄工作遍及
次大陸各地；自此，它成為一種廣獲認可的藝術表現形式，知名
攝影家包括達亞妮塔・辛格（Dayanita Singh，1961 生於印度）和
巴妮・阿比迪（Bani Abidi，1971 年生於巴基斯坦）（圖三）。

圖一　〈寶塔的寶石〉，選自英
國政府攝影師崔普上尉《塞林漢
姆攝影集》（*Photographs of
Seringham*）

1858 年元月時，崔普在蒂魯吉
拉帕利地區，記錄了斯里蘭格姆
島上的蘭格納沙神廟，包括這張
驚人的珠寶、器皿和其他神廟設
備的照片。化為哈努曼（左）和
伽樓羅的坐騎「伐訶納」也在其
中，這些會在節慶期間載著羅摩
和毗濕奴塑像遊街。

照片
1858 年
高 25 公分，寬 35.5 公分
斯里蘭格姆，泰米爾納德邦
(1862,0308,0.232)

（右）

圖二　不知名的安達曼島民，波特曼攝

這張照片是摩里斯・波特曼（Maurice Portman）收集的檔案照，他在 1879 至 1900 年擔任安達曼群島（Andaman Islands）的行政首長。照片裡的島民胸前戴著人骨和藥用葉片來抵禦呼吸疾病。波特曼也用攝影來估量島民身體的要素，令人不快地凸顯統治者與被統治者之間的差異。

照片
1890 年代
高 20.1 公分，寬 15.1 公分
安達曼群島
波特曼捐贈
(As,Portman,B27.69)

（下）

圖三　〈錢德拉・阿查亞，2008 年 8 月 30 日 7:50 pm 攝於喀拉蚩，齋月〉，選自巴妮・阿比迪的《喀拉蚩系列〈一〉》（Karachi Series I）

在這個系列的六張照片中，阿比迪呈現一種日常活動。圖中，身穿莎麗的女子坐在梳妝台前。她的服裝和她的名字立刻凸顯她是印度教徒。這系列六張照片都標示年月日時分，顯示這時為齋月，多數喀拉蚩居民會待在室內開齋，只有基督徒、印度教徒和祆教徒等少數人會上街。

照片
2008 年
高 50.8 公分，寬 80 公分
喀拉蚩，巴基斯坦
布魯克・席威爾永久基金
(2011,3001,1.3)

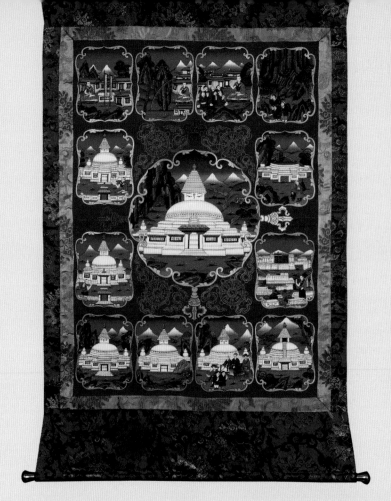

圖一　郭桑的窣堵坡，索朗‧次仁（Sonam Tsering）繪

這幅畫描繪的大型窣堵坡位於阿魯納查邦西北進入西藏的必經之路，距邊界 20 公里。窣堵坡建造至今所經歷的事件從左下方以順時針方向呈現，其中下排邊數過來第二幅，描繪達賴喇嘛在流亡首日經過這座窣堵坡。

繪於畫布；絲、金屬、木材
2007 年
長 139 公分，寬 91 公分
達旺，阿魯納查邦
布魯克‧席威爾永久基金
（2008,3017.1）

圖二　頸飾

堪稱那加物質文化的典型，這只野牛長牙頸飾利用了昔日那加民族居住在偏遠丘陵地區的動植物王國。通常會上色的藤莖編織是一項共同特色。

野牛長牙、象牙、紅瑪瑙、上色的藤莖
19 世紀或更早（1874 年取得）
直徑 13 公分，高 2 公分
那加丘陵，印度東北部
（As1972,Q.2079）

圖三　帽子或頭盔

編藍工藝製作、上色並以染色馬毛裝飾的蓋頭物品，在 19 世紀末基督傳教團抵達此地之前，於崇尚武力的那加部落中十分常見。諸如矛等武器也常用染色的馬毛精心製作。

編織、上色的藤莖，馬毛
那加丘陵，印度東北部
19 世紀或更早（1871 年取得）
高 20 公分，寬 24 公分
法蘭克斯爵士捐贈
（As.7343）

那加蘭和阿魯納查邦

位於現今印度東北部的這兩個邦，擁有與南亞其他多數地區不同的文化故事。雖然今天愈來愈印度化，兩地仍保有獨特的語言、族群和文化。以往，這兩邦的文化接觸都越過今天的疆界，也都以口述、非書寫文學為特色。近代以來，他們也是基督傳教活動的重心。這裡的傳統宗教相信泛靈論，會以動物獻祭，藏傳佛教盛行於西藏邊界，緬甸邊境附近則以上部座佛教為主。

阿魯納查邦擁有三十多個不同的部落族群，最重要的是阿帕塔尼（Apatani）、門巴（Monpa）和尼釋（Nyishi）。那加蘭也擁有數量相仿的族群，包括安加米（Angami）和康尼亞那加（Konyak Naga）族。這些族群幾乎都說藏緬語族的語言。這個地區的古代罕為人知，不過已經發現新石器時代的石器。

在這兩邦，背帶式棉布編織除了代表當地的美學，也是地位象徵。竹絲編織的裝飾品頗負盛名，許多群體製作的珠子項鍊兼具神秘與價值；通常從遠方帶回來的貝殼備受重視。那加族的珠寶獨樹一格，會運用珊瑚、象牙和野豬的長牙（圖二），而過去這地區戰鬥頻仍，也促成藤編盔甲的生產（圖三）。住在不丹、印度、西藏邊境的門巴人，仍在進行藏式繪畫（圖一）。實用且美觀的編籃技藝也是這些社會的特徵，而由於這個地區雨量豐沛，當地人極盡巧思地用藤莖和棕櫚纖維製作簑衣（圖四）。

圖四　阿帕塔尼的簑衣（內面）

喜馬拉雅山東部的山麓丘陵非常潮濕。許多阿魯納查邦中部的族群都會將棕櫚纖維黏到竹架上來製作簑衣。如同這件由阿帕塔尼工匠製作的簑衣，精緻的例子在竹架和穿戴者的背之間還有藤編的背包。

棕櫚纖維，藤莖
20 世紀初
高 76 公分，寬 54 公分
阿帕塔尼谷地，阿魯納查邦中部
(As1957,11.9)

6│3 坎塔

　　孟加拉農業社會有一個特色是製造刺繡的被子，或「坎塔」（圖一至三）。除了做寢具使用，也為女人提供發揮居家創意的管道。坎塔常有豐富而生動的設計，援用當地宗教和社會的主題。最古老的例子顯然是用舊衣，特別是莎麗製作，拆縫的線可重新做為背景的絎縫或設計的刺繡使用。這種背景絎縫不僅是賞心悅目的圖案，也能結合刺繡需要的底材。

　　女性刺繡師採用的圖像類型甚廣，但也具獨特性，視地點、在地風光和刺繡師的宗教甚至宗派連結而定。有些圖案八成是抄襲自城市（特別是加爾各答）帶回來的流行印刷品或卡利壇繪畫。動物是常見的主題，尤其是魚——孟加拉人的主食。其他動物，如孔雀，既吸引人又和黑天神有關（他的頭帶上插了一支孔雀羽毛），象則具有王室的象徵意義（圖三）。有些「坎塔」較富於冒險精神，主題包含蒸汽火車、士兵、遊行神廟戰車（圖一）和眾所皆知的諺語。有時也會刺上文字展現簡單的識字能力，並讓我們知道成品是在哪裡由誰刺繡。

　　這些非預謀的「布上的畫」，讓我們在幾乎苦無其他線索之際，一睹 19、20 世紀孟加拉鄉間迅速變遷的社會風貌。

圖一　坎塔

這是一件刺繡密度極高的坎塔，圖中呈現的局部——信眾在節慶時拉著一輛神廟戰車穿過街道。

棉織
約 1870 年
長 177 公分，寬 121 公分（整件）
孟加拉
布魯克·席威爾永久基金
（2003,1025,0.1）

（對頁，上）
圖二　坎塔

正中央的蓮花獎章型圖案，是常見的坎塔主題。周圍的四個生動場面則較為罕見（從下面開始順時鐘）：女神騎著她的獅子；羅摩加冕，哈努曼拜倒；般度五兄弟；以及一個不知名的場景。

棉織，達斯亞（Srimati Sundari Dasya）刺繡
19 世紀末或 20 世紀初
高 86 公分，寬 85 公分
孟加拉，可能在福里德布爾（Faridpur）
波爾斯基印度民間藝術基金
（2002,0520,0.6）

（對頁，下）
圖三　坎塔

坎塔不僅充斥人類生活，也充斥森林裡的動物、河裡的魚、天上的昆蟲和鳥。這個局部描繪了象和孔雀。

棉織
19 世紀末或 20 世紀初
高 86.5 公分，寬 83 公分（圖中局部約寬 54 公分）
孟加拉，可能在福里德布爾
波爾斯基印度民間藝術基金
（2002,0520,0.1）

6│4 19世紀的頸飾

這裡拿兩種截然不同的英屬時期頸飾進行對照：其一是印度之星勳章的項圈，另一個也是項圈，不過是囚犯戴的，他們多數是英國當局監禁在安達曼群島的政治犯。

印度之星勳章的正式名稱為「最崇高印度之星勳章」，是維多利亞女王在 1861 年授予（圖二），其項圈和徽章會贈予印度和英國的受領者——前者大多是印度貴族，後者多半為英國高級政府官員。這被認為比另一枚英屬印度騎士勳章——印度帝國勳章——更難獲得，受領者更少；國家元首是該勳爵士團之首。在1948 年印度獨立後，便不再有新成員加入，而該勳爵士團目前已無成員在世。

這條附有小木牌的項圈，是安德曼群島布萊爾港（Port Blair）監獄使用的類型（圖一）。每一名囚犯都被迫在脖子掛上鐵環，而其木造名牌戳印了識別編號。建於 1890 年代，這座監獄以囚禁英國政府的政治犯著稱；它位於孟加拉灣正中央的地理位置使它成為理想的監獄。這座建築與諸多今日聞名的領袖關係密切，成為專門紀念民族奮鬥的博物館。

這些物品都可被解讀為掌控工具：目的在控制與帝國偉大計畫有關的人士，雖然這些人士位在舒適圈的兩個極端！

（本頁）

圖一　囚犯掛的項圈

囚犯會被強迫掛上像這樣的識別名牌，而其許多囚犯是因從事政治活動而被監禁在安達曼群島上，包括革命及宗教領袖斯瑞‧奧羅賓多（Sri Aurobindo）的兄弟。

鐵，木材
19 世紀末或 20 世紀初
高 27.1 公分，寬 15.5 公分
安達曼群島，孟加拉灣
博特夫人捐贈
(As1933,0603.3)

（對頁）

圖二　印度之星大元帥勳章的項圈和星形勳章

國家元首是印度之星勳爵士團之首，訓言為「天之光，我們的嚮導」，這個勳爵士團有它自己的儀式和排名順序，維持一種排外的氛圍。總督即大元帥。

黃銅、琺瑯、鑽石（僅星形）
19 世紀末或 20 世紀初
直徑 9 公分
英國倫敦
女王伊莉莎白二世捐贈
(1958,0901.2)

6｜5 給英國客戶的印度銀器

　　與歐洲不同，傳統上銀在南亞並非做器皿使用；青銅比較常見。不過，到了 19 世紀，無疑受到英國人影響，銀的用途變得廣泛。18 世紀時，一些英國銀匠在大城市開創事業、提供餐具，有些是採嚴謹的新古典主義風格。後來，在地銀匠紛紛加入，製造美觀的紀念品；幸運的是，這些銀器大多刻有文字和日期（圖二）。

　　到 19 世紀晚期，鎖定駐印英人和親英印人為銷售目標的國產器皿市場欣欣向榮。勒克瑙、加爾各答、浦那和喀拉蚩等地，印度銀匠的作品廣受歡迎，至今仍備受肯定。這些印度銀匠中最多人惠顧的是歐默西·茂傑（Oomersee Mawjee），以喀奇地區（Kutch）的普傑（Bhuj）為基地，現以姓名縮寫「OM」舉世聞名：他的產品都有這個識別印記。他的工坊製造餐具、箱子、托盤、辦公家具、調味瓶組、名片盒等不勝枚舉（圖一、三）。普傑工坊，以及後來巴羅達（Baroda，茂傑的兒子在 1920 年代遷居此地）的工匠會為客戶繪製精美的素描、提供不同設計、大小、金屬、重量乃至費用的選項（圖四）。

　　這樣的工坊造就了一種 19 世紀末的美學，到一次世界大戰前仍在英國盛行。事實上，倫敦的利柏提百貨公司（Liberty & Co）會直接跟 OM 下訂單，在他們攝政街商場販售。不過到了 1920 年代，當現代主義的概念引領風騷，這種風格便退了流行。

（本頁）

圖一　象嘴茶壺

19 世紀時，喝茶成了深受英國人和印度人歡迎的活動。這只茶壺的把手處有兩塊盤狀象牙做隔熱用，確保能安全地抓牢。密集的動植物圖案是「OM」風格的正字標記。

銀製，象牙
約 1900 年
高 15 公分，底部直徑 7.5 公分
印記顯示為歐默西·茂傑位於喀奇普傑的工坊出品
安崔西特遺贈
(2011,3014.58)

（對頁，左上）

圖二　紀念用的禮物杯

銘文告知我們，這只精美器皿的收受者是史都華中校（Lt–Col. Thomas Ruddiman Steuart）：「收藏家暨上信德行政官」，也記錄了送禮的日期：1861 年 1 月 1 日。史都華家族的紋章——盾牌上的獨角獸頭部，也出現在杯子外面，除此之外，杯外布滿凸紋裝飾，呈現狩獵和植物的主題。

銀及鍍銀
1860 年
高 43.7 公分，杯口直徑 20.5 公分
浦那，馬哈拉施特拉邦
布魯克·席威爾永久基金
(2006,0404.1)

（右上）

圖三　調味瓶組

這件調味瓶組（非本地器皿類型）原有四只鹽罐（後面圓形的）、四只胡椒罐和兩個餐巾環。所有品項都標示出自茂傑的工坊。

銀製，展示盒有緞和絲絨
約 1900 年
餐巾環：高 3 公分，直徑 5 公分
印記顯示為歐默西・茂傑位於喀奇普傑的工坊出品
安崔西特遺贈
（2011,3014.7）

（右）

圖四　設計圖

OM 工坊的設計圖加註解會提供各種資訊，包括（如此圖）特定設計的金屬用量（100 托拉〔tola〕的銀），以及額外選項的費用：壺的基座若要使用烏木，另收 6 盧比。

鉛筆，繪於紙上
19 世紀末或 20 世紀初
高 38 公分，寬 27.3 公分
印記顯示為歐默西・茂傑位於喀奇普傑的工坊出品
安崔西特遺贈
（2011,3014.138）

6│6 通俗畫

從 18 世紀末開始，南亞經歷了通俗視覺圖像的爆炸性發展，從反向玻璃繪（reverse glass painting）開始，而這種繪畫多半用來描繪神明和統治者（圖二）。

後來，在孟加拉，加爾各答畫室和丘爾蒲甘畫室（Chore Bagan Art Studio）先後製作彩色通俗版畫（圖三）。這些公司的創立者在加爾各答藝術學校研習過平版印刷術。另一個版畫製作中心是蒲那，那裡的奇查沙拉平床印刷工坊（Chitrashala Steam Press）製作在地英雄和神明的圖像（見 238 頁）。影響最深遠的是和畫家拉賈‧拉維‧維爾馬（Raja Ravi Varma，1848-1906）有關的版畫複製術，他在繪畫生涯結束時，於孟買郊外設了一部印刷機，開始製造以他的畫作為基準樣式的通俗版畫。

20 世紀時，版畫用於各種公共活動：政治、電影、教育、宗教。政治版畫運用書法、象徵和比喻的圖像，聲勢如日中天（圖一）。南亞各地，學校運用版畫來傳播公共衛生和教育訊息。不過最多產的仍是宗教圖像，有些版畫變得廣為人知，有些則屬於地區性，畫穆斯林聖者的「多爾加」，即陵墓，或印度神明的神殿（圖四）。描繪朝聖的版畫常被帶回家置於家中神壇——印度教的圖像多采多姿，使這種版畫日益普遍，但穆斯林、耆那教和基督的聖壇也看得到這類版畫。

圖一　政治海報

農民掙脫鐵鍊、揮動武器，世界領導人望風而逃：（由左至右）持槍的亞歷克賽‧柯西金（Alexei Kosygin）、拿一疊美元鈔的布托（Bhutto）、不知名人物（可能是某位地主）和理查‧尼克森（Richard Nixon）。

版畫，印於紙上
1974 年
高 47 公分，寬 76 公分
巴基斯坦
格林威捐贈
(2018,3023.2)

（左上）

圖二　那納‧法德納維斯的反向玻璃繪

那納‧法德納維斯（Nana Pha-dnavis，1742–1800）是 18 世紀佩什瓦（Peshwas）首長，即浦那地區的實質統治者。

顏料，繪於玻璃
19 世紀初
高 57.5 公分，寬 42.4 公分
馬哈拉施特拉邦
（1989,0412,0.1）

（右上）

圖三　〈熱情洋溢的美〉，桑達利（Pramoda Sundari）繪

呈現暴露的莎麗和散開的頭髮，這幅畫是針對煽情版畫的市場所繪。

版畫，墨水印於紙上
丘爾蒲甘畫室，加爾各答
高 40.5 公分，寬 30.5 公分
1880 年代
（1989,0204,0.59）

（右）

圖四　莎塔什倫芝（Saptash-rungi）

這位女神是難近母的在地化身，供奉在馬哈拉施特拉邦納希克附近山區一座知名的廟裡。

彩色平版印刷術
1980 年代初期
高 49.5 公分，寬 34.4 公分
在蘇拉特印製
（1988,0209,0.45.35）

圖一 〈未來的佛陀跟他的馬道別〉,阿巴寧德拉納特‧泰戈爾繪

畫家取材自印度古老的佛教歷史
——悉達多王子拋棄王位——並
融入與他所反抗之歐洲學院風格
截然不同的直觀性和情感。

紙上水彩畫
20 世紀初
高 17.5 公分,寬 12.8 公分
可能在加爾各答
克拉克捐贈
(1925,0304,0.1)

孟加拉學派

20世紀的南亞藝術家有個反覆思索的問題是：如何成為現代國際藝術家，同時又忠實地代表南亞社會？靈感該向傳統印度社會還是西方探求？抑或兩者皆非？對許多19世紀晚期、在英屬印度政府的藝術學校成長的藝術家來說，這個問題的答案就在於——創作以古風研究和追求民族主義為根本，且切合西方美學理想的繪畫和雕塑。賈米尼・岡谷里（Jamini Prakash Gangooly，1876-1953）就是一例，他以優美的風景畫為人所知。身為泰戈爾家族的親戚，他與阿巴寧德拉納特・泰戈爾（Abanindranath Tagore，1871-1951）一起長大。

不同於岡谷里，阿巴寧德拉納特・泰戈爾（圖一）並不打算接受古老藝術學派的必然性，且在時任加爾各答政府藝術學院校長哈維爾（E. B. Havell，任期1896-1906）的鼓勵下追尋新的風格。哈維爾殷切期盼印度藝術家脫離純粹的學術模仿，找出專屬印度的靈感。鑑賞蒙兀兒的遺跡和繪畫有助於阿巴寧德拉納特界定自己的新風格。這主要以水彩、運用淡洗和描繪印度專屬主題為基礎。這些援引印度文化史的圖畫常洋溢懷舊情懷（圖一）。

後來，日本理論家岡倉天心（本名岡倉覺三，1862-1913）的泛亞洲主義概念也進一步孕育阿巴寧德拉納特的風格。岡倉把亞洲所有藝術連結起來，認為印度文化——特別是佛教文化——和中國及日本文化在根本上彼此相連，這促使許多追隨阿巴寧德拉納特的藝術家採用類東方畫風：色調較淡、運用淡洗、採用在地主題（圖二至四）。

就在印度畫家逐漸擺脫西方古典主義、對亞洲技法和印度主題燃起興趣的同時，民族主義也在加爾各答萌芽，使阿巴寧德拉納特的風格歷久不衰，俗稱孟加拉學派。他最重要的學生是南達拉爾・鮑斯（Nandalal Bose，1882-1966）。曾接觸日本藝術這點，在他生涯初期意義重大，後來數度造訪阿旃陀石窟的壁畫也很重要（他在生涯後期成為壁畫家大放異彩）。鮑斯最重要的學生之一是貝諾德・穆克吉（Benode Behari Mukherjee，1904-1980），他既是畫家（圖四）也是壁畫家，任教於桑蒂尼蓋登（Shantiniketan）的維斯瓦巴拉蒂大學。

阿巴寧德拉納特的弟子大多是孟加拉人。一個間接的例外是畫家阿卜杜爾・拉赫曼・楚格泰（Abdur Rahman Chughtai，1897-1975），他在拉哈爾梅約藝術學校師承薩馬倫德拉納特・古普塔（Samarendranath Gupta，1887-1964），而古普塔本身是阿巴寧德拉納特的嫡傳弟子。楚格泰的繪畫（圖三）仍沿用阿巴寧德拉納特的淡洗技法，但也承襲老師溫柔看待過往而難免流露的情色氛圍。

孟加拉學派的藝術家之所以重要，是因為他們挺身反對西方古典主義，並確立信念：印度主題和「東方」技法一定可以創造出高品質、贏得國際讚譽且無疑是「印度的」藝術作品。這些概念也歷歷彰顯於另一位阿巴寧德拉納特學生的作品：賈米尼・羅伊（Jamini Roy，1887-1972）。他獨特的視野靈感來自孟加拉民間藝術，徹底實踐印度對色彩的理解，也體現設計和直觀性與寫實主義一樣重要（圖五）。

（左上）

圖二 〈賣花的少女〉，穆庫·戴伊繪

戴伊（Mukul Chandra Dey，1895–1989）是能嫻熟運用多種不同工具的藝術家，尤其是蝕刻版畫（drypoint etching）。不過，在這幅畫中，他表現出1916年和羅賓德拉納特·泰戈爾同赴日本一行產生的影響；最重要的是，這幅畫裱貼於絲上，反映了日本的風格。

繪於紙上，裱貼於絲
20世紀初（1920年前）
高 20.7 公分，寬 13.5 公分
可能在加爾各答
(1920,1216,0.3)

圖三　楚格泰的畫作

這幅畫運用淡彩的方式，以及在描繪主題時深情看待過往，都是典型的楚格泰畫風。圖中，夜晚燈下，一名年輕女子造訪一座刻寫大量文字的陵墓。在創作這幅畫的兩年前，楚格泰（1897–1975）曾前往加爾各答拜訪阿巴寧德拉納特‧泰戈爾。這幅畫或許也可以看出泰戈爾的影響。

紙上水彩畫，有簽名及標註日期
1918 年
高 52.7 公分，寬 35.6 公分
拉合爾
可能是畫家的兄弟阿卜杜拉‧楚格泰捐贈
(1998,0722,0.1)

圖四　〈盛開的茉莉樹〉，穆克吉繪

受到印度原生及遠東繪畫傳統影響，穆克吉（1904–1980）演化出一種獨特的個人風格。他鍾愛的主題之一是花卉，如圖。他一生有大半時間在桑蒂尼蓋登任教，學生包括雕塑家索姆納特‧霍爾（Somnath Hore，見 308 頁）和電影導演薩雅吉‧雷（Satyajit Ray，304 頁）。

濃顏料，繪於紙上
約 1940 年
高 52.5 公分，寬 27 公分
可能繪於桑蒂尼蓋登
布魯克‧席威爾永久基金
(2015,3040.1)

圖五　〈三名女子〉，羅伊繪

在他風格成熟的畫中，羅伊（1887–1972）會使用最簡約的形式，且幾乎沒有背景。如圖，這代表繪畫的效果完全仰賴設計和鮮明的色彩。

水粉畫，繪於棉布
1950 年代
高 77.1 公分，寬 40 公分
加爾各答，西孟加拉邦
(2012,3026.1)

6│7 羅賓德拉納特 · 泰戈爾

　　泰戈爾（Rabindranath Tagore，1861-1941）是 19 世紀末至 20 世紀初俗稱孟加拉文藝復興之知識文化復興運動期間，最精湛、最傑出的思想家（圖一）。生在特權富裕人家，成為舉世聞名的詩人，1913 年更是第一個獲頒諾貝爾文學獎的亞洲人。但他絕不只是個詩人，還是教育家、小說家、戲劇家、專欄作家和畫家。

　　他在書籍方面的成就，例如讓他贏得諾貝爾獎的詩集《頌歌集》（Gitanjali），使他備受 20 世紀初期歐洲社會喜愛（著名事件：威爾弗雷德 · 歐文〔Wilfred Owen〕遇害時皮夾裡夾著一首出自《頌歌集》的詩）。然而，泰戈爾的晚年生活同樣值得一書：他在桑蒂尼蓋登創辦大學，也創立施里尼蓋登農業研究所（Shriniketan），兩者皆位於加爾各答北郊。引人注目的是，在一個愈來愈兩極化的世界，他將他的一生視為國際性與多元性的印證。他的國內和國際地位留有世界主義的空間，而這正是他和甘地不同之處。他的詩不僅編成印度國歌，也編成孟加拉國歌，世界各地許多作曲家都為他的文字譜曲。

　　在他人生最後十年，泰戈爾逐漸用繪畫表達自我，運用一種表現內在世界的風格（圖二）。他善於跳脫窠臼、出其不意，而他從來沒有解釋過他的任何作品；他前無古人，後無來者（圖三、四）。歲月的流逝只會不斷提高他繪畫的地位，就像他的詩——今天很多都有新的譯本，且不斷重新評價。

圖一　羅賓德拉納特 · 泰戈爾，羅滕斯坦爵士（Sir William Rothenstein）繪

羅滕斯坦在 1911 年遇見泰戈爾，這幅畫（三連圖之一）或許就是在這時繪製。隔年泰戈爾人在倫敦時，適逢《頌歌集》英譯本出版。該譯本後來幫助他贏得 1913 年諾貝爾文學獎。

鉛筆，繪於黃色紙上
1911 年
加爾各答，可能在約拉桑科
高 19.1 公分，寬 9.2 公分
查特吉基金會、莫里許和森古塔博士（1999,0329,0.8）

圖二　奇幻動物

沒有任何跡象顯示這幅畫的靈感來自何處；畫也沒有標題。這幅畫乃透過線條的力道和色彩搭配造成衝擊，而這種非寫實的特性正是典型的泰戈爾風格。可以確定的是，他的視覺語言源於文字手稿上的塗鴉。

彩色墨水繪於手工紙上，有簽名
1930 年代
高 26.5 公分，寬 38.5 公分
可能在桑蒂尼蓋登
布魯克 · 席威爾永久基金
（2005,0107,0.1）

圖三　兩隻鳥

這幅首飾般的圖畫出自一系列以動物為題材，帶有恐怖乃至邪惡意味的畫作；這凸顯了泰戈爾許多畫作的夢魘性質。雖然泰戈爾至今仍享有民族崇拜，但他的個人生活顯然備受困擾。

繪於紙上
1930 年代
高 16.6 公分，高 13.4 公分
可能在桑蒂尼蓋登
布魯克・席威爾永久基金
(2004,0422,0.8)

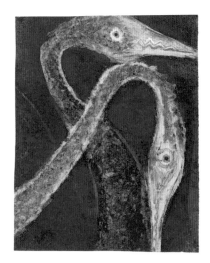

圖四　女人臉孔

一位女性凝視的臉孔常出現在泰戈爾的畫作，這個事實讓眾人熱烈討論她究竟是誰。一個可能的解釋：這位是他兄長喬蒂林德拉納（Jyotirindranath）的妻子卡丹芭麗（Kadambari）。據悉羅賓德拉納特與她十分親近，而我們也知道，在羅賓德拉納特自己結婚四個月後，她自殺身亡。多年後泰戈爾突然開始作畫，似乎也讓這段痛苦的經歷再次湧上心頭。

彩色墨水及顏料，繪於紙上
1928–30 年
高 29 公分，寬 20 公分
可能在桑蒂尼蓋登
布魯克・席威爾永久基金
(1999,0329,0.2)

6|8 新舊孟加拉

孟加拉地區是 18、19 世紀英屬印度的腹地。進入 20 世紀後，當地遭逢一連串危機：1905 到 1911 年暫時分割；1911 年印度帝國首都從加爾各答遷往新德里；1947 年印度獨立後再次分裂成西孟加拉和東巴基斯坦，前者加入印度聯邦，後者則是巴基斯坦分裂國家的一部分。1971 年，經過一場殘酷的戰爭，東巴基斯坦成為主權國家孟加拉（Bangladesh）。

1943 年一場毀滅性的飢荒襲擊孟加拉地區。由於日軍進犯緬甸，平常來自緬甸的糧食供應倏然中斷，囤糧及通貨膨脹隨之而起，印度難民從緬甸湧入，運輸受牽連，政府無能、疾病肆虐，印度其他地方送來賑災的穀物又被挪作軍用。據估當年有兩、三百萬人因飢餓和疾病死於孟加拉地區，尤以農村窮人為最。不意外地，藝術方面的反應迴響至今。包括奇塔普拉薩德（Chittaprasad，1915-1978）和宰努爾·阿貝丁（Zainul Abedin，1914-1976）都以自己的方式強烈回應駭人的飢荒場面（圖二）。

孟加拉建國後，情勢只穩定一些。藝術家持續在社會、經濟、政治正義方面扮演如同評論者的要角。攝影向來是重要的一員，沙希杜爾·阿拉姆（Shahidul Alam，1955-）創立的德里克圖片館（Drik Agency）更在前線衝鋒陷陣（圖三）。同時，納伊姆·莫海曼（Naeem Mohaiemen，1969-）也運用電影、文化史和攝影來針砭社會情況與民族主義的錯綜複雜——與荒謬（圖一）。

（本頁）
圖一 〈卡奇在無主之地〉，莫海曼（Naeem Mohaiemen）作

這個配置——三疊郵票，也包含印刷圖像和文字——反映了孟加拉詩人卡齊·納茲魯·伊斯蘭姆（Kazi Nazrul Islam，1899-1976）如何被三個不同國家據為己用，由此反映獨占性民族主義之愚蠢。印度（出生國）、巴基斯坦（一開始是穆斯林孟加拉人的國家，雖然當時納茲魯留在印度）和孟加拉（聲稱他為愛國詩人，他也在接近人生尾聲時移居）都發行紀念郵票給他榮耀。納茲魯痛切地書寫不同宗教團體的手足之情，反對分治。

郵票
2008 年
長 4.5 公分，寬 3.8 公分（孟加拉郵票）
紐約，美國
布魯克·席威爾永久基金
(2012,3050.1.1)

（對頁，上）
圖二 宰努爾·阿貝丁的畫

阿貝丁所繪的飢荒難民以赤裸裸的寫實聞名。此圖可能是後來刊於艾拉·森（Ela Sen）《漆黑的日子》（Darkening Days）一書扉頁圖畫的初稿。這部短篇故事集於 1944 年在加爾各答出版，毫不隱諱地記錄了飢荒的戰慄。印度獨立後，阿貝丁移居東巴基斯坦，後來成為獨立孟加拉的頂尖藝術家。

墨水，繪於紙上
1943 年
高 45 公分，寬 29 公分
分治前的孟加拉地區
(2012,3027.1)

（下）

圖三　沙希杜爾·阿拉姆的攝影

這張引人深思的照片是德里克圖
片館的創辦人在情緒激昂時拍
攝。當時，身為國際聞名的攝影
師暨人權運動人士的阿拉姆剛被
放出監獄，開車回達卡，看到一
名女子在黃麻田裡，綠色的作物
襯托她身上紅色的莎麗。這讓他
想起孟加拉國旗的顏色：紅與綠，
以及國家移工和農人所扮演英雄
般的角色。

相片
2018 年 11 月
德里克圖片館拍攝，達卡

6│9 現代世界的印度音樂

　　國際化是 20 世紀印度文化一項顯著特色，這部分是南亞民族移居世界各地所賜，但更重要的原因是有一群才華洋溢又盡心盡力的藝術家。這在舞蹈和音樂方面尤其明顯，而學者拉維‧香卡（Ravi Shankar，1920-2012）之名與音樂密不可分。

　　雖來自孟加拉家族，拉維卻是在貝那拉斯（Benares，今瓦拉那西）出生。青少年時期他便和哥哥舞者尤代在歐洲演出。不過，1930 年代後期回到印度後，他便從舞蹈轉向音樂發展，跟隨一位大師認真研習。他開始在印度各地演出，所到之處都深受歡迎；他也為電影演奏，薩雅吉‧雷《阿普三部曲》（Apu Trilogy）的電影配樂就是出自香卡之手。從 1950 年代中期起，他前往歐美表演，經過 60 及 70 年代，他的聲望在全球愈來愈高，不僅是本身演奏印度音樂所賜，也因為他能和其他傳統出身的樂手合作——最有名的是耶胡迪‧曼紐因（Yehudi Menuhin）（圖一），以及披頭四的喬治‧哈里森。這種實驗能力奠基於他深諳自身傳統的底蘊和對樂器的掌握（圖二）。

　　他偉大的貢獻在於（和其他印度樂手一起）透過音樂會、他作的樂曲和多張唱片，向國際聽眾展現豐富的印度音樂。他也留給世間多名傑出弟子，包括他的女兒安努許卡‧香卡（Anoushka Shankar），繼續以她獨特的方式在音樂世界犁地耕耘（圖三）。

圖一　耶胡迪‧曼紐因和拉維‧香卡

這張照片是在 1966 年攝於倫敦艾比路（Abbey Road）的錄音室，當時這兩位偉大的藝術家都是精通自身樂器、揚名國際的大師。他們在此錄製《西方遇見東方》（West meets East）專輯，這或許是出自迥異傳統的音樂家之間最著名的一次合作，也為其他全球音樂融合與交流開闢道路。

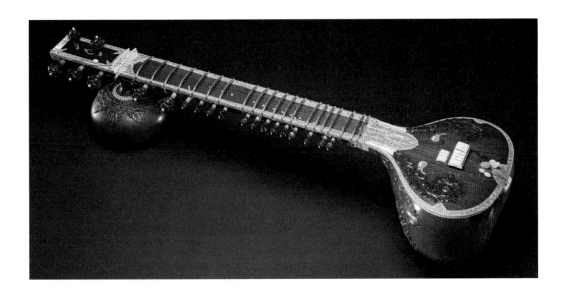

圖二　拉維・香卡的西塔琴

這把西塔琴是加爾各答樂器製者諾杜・馬立克（Nodu Mallick）為拉維・香卡製作的四把之一。馬立克常與香卡同行，除了照顧他的樂器，也彈奏坦布拉琴（tambura）——低沉單調的印度樂器。

柚木，葫蘆（兩個共鳴箱），鑲嵌雕刻骨
1961 年
長126公分，寬36公分（最大處）
加爾各答
蘇康雅・香卡、安努許卡・香卡和拉維・香卡基金會捐贈
（2017,3039.1）

圖三　安努許卡・香卡彈西塔琴

拉維・香卡的女兒現在憑一己之力成為舉世聞名的西塔琴樂手。這張照片裡，她在大英博物館彈奏父親的西塔琴（即圖二那一把），之後這把琴就要納入館藏，強有力地訴說印度音樂享譽國際的事實。

圖一　馬哈拉施特的部落藝術「Warli」繪畫

以森林為背景，且以動物而非人類為主角的繪畫，是典型的「Warli」繪畫。圖中，包含森林神殿（中間偏左）、微小人類在變幻萬千樹木間的敘事，構成一幅饒富生趣的圖像。

顏料，繪於洗污過的紙上
1980 年代
高 58 公分，寬 90.5 公分
馬哈拉施特拉邦，塔那內陸
(1988,0209,0.2)

圖二　詹加爾・辛格・希亞姆的版畫

雖然這幅森林畫面裡有人的蹤影（底端中央），卻是多采多姿的動物生活主宰了貢德族的世界觀。這裡必定有關於螃蟹、眼鏡蛇、老虎和成群蜜蜂的敘事——但目前仍無從得知。

凹版印刷，印於紙上
1980 年代
高 69 公分，寬 39.5 公分
可能在博帕爾（Bhopal）
(1988,0209,0.9)

農村文化

千百年來，在文化生活的諸多領域——音樂、宗教、繪畫、雕塑——來自鄉間和森林的潮流顯然不斷重振都市文化的活力（過去的森林比今天遼闊得多）。儘管現今變遷迅速，南亞的人口仍以農村為主。過去更是如此，而農村文化向來發揮宛如水庫的作用，為都市菁英提供新的刺激和構想。

進入現代，這種現象有個非常驚人的表現方式：都市藝術家和文化提倡人士發現了農村和部落的抽象（非寫實）藝術。這在20世紀中葉尤其引人注目，當時，印度藝術家仍以歐洲藝術馬首是瞻，仍仰賴寫實主義。正如歐洲藝術家開始了解抽象、圖案與設計的力與美，印度藝術家也在自己的門階上發現抽象的蹤影。於是，他們遠比過去懂得欣賞部落和農村藝術家的作品。許多非都市藝術家採用的繪畫傳統，乃深植於村莊環境彩繪空間的防禦力量。因此，過去農業社區用來保護居家空間的敘事和構想，例如「Saora」（奧里薩）和「Warli」（馬哈拉施特拉），都轉移到畫紙上。這些從偏遠農村生活到國際藝廊的移轉之中，令人印象最深刻的或許是比哈爾邦北部彌薩羅（Mithila，或馬杜巴尼〔 Madhubani 〕）藝術家的作品，那些首先在1930年代得到時任英國官員、後來成為藝術史學者的阿爾克（W. G. Archer，1907-1979）支持。最有名的後期馬杜巴尼藝術家是岡加·德維（Ganga Devi，1928-1991，Ganga 即恆河），比如他將華盛頓特區視覺化的作品就極具原創性。其他背景相仿的藝術家包括活躍於1970年代的拉克什米·德維（Lakshmi Devi，Lakshmi 即吉祥天女）（圖三）。

另一位援引類似傳統、亦具動人原創性的藝術家是詹加爾·辛格·希亞姆（Jangarh Singh Shyam，1962-2001）。身為馬哈拉施特拉的貢德族人，他很年輕就在巴拉特·巴萬藝術中心（Bharat Bhavan）與畫室藝術家斯瓦米納坦（Swaminathan）共事而成名。他後來繼續拓展國際生涯，廣泛援用他的森林和部落背景（圖二）。他開疆闢土，自此便有其他藝術家追隨他的腳步。

圖三 拉克什米·德維的畫 比哈爾邦彌薩羅縣屋舍的泥笆牆上常繪有守護性且鼓舞人心的圖案，其中有些是在新婚廂房裡。雖沒有過分強調性慾，圖畫確實包含生殖器官的描繪，以及各種暗示孩子，尤其是兒子會帶來幸福的吉利象徵。

廣告顏料及墨水，繪於手工紙上，馬杜巴尼風格

1960年代晚期
高56.2公分，寬76公分
彌薩羅縣，比哈爾邦
森古塔博士捐贈
(2000,1012,0.13)

6│10 斯里蘭卡：43團體

現代主義化為一群藝術家來到斯里蘭卡，以一位不同凡響的人物李昂內爾‧溫特（Lionel Wendt，1900-1944）為中心。生於一個有荷蘭和斯里蘭卡血統的富裕人家（被稱作「伯格家族」），溫特在倫敦修習音樂和法律，回到斯里蘭卡後，為這座島嶼拍出令人難忘的照片。雖然他在眾多藝術領域才華洋溢，但今天最為人懷念的就是這些照片，主題包括風景、愁思的年輕男子（圖二）和後來實驗性的超現實主義圖像。可惜他在成立43團體一年後英年早逝，使之才剛起步便痛失最璀璨的一顆星。所幸還有派里斯（Ivan Peries）和皮瑞斯（Harry Pieris）等畫家繼續組織團體。

其他協助籌組初始團體的藝術家包括畫家克萊森（George Claessen）、德拉尼亞加拉（Justin Daraniyagala）和凱特（George Keyt）。同為伯格家族的凱特創作繪畫和素描，既有自己的特色，又反映西方風格。他的作品也受斯里蘭卡佛教文本影響，而這裡呈現的素描（圖一）是描繪編年史《大史》（Mahavamsa）敘事的典型。凱特曾在倫敦設展，並應邀至「當代藝術學會」參訪，有他簽名的簽到簿現收藏於大英博物館。

另一位在43團體初期扮演要角的是英國教育部公務員溫澤（Charles Freegrove Winzer）；受到斯里蘭卡文化史鼓舞，他也成為技藝精湛的製圖師（圖三）。

圖一 〈僧伽菩提送出他的頭〉，喬治‧凱特繪

一如凱特許多作品，這幅素描的主題來自他對斯里蘭卡傳統的了解。他在此描繪編年史《大史》的一個場景：一位曾是國王的隱士因為已經沒有別的東西可給，便送出他的頭；這是至高的施捨，是佛教最重要的善行。

石墨，繪於紙上，有簽名及標註日期
1953 年
高 50 公分，寬 52.5 公分
斯里蘭卡，可能在可倫坡
諾克斯捐贈
(1994,0704,0.1)

圖二 不知名的男孩，李昂內爾‧溫特攝

溫特有些照片是在有生之年集結成冊發表，但真正的印刷品是到最近才出版（他所有底片都明顯受損）。他熱中於玩弄攝影技巧，使他名列 20 世紀南亞最具創新力的藝術家。

照片
可能在 1930 年代晚期
高 25.6 公分，寬 20 公分
斯里蘭卡，可能在可倫坡
索瑞夫贊助，紀念布勒頓
(2003,0811,0.1)

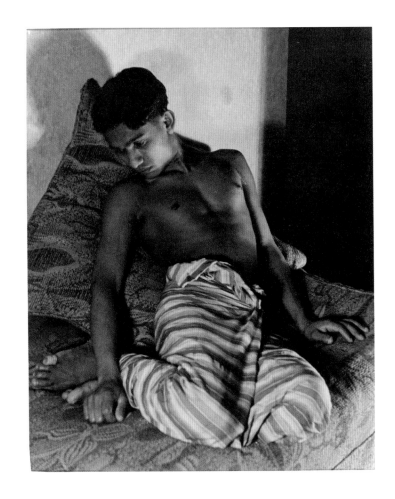

圖三 〈錫蘭錫吉利耶之岩〉，溫澤作

事實證明，在 1928 年建立錫蘭藝術俱樂部（Ceylon Art Club）的溫澤，是 43 團體的重要催化劑。溫澤在這幅版畫凸顯獻花的女性：當我們爬到錫吉利耶之岩之頂，它儼然構成留存至今的岩面壁畫的一部分。這座位於斯里蘭卡中部的岩頂堡壘，西元 1000 紀中葉是重要的皇家中心，岩石底座周圍也有遼闊的水景庭園。

平版印刷，有簽名及標註日期；
編號 15–5
1920–30 年
高 28 公分，寬 37.5 公分
斯里蘭卡
藝術家本人捐贈
(1932,0706.5)

6│11 進步派藝術家團體

　　一群印度藝術家亟欲掙脫對既有模式之依賴，特別是扼殺創意的殖民藝術學校技法，因而組成「進步派」。他們 1947 年齊聚於孟買，渴望加入國際藝術活動。其中兩位成員：拉扎（Sayed Haider Raza，1922-2016）和蘇沙（Francis Newton Souza，1924-2002）生涯大半在國外度過（分別在巴黎和英美），第三位侯賽因（M. F. Husain，1915-2011）原本在印度備受尊崇，但晚年卻被政治右翼流放海外。其他成員還包括埃拉（K. H. Ara）及後期的蓋頓德（V. Gaitonde）、梅塔（Tyeb Mehta）。

　　亟欲證明自己並未受到印度傳統束縛，他們欣然接受立體和抽象等現代派概念。然而，最後也有人發現，印度美學的誘惑實在太難以抗拒。拉扎在這方面首屈一指，用非傳統印度材料的油和壓克力顏料在帆布作畫，靈感卻是來自印度教的神聖幾何和空間觀念（圖一）。蘇沙的畫常指涉暴力和／或性露骨的圖像；他的傑作包括這些和其他來自天主教生長背景的主題，表現出創意、性和宗教之間的緊張（圖二）。侯賽因是以截然不同的方式進入畫壇，起初畫廣告牌維生，後來才成為專業畫家，尤以繪馬、印度史詩場景（圖三）和德蕾莎修女肖像最令人難忘。

　　就像這類藝術團體的發展，這些藝術家最終也發展出自己不同的語言。不過他們有個共通點：下定決心「不只屬於」印度，也要贏得國際、世界的回應。在這方面，他們成功了。

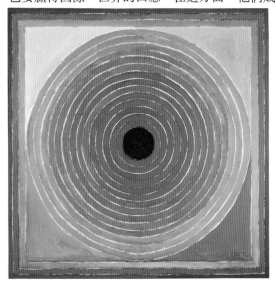

圖一　〈Aarakta Shyam〉，拉扎繪

拉扎在晚期的作品聚焦於「明點」（bindu），也就是力量中心點的概念。在這幅畫，「明點」被置於一環又一環的太陽色彩和能量當中。雖然生為穆斯林，拉扎卻不斷從印度教的形而上學汲取靈感。他成年後多數時間住在巴黎，而他每一次回印度，與這些概念的接觸就又重新激盪一次。

壓克力畫，繪於畫布上
2012 年
高 100 公分，寬 100 公分
德里
拉扎及倫敦葛洛斯溫諾・維德拉畫廊捐贈
(2012,3052.1)

圖二　蘇沙的無標題畫

或許在描繪教會大主教，或只是援用他的果阿背景，這件作品是在蘇沙離開印度那年於倫敦繪製。這洋溢他的典型畫風：強烈的非寫實肖像、顯著的五官、濃厚的顏料，他的簽名也以獨特的方式置於圖畫裡。

油畫，繪於木板上
1950 年
高 76.3 公分，寬 60.7 公分
布魯克・席威爾永久基金
(1993,1015,0.1)

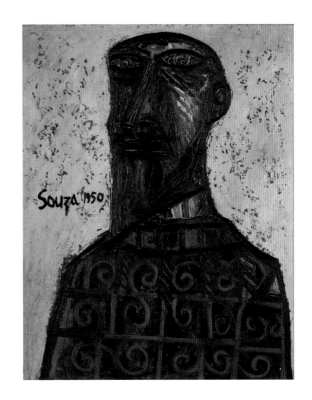

圖三　侯賽因的哈努曼系列版畫

侯賽因有個著名的版畫系列，詳盡描繪了《羅摩衍那》猴將哈努曼的玩鬧歷險。在這裡，他巧妙地運用摔角手的鎚矛（他是摔角手的守護神）做為猴子英雄的頭。這幅畫記錄哈努曼用尾巴放火燒蘭卡城的時刻。

平版印刷，印於紙上，有簽名及標註日期，編號 350–61
1982 年
高 61 公分，寬 45.7 公分
可能在孟買印刷
契斯特和達維妲・赫維茲捐贈
(1997,0503,0.30)

6│12 20世紀的版畫家

不同於流行的彩色平版印刷（見 284-5 頁），藝術家版畫製作主要是 20 世紀的活動，不過諸如多伊利爵士（Charles D'Oyly）等英國版畫家，從 19 世紀中葉就在印度活躍。早期印度版畫藝術家包括曾在日本和倫敦研習的戴伊（Mukul Chandra Dey，見 288 頁圖二，至於他在巴格的作品，見 80 頁）。達斯（Haren Das）是次一代的孟加拉人，他幾乎完全投身版畫媒介，創作孟加拉鄉間風情畫（圖一），以及對社會風俗至關重要的版畫。

戴伊在巴瓦納（Kala Bhavana），即泰戈爾所成立桑蒂尼蓋登大學的分部任教，而他在 1940 年代有位弟子是安得拉出身的藝術家雷迪（Krishna Reddy）。雷迪後來赴倫敦研習，之後和英國藝術家海特（Stanley Hayter）在巴黎共事。他在巴黎學會黏性印刷（viscosity printing）的技巧，並以此創作一系列版畫，展現他對色彩搭配的深刻理解（圖二）。再之後他赴紐約定居。另一位亦出身自安得拉的傑出版畫藝術家是古德（Laxma Goud），他重新活絡色情與森林之間的連結——早年眾所皆知的關係（圖三）。

其他版畫藝術家包括杜馬爾（Rini Dhumal）、巴哈特（Jyoti Bhatt）和塔寇爾（Jaidev Thakore）（以上在巴羅達）；阿里（Sultan Ali）和帕蘭尼亞潘（Palaniappan）（泰米爾納德）；以及錢德（Kanchan Chander）（德里）。這些藝術家的版畫，大英博物館皆有收藏。

圖一　〈上市場〉，達斯作

達斯所創作之抒情、以農村為主的圖像，無疑回溯了他幼時在孟加拉迪納傑布爾（Dinajpur，在今孟加拉國）鄉間成長的經歷。他運用雕版印刷技巧，則反映了他對日本藝術技藝的興趣——20 世紀中葉的孟加拉對此大為激賞。

雕版印刷，印於紙上
1960 年代
高 15 公分，寬 11 公分
可能在加爾各答
(1988,0209,0.17)

圖二 〈植物〉，雷迪作

雷迪對色彩的認識，或許是印度人獨到的認識，使他至少花了五十年創作的版畫系列，充滿微妙細膩之處。大英博物館收藏了從 1950 年代到 2003 年的畫作。

黏性版畫
1966 年
高 44 公分，寬 34.5 公分
可能在巴黎，效力於 Atelier 17 時
布魯克・席威爾永久基金
(1997,1209,0.1)

圖三 〈尼薩姆普爾之四〉（Nizampur IV），古德作

原為版畫藝術家，古德也以他令人咋舌的繪畫聞名。在這幅以他出生地命名（位於南印度安得拉邦）的版畫中，他描繪了赤裸男女身在如夢似幻的森林景色中。背景宮殿的塔樓和右方的樹木都神似陽物，為這幅畫更添色情氛圍。

蝕刻畫，印於紙上
1975 年
高 40 公分，寬 55 公分
可能在海德拉巴，安得拉邦
森古塔博士捐贈
(2003,1002,0.14)

圖一 《印度母親》獲奧斯卡金像獎提名（左）

這部知名電影由梅赫布・罕（Mehboob Khan）執導，是第一部獲奧斯卡提名的印度電影（以一票之差落敗）。

墨水，印於層壓木板
1957 年
高 34.5 公分，寬 30 公分
洛杉磯，美國
肖凱・罕捐贈
（2017,3047.1）

印度電影觀眾獎（右）

最佳導演獎頒給比馬爾・羅伊（執導印地語電影《帕拉可》）。

黃銅（曾上黑漆）；底座有刻字
1960 年
高 40.5 公分，寬 8 公分
可能在孟買
比馬爾・羅伊家族捐贈
（2017,3051.1）

影片和電影

影片的製作和消費一直是現代南亞生活非常重要的層面。印度每年製作數百部影片，進戲院看電影的人數更高達二十億。北印度語（Hindi，或稱印地語）的影片製作主要以孟買為基地（孟買原名 Bombay，因此有寶萊塢〔Bollywood〕之稱），但各地亦有區域型產業蓬勃發展，反映南亞的不同語言。印度電影不僅在印度及南亞各地受歡迎，也在波斯灣、中東其他地區、俄羅斯和中亞──以及 20 世紀大流散時南亞人移居之處──蔚為流行。

達達沙赫布・帕爾凱（Dadasaheb Phalke）是印度第一部電影《訶利旃陀羅國王》（Raja Harishchandra，1913）的導演；它當然是默片。印度影業就是從這不起眼的開端逐步發展，最初是黑白，到 1930 年代有了聲音，50 年代晚期有了第一種顏色。隨著聲音到來，音樂──尤其是歌唱──成了印度大眾電影不可或缺的特色。「明星」向來是最大的賣點，也會在印度電影的視覺文化加以凸顯（雖然自 1940 年代起，他們不自己唱歌，歌曲改由幕後歌手事先錄製）。1950 年代，演員／導演拉吉・卡浦爾（Raj Kapoor）和女星娜吉絲（Nargis）是印地語電影最早享譽國際的人物；娜吉絲以主演《印度母親》變得家喻戶曉（圖一）。這對大受歡迎的拍檔繼而在中東、俄羅斯和中國贏得無數影迷。

一如世界許多地方的電影文化，南亞電影為其廣大觀眾提供闡述重要社會議題的藝術電影，以及讓人暫時逃離現實、強調浪漫情節、不時穿插歌舞的大眾電影。有時會有跨界的流動：《帕拉可》（Parakh）就是著名的一例，既浪漫又寫實，並由知名歌手拉塔・曼吉茜卡（Lata Mangeshkar）配唱，電影導演比馬爾・羅伊（Bimal Roy）贏得 1960 年印度電影觀眾獎（Filmfare Awards）（圖一）。

這些年來，電影廣告創造了琳瑯滿目的視覺素材。數位年代以前的宣傳素材，包括小冊子、廣告板、海報、明信片和傳單。歷經數十年，圖像的風格已然轉變，但一眼就能看出誰領銜主演這點始終不變。宣傳品中的文本運用和文字變化也透露端倪──在 1940 年代的孟買，會使用英語、印地語、烏都語和古吉拉特語的文本宣傳；後兩者現在已屬罕見，反映了人口的變遷。

藝術電影最知名的代表人物是孟加拉導演及博學家薩雅吉・雷（1921-1992），他的電影如《女神》（Devi）、《孤獨的女人》（Charulata）和《阿普三部曲》為他贏得國際極大關注。他最有名的作品是黑白電影，後期才用色彩（圖二）。根植於孟加拉文化，雷的電影卻被視為世界電影的經典之作。

圖二　薩雅吉・雷的字幕卡

這是薩雅吉・雷為他執導的第一部彩色電影《干城章嘉峰》（1962）繪製的 12 張卡片之一，為片尾演職人員名單。

水彩和墨水，繪寫於紙上
約 1960 年
高 29 公分，寬 39 公分

可能在加爾各答
桑迪普・雷捐贈
(2017,3045.1)

6│13 畫家與象徵

部分反映民族主義者的美學需求：美學必須以印度、非西方的構想為基礎，一群藝術家在 20 世紀中葉集結發展，刻意掉頭不看西式的具象，而從次大陸的非寫實傳統汲取靈感；他們向來被不嚴謹地歸為「新怛特羅派」（Neo-tantrics），但其實全都有自己獨到的見解，而且就歷史觀念而言，稱不上怛特羅大師。他們援用「延陀羅」見到的圖案，以及諸如「曼陀羅」等神聖幾何形狀（見 160-61 頁）；及「瑜珈」的身心鍛鍊，和「曼怛羅」等強有力的發音，這些元素都是「怛特羅」的組成要素，而怛特羅正是 20 世紀藝術家的豐沛寶庫。像是潘尼克（K. C. S. Paniker）和巴納吉（Dipak Banerjee）等藝術家（圖二），都運用強有力的文字詞組，以及圓形、方形、三角形等抽象設計，全都充滿「怛特羅」想像中的意義。其他諸如比倫・德（Biren De）等人則仰賴規律脈動的象徵性視覺語言（圖三）。性的圖像——同樣援引與「怛特羅」有關的概念——有時也會納入其中，古拉姆・桑托什（Ghulam Rasool Santosh）的作品就是例證（圖一）。

許多「新怛特羅派」藝術家的作品天生俱有陰陽調和、化解對立、色彩力量，以及由諸如「明點」等元素代表整個宇宙的概念（圖四）。這些藝術家的作品常震撼人心、發人深省，但與世俗、政治或社會活動毫無連結；這些是心靈的圖像。

圖一　桑托什的無名畫

雖然從未實際描繪性事，桑托什在他的繪畫中發展的圖像顯然會喚起「怛特羅」的概念，特別是他土生土長的喀什米爾的「怛特羅」。其中包含心靈識見，可以透過結合雄性和雌性的力量來近用——透過冥想或實際行動——進而化解對立、消弭二元。

壓克力畫，繪於畫布
1974 年
高 44 公分，寬 34 公分
可能在德里
森古塔博士捐贈
（1997,0121,0.4）

圖二　〈延陀羅〉，巴納吉作

雖然「怛特羅」的意象在次大陸人盡皆知，但孟加拉對它的興趣特別值得注意，而巴納吉和比倫・德都是在孟加拉出生（圖三）。單音節的「曼怛羅」用於重疊的三角形裡面及周圍，最強大的「Om」更擺在中心的圓圈裡。

黏性印刷版畫
可能在 1960 年代
高 49 公分，寬 29.5 公分
加爾各答
（2005,0801,0.2）

圖三　比倫・德的油畫

比倫・德運用濃豔但也對比鮮明的顏色引誘觀者細看他的圖像。他援用印度的「怛特羅」概念，但也熟悉美國抽象表現主義藝術家的作品。他曾在 1960 年代於美國工作。

油畫，繪於畫布，有簽名及標註時間
1974 年
高 96.8 公分，寬 66 公分
加爾各答
森古塔博士捐贈（2004,0408,0.2）

圖四 〈尼拉〉，普拉富拉·莫漢蒂作

莫漢蒂（Prafulla Mohanti）的美學觀念可視為他在奧里薩鄉村出生和年少時光，結合過去五十年在倫敦所過國際都會生活的產物。他常回家鄉努爾普爾爾補充靈感泉源，而他的家鄉也是他一再描寫的題材。

紙上水彩畫
1989 年
高 65 公分，寬 50 公分
倫敦
布魯克·席威爾永久基金
(1993,1014,0.1)

6│14 20世紀的印度雕塑

英屬時期成立的藝術學校，教給學生的是歐洲學院派的雕塑；這促成一種衍生風格，以至於進入 20 世紀，印度花數十年才走出這種原型。不過，到了 20 世紀中，數個人物發展了一種明顯為現代，但無疑是印度的雕塑風格。這些雕塑家包括三位與桑蒂尼蓋登大學關係密切的人士：貝伊（Ramkinkar Baij，1906-1980）、霍爾（Somnath Hore，1921-2006）和米芮娜麗妮‧穆克吉（Mrinalini Mukherjee，1949-2015），最後一位在三人中最年輕，同時是位女性。

貝伊和霍爾皆投身政壇，作品也以社會參與著稱。貝伊主要以混凝土和熟石膏創作，但也是迷人的製圖師（圖一）。霍爾描繪 1943 年孟加拉飢荒的作品名聲尤其響亮（圖二），能引起觀者對這場悲劇深切的共鳴。穆克吉和其他兩位不同之處在於，雖然與桑蒂尼蓋登關係密切（她的父親是藝術家穆克吉，見 289 頁），但她最早在印度西部的巴羅達修習、大半生在德里度過，也獲英國文化協會獎學金赴英進修。她另一個非比尋常之處，在於為她的雕塑選擇不一樣的材料：主要是用大麻纖維染色、捆紮，但也用青銅和黏土（圖三）。她後期的紀念性雕塑是在拿獎學金赴荷蘭留學時創作，因為能就近使用大窯，她精妙地重新評估南亞對形象的執著，回歸印度雕塑製作最基本的材料——黏土。

圖一　貝伊的水彩速寫

一如許多同時期的孟加拉藝術家，貝伊在他研習的地方，也就是桑蒂尼蓋登附近鄉間找到靈感。今日他以雕塑最廣為人知，特別是讓他得以發揮流動性和直觀性的混凝土雕塑，這些特色也見於他畫的速寫中。

紙上水彩畫，有簽名
1940 年代
高 20.2 公分，寬 28.5 公分
桑蒂尼蓋登
布魯克‧席威爾永久基金
（2010,3002.1）

圖二　霍爾的雕塑

孟加拉飢荒四十年後，那場經歷仍縈繞在霍爾的心頭；這件雕塑的手腳都化為細枝，臉孔凹陷沉默。在吉大港（今孟加拉境內）出生的霍爾經歷過政治暴動，一輩子為那駭人的陰影籠罩。他以泰戈爾設於西孟加拉邦桑蒂尼蓋登農村的大學為基地，把那些記錄下來。

青銅鑄造
1988 年
高 49 公分，寬 19 公分
桑蒂尼蓋登
布魯克·席威爾永久基金
(2013,3008.1)

圖三　〈夜花 2〉米芮娜麗妮·穆克吉作

穆克吉運用不同材料創作她的雕塑，在在流露對植物和人等自然形式的熱愛。這個衣有褶襇、或許蒙著面紗的塑像，是一大批大型黏土雕塑的一件，那些是充滿流動性和暗示性──但不具決定性──的人類經驗。

焙燒過的陶土，部分上釉
1999/2000 年
高 110.5 公分
歐洲陶藝中心，荷蘭斯海爾托亨博斯
布魯克·席威爾永久基金及藝術基金（沃爾夫森基金會捐助）
(2017,3019.1)

6│15 拉合爾的再發明

　　巴基斯坦旁遮普省首府拉合爾能夠維繫主要文化中心的地位，最重要的原因是國家藝術學院（前梅約藝術學院）設在那裡。

　　安瓦爾·謝姆沙（Anwar Jalal Shemza，1928-1985）曾就讀梅約學院，不過後半生都在英國度過（圖一）。1980年代，國家藝術學院的學生庫杜斯·米爾札（Quddus Mirza）也前往倫敦留學（於皇家藝術學院），但學成後歸國任教（圖二）。這所學院鼓勵藝術家研究蒙兀兒的袖珍畫傳統，而許多人都運用這類知識傳達自己的作品。其影響絕非盲目複製早期作品，而是闢出一條新的路徑，沿途可以找到嶄新、令人興奮的可能性。同時代的繪畫都展現出現代、富有思想且獨樹一格的特色。這些藝術家（大多是畫家）生活在政治壓迫、經濟剝奪的社會，但不同於在鄰近的印度，袖珍畫已降等為無創意的複製，他們賦予這項傳統新的活力。

　　為這個巴基斯坦新願景貢獻心力的藝術家包括卡齊姆（Ali Kazim，圖三）、拉那（Rashid Rana）、庫雷希（Imran Qureshi）和艾哈邁德（Waseem Ahmed），還有一位是流離失所的哈扎拉人阿里（Khadim Ali）。過去，哈扎拉人居住在阿富汗中部，包括巴米揚谷地，當地莊嚴的石窟佛像（見80頁），以及它們在2001年毀於塔利班之事，造就阿里一系列完整作品（圖四）。

圖一 〈城牆〉（City Walls），
謝姆沙作

謝姆沙發展出一套獨特的繪畫和版畫風格，取自烏爾都書法和蒙兀兒建築的形式，融入色彩鮮明的抽象畫面。

水粉畫，繪於木板
1961年
高25公分，寬39公分
英國斯塔福德
布魯克·席威爾永久基金
（2012,3030.1）

圖二 〈畫我的村子 14〉，米爾札繪

今天米爾札是擅長用單調顏色的平面描繪敘事場景的知名畫家，也是藝術教師和平面媒體藝術主題的撰稿人。

紙上壓克力畫
1992 年
高 42 公分，寬 58.5 公分
倫敦
(1992,1006,0.1)

圖三 無標題自畫像，阿里·卡齊姆

雖為裸體，但這個人像毫無淫穢意味，這是人物孤立、前彎姿勢對觀者不具吸引力所產生的效果。

水彩，繪於瓦斯利紙（wasli，用於袖珍畫的手工有機紙）
2012 年
高 153.3 公分，寬 75.3 公分
倫敦
布魯克·席威爾永久基金
(2012,3048.1)

圖四 〈沒有愛、沒有痛苦和寬容的心，不是心〉，哈迪姆·阿里作

在這幅畫中，巴米揚大佛前的火砲，以及流入一朵蓮花和血池的宗教文字，讓人不禁為這種以宗教之名的可怕損失悲憤交加。

水彩，繪於瓦斯利紙
2010 年
高 28 公分，寬 23 公分
喀布爾，阿富汗
布魯克·席威爾永久基金
(2012,3031.1)

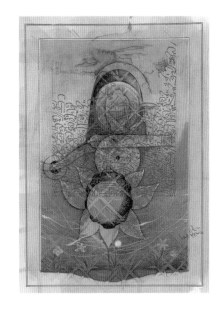

6│16 南亞的現代性

　　今天，南亞藝術活動百花齊放，令人目不暇給。這個廣袤區域沒有一個角落不在創作鼓舞人心的新作，且全都以不同方式反映變遷迅速的社會，諸如達卡藝術高峰會（Dhaka Art Summit，孟加拉）、可倫坡雙年展（斯里蘭卡）、高知和喀拉蚩（巴基斯坦）等國際集會，都孕育了藝術多元性，也讓藝廊空間更親近民眾。隨著中產階級日益擴張，藝術的創作者和消費者也愈來愈多；這個市場熟知國際慣例，而隨著拍賣公司把藝術家推廣給離散族群和在地收藏家，市場也愈來愈熱絡。

　　電影、攝影和機械複製是重要元素（圖一），概念藝術家的理論論據也是（圖二）。南亞各地的藝術家現已國際聞名，其中一些更探討像是性（圖三）和女性在父權社會中的地位等極具挑戰性的主題。印度巴羅達的藝術家——包括老師和弟子，都站上政治參與的前線，特別是 20 世紀晚期，而這在藝術方面已反映在蘇布拉曼南（K. G. Subramanyan）和古蘭穆罕默德・謝赫（Gulammohammed Sheikh）等老師所領導富有成效的實驗中。今天，南亞各地的藝術家都透過作品反對當代社會中的負面元素，例如種姓制度的種族歧視、經濟弱勢和宗教團體的邊緣化。技術已經拓展到涵蓋數位操作和電子藝術品。在南亞每一個地方，藝術家仍舊站在最前線，以嶄新的方式觀察、理解所處社會。

（上）

圖一　〈夢想與隧道〉，娜麗妮・馬拉尼的摺頁畫冊

在這本畫冊裡，藝術家娜麗妮・馬拉尼（Nalini Malani，1946 年生）運用複印影像、透明薄膜和顏料來訴說她的故事。女性的故事，激烈或不激烈的，都常出現在馬拉尼的作品裡。

紙和硬紙板，有簽名和標註日期
1991 年
高 21 公分，寬 30.5 公分
可能在孟買
(2003,0723,0.4)

（左）

圖二　〈中間人〉，巴爾蒂・克爾作

克爾（Bharti Kher，1969 年生）在這裡變造了一群現代虔誠信徒的塑像，促使觀者思考傳統在次大陸生活的位置。

焙燒、上釉的陶土
2016 年
高 10–35 公分
德里
布魯克・席威爾永久基金
(2017,3062.1–10)

（右）

圖三 〈亞穆納河中〉，布潘‧卡克哈作

卡克哈（Bhupen Khakhar，1934–2003）是具有獨特直觀性的具象畫家和版畫家。從 1980 年代後期，他勇氣十足地在作品裡納入自己和男性情人的圖像（如本圖），使他的性取向無庸置疑。他在印度，尤其是他生活的巴羅達，於藝術和社會方面都有相當可觀的影響力。

版畫，印在紙上
1993 年
高 63 公分，寬 63.5 公分
可能在巴羅達，古吉拉特
(1995,0406,0.3)

精選書目

Ahuja, Naman. *The Body in Indian Art and Thought*. Brussels. 2013.

Basham, A. L. *The Wonder that was India. A Survey of the Culture of the Indian Sub-continent before the Coming of the Muslims*. London. 1954.

Blurton, T. Richard. *Hindu Art*. London. 1992

Brockington, J. L. *The Sacred Thread. A Short History of Hinduism*. New Delhi. 1981.

Crill, Rosemary (ed.) *The Fabric of India*. London. 2015.

Dallapiccola, Anna. *Dictionary of Hindu Lore and Legend*. London. 2002.

Dehejia, Vidya. *Indian Art*. London. 1997.

Elliot, Mark. *Another India. Explorations & Expressions of Indigenous South Asia*. Cambridge. 2018.

Guy, John and Deborah Swallow (eds.) *Arts of India: 1550–1900*. London. 1990.

Khilnani, Sunil. *Incarnations. India in 50 Lives*. London. 2016.

Kosambi, D. D. *Myth and Reality*. Bombay. 1962.

Kramrisch, Stella. *The Art of India. Traditions of Indian Sculpture, Painting and Architecture*. London. 1954.

Kramrisch, Stella. *Exploring India's Sacred Art*. Selected Writings edited by Barbara Stoler Miller. Philadelphia. 1983.

Singh, Upinder. *A History of Ancient and Early Medieval India from the Stone Age to the 12th Century*. Noida. 2009.

Zwalf, Wladimir (ed.) *Buddhism. Art and Faith*. London. 1982.

序及第 1 章：史前時代及歷史時代初期

Ahuja, Naman. *Art and Archaeology of Ancient India. Earliest Times to the Sixth Century*. Oxford. 2018.

Allchin, Bridget and Raymond Allchin. *The Rise of Civilization in India and Pakistan*. Cambridge. 1982.

Allchin, F. R. and K. R. Norman. 'Guide to the Aśokan inscriptions' in *South Asian Studies* 1. 1985.

Chakrabarti, Dilip K. *The Archaeology of Ancient Indian Cities*. Oxford. 1995.

Coningham, Robin and Ruth Young. *The Archaeology of South Asia. From the Indus to Asoka, c. 6500 BCE–200 CE*. New York. 2015.

Cook, Jill and Hazel E. Martingell. *The Carlyle Collection of Stone Age Artefacts from Central India*. British Museum Occasional Paper 95. London. 1994.

Cribb, Joe. 'The Origins of the Indian Coinage Tradition' in *South Asian Studies* 19. 2003.

Durrans, Brian and T. Richard Blurton (eds.). *The Cultural Heritage of the Indian Village*. British Museum Occasional Paper 47. London. 1991.

Finkel, Irving. 'Dice in India and Beyond' in Mackenzie, Colin and Irving Finkel (eds.). *Asian Games: The Art of Contest*. New York. 2004.

Gupta, P. L. and T. R. Hardaker. *Punchmarked Coinage of the Indian Subcontinent: Magadha-Mauryan Series*. Revised edition. Mumbai. 2014.

Kenoyer, Jonathan Mark. *Ancient Cities of the Indus Valley Civilization*. Oxford. 1998.

Parpola, Asko. *Deciphering the Indus Script*. Cambridge. 2009.

Possehl, Gregory L. *The Indus Civilization. A Contemporary Perspective*. Lanham, Maryland. 2002.

Poster, Amy G. *From Indian Earth. 4,000 Years of Terracotta Art*. New York. 1986.

Ratnagar, Shereen. *Other Indians. Essays on Pastoralists and Prehistoric Tribal People*. Gurgaon. 2004.

Shah, Haku. *Votive Terracottas of Gujarat*. New York. 1985.

Sharma, G. R. *The Excavations at Kausambi 1957–59*. Allahabad. 1960.

Thapar, Romila. 'Aśoka: A Retrospective' in Olivelle, Patrick,

Janice Leoshko and Himanshu Prabha Ray (eds.). *Reimagining Ashoka. Memory and History*. New Delhi. 2012.

Topsfield, Andrew (ed.). *The Art of Play. Board and Card Games of India*. Mumbai. 2006.

Witzel, M. 'The Languages of Harappa (Early linguistic data and the Indus civilisation)' in Kenoyer, J. (ed.). *Proceedings of the Conference on the Indus Civilisation*. Madison. 1998 [online and forthcoming].

第 2 章：早期帝國與發展中地區

Barnes, Ruth. 'Indian Textiles for Island Taste: the Trade to Eastern Indonesia' in Rosemary Crill (ed.). *Textiles from India. The Global Trade*. Calcutta. 2006.

Barnes, Ruth, Steven Cohen and Rosemary Crill. *Trade, Temple and Court: Indian Textiles from the Tapi Collection*. Mumbai. 2002.

Begley et al. *The Ancient Port of Arikamedu. New Excavations and Researches 1989–1992*. Vol. I Pondichéry, 1996; Vol. II Paris, 2004.

Boisselier, Jean. *Ceylon*. Geneva. 1979.

Brockington, J. L. *Righteous Rama: the Evolution of an Epic*. Delhi. 1984.

Dehejia, Vidya. *Devi. The Great Goddess. Female Divinity in South Asian Art*. Washington DC. 1999.

Errington, Elizabeth. *Charles Masson and the Buddhist Sites of Afghanistan: Explorations, Excavations, Collections 1832–1835*. British Museum Research Publication 215. London. 2017.

Errington, Elizabeth and Vesta Curtis. *From Persepolis to the Punjab. Exploring ancient Iran, Afghanistan and Pakistan*. London. 2007.

Gittinger, Mattiebelle. *Master Dyers to the World: technique and trade in early Indian dyed cotton textiles*. Washington DC. 1982.

Goepper, Roger, Christian Luczanits, et al. *Alchi*. New edition, forthcoming.

Hartsuiker, Dolf. *Sadhus. Holy Men of India*. London. 1993.

Jain, Jyotindra (ed.). *Picture Showmen. Insights into the Narrative Tradition in Indian Art*. Mumbai. 1998.

Khan, Nasim. 'Lajjā Gaurī Seals and Related Antiquities from Kashmir Smast, Gandhāra' in *South Asian Studies* 18. 2002.

Knox, Robert. *Amaravati. Buddhist Sculpture from the Great Stupa*. London. 1992.

Kramrisch, Stella. *Manifestations of Shiva*. Philadelphia. 1981.

Lopez, Donald S. Jnr. *Gendun Chopel. Tibet's first modern artist*. New York and Chicago. 2013.

Marshall, John, M. B. Garde, J. P. Vogel, E. B. Havell, J. H. Cousins and L. Binyon. *The Bagh Caves in Gwalior State*. London. 1927.

McGill, Forrest (ed.). *The Rama Epic. Hero, Heroine, Ally, Foe*. San Francisco. 2016.

Monius, Anne E. *Imagining a place for Buddhism. Literary Culture and Religious Community in Tamil-Speaking South India*. Oxford. 2001.

Padma, Sree and A. W. Barber (eds.). *Buddhism in the Krishna Valley of Andhra*. Albany. 2008.

Pal, Pratapaditya et al. *The Peaceful Liberators. Jain Art from India*. London and Los Angeles. 1994.

Pal, Pratapaditya et al. *The Arts of Kashmir*. New York. 2007.

Raghavan, V. (ed.). *The Ramayana Tradition in Asia*. New Delhi. 1981.

Ray, Himanshu. *The Winds of Change. Buddhism and the Maritime Links of South Asia*. Oxford. 1994.

Salomon, Richard. *Ancient Buddhist Scrolls from Gandhara*. London. 1999.

Schopen, Gregory. *Bones, Stones and Buddhist Monks. Collected*

Papers on the Archaeology, Epigraphy and Texts of Monastic Buddhism in India. 1996.

von Schroeder, U. *The Golden Age of Sculpture in Sri Lanka*. Hong Kong. 1992.

Shaw, Julia. *Buddhist landscapes in Central India*. London. 2007.

Shimada, Akira. *Early Buddhist Architecture in Context. The Great Stupa at Amaravati (ca. 300 BCE–300 CE)*. Leiden. 2013.

Shimada, Akira and Michael Willis (eds.). *Amaravati: the Art of an Early Buddhist Monument in Context*. British Museum Research Publication 207. London. 2016.

Siudmak, John. *The Hindu-Buddhist Sculpture of Ancient Kashmir and its Influences*. Leiden. 2013.

Snellgrove, David. *Indo-Tibetan Buddhism. Indian Buddhists and their Tibetan Successors*. London. 1987.

Stargardt, Janice and Michael Willis (eds.). *Relics and Relic Worship in Early Buddhism: India, Afghanistan, Sri Lanka and Burma*. British Museum Research Publication 218. London. 2018.

Tomber, Roberta. *Indo-Roman Trade. From pots to pepper*. London. 2008.

UNESCO. *The Cultural Triangle of Sri Lanka*. Colombo. 2006.

Williams, Joanna G. *The Art of Gupta India. Empire and Province*. Princeton. 1982.

Willis, Michael. *Buddhist Reliquaries from Ancient India*. London. 2000.

Willis, Michael. *The Archaeology of Hindu Ritual. Temples and the Establishment of the Gods*. Cambridge. 2009.

Zwalf, Wladimir. *A Catalogue of the Gandhara Sculpture in the British Museum*. Vols. I and II. London. 1996.

第 3 章：王朝與宗教的興起

Beltz, Johannes (ed.). *Shiva Nataraja. Der kosmisches Tänzer*. Zürich. 2008.

Blurton, T. Richard. *Krishna in the Garden of Assam*. London. 2016.

Dehejia, Vidya et al. *The Sensuous and the Sacred. Chola Bronzes from South India*. Seattle. 2002.

Dehejia, Vidya et al. *Chola. Sacred Bronzes of Southern India*. London. 2006.

Digby, Simon. 'Flower-Teeth and the Bickford Censer: the Identification of a Ninth-Century Kashmiri Bronze' in *South Asian Studies* 7. 1991.

Donaldson, T. E. *Hindu Temple Art of Orissa*. Vol. I (1985), II (1986), III (1987). Leiden.

Eschmann, A., Hermann Kulke and Gaya Charan Tripathi. *The Cult of Jagannath and the Regional Tradition of Orissa*. New Delhi. 1978.

Frykenberg, Robert. *Christianity in India. From the Beginnings to the Present*. Oxford. 2008.

Guy, John. *Indian Temple Sculpture*. London. 2007.

Huntington, Susan L. and John C. Huntington. *Leaves from the Bodhi Tree. The Art of Pala India (8th–12th centuries) and its International Legacy*. Washington. 1989.

Leoshko, Janice. *Sacred Traces. British Explorations of Buddhism in South Asia*. Aldershot. 2003.

Losty, Jeremiah P. *The Art of the Book in India*. 1982.

Michell, George. *Elephanta*. London. 2012.

Michell, George. *Temples of Deccan India. Hindu and Jain 7th–13th Centuries*. Woodbridge. 2021.

Michell, George and Gethin Rees. *Buddhist Rock-cut Monasteries of the Western Ghats*. Mumbai. 2017.

Miller, Barbara Stoler (ed. and trans.). *Love Song of the Dark Lord. Jayadeva's* Gitagovinda. New York. 1977

Pal, Pratapaditya. *Art of Nepal*. Los Angeles. 1985.

Peterson, Indira Viswanathan. *Poems to Siva. The Hymns of the Tamil Saints*. Delhi. 1991.

Ramos, Imma. *Tantra. Enlightenment to Revolution*. London. 2020.

von Schaik, S, Daniela De Simone, Gergely Hidas and Michael

Willis (eds). *Precious Treasures from the Diamond Throne*. British Museum Research Publication 228. London. 2021.

von Schroeder, U. *Indo-Tibetan Bronzes*. Hong Kong. 1981.

De Simone, Daniela. 'Grave Goods from Megalithic Burials in the Upland Forests of the Nilgiri Mountains, South India: Analysis and Chronology' in *Asian Perspectives* 60(2). 2021.

Smith, David. *The Dance of Siva: Religion, Art and Poetry in South India*. Cambridge. 1996.

Srinivasan, Sharada. 'Dating the Nataraja Dance Icon: Technical Insights' in *Marg* 52(4). 2001.

第 4 章：德干蘇丹、蒙兀兒皇帝和拉吉普特國王

Ahluwalia, Roda. *Rajput Painting. Romantic, Divine and Courtly Art from India*. London. 2008.

Akbarnia, L. et al. *The Islamic World. A History in Objects*. London. 2018.

Asher, Catherine B. *Architecture of Mughal India*. Cambridge. 1995.

Brigitte, Nicholas and Jacqueline Jacqué. *Féerie indienne. Des rivages de l'Inde au Royaume de France*. Mulhouse. 2008.

Brownrigg, Henry. *Betel Cutters from the Samuel Eilenberg Collection*. London. 1991.

Canby, Sheila (ed.). *Humayun's Garden Party. Princes of the House of Timur and Early Mughal Painting*. Bombay. 1994.

Crill, Rosemary. *Marwar Painting. A History of the Jodhpur Style*. Mumbai. 1999.

Diamond, Debra (ed.) *Garden and Cosmos. The Royal Paintings of Jodhpur*. London. 2009.

Dimock, Edward C. *The Place of the Hidden Moon. Erotic Mysticism in the Vaisnava-Sahajiya Cult of Bengal*. Chicago. 1966.

Elgood, Robert. *Hindu Arms and Ritual: Arms and Armour from India 1400–1865*. Ahmedabad. 2004.

Glynn, Catherine, Robert Skelton and Anna L. Dallapiccola. *Ragamala. Paintings from India from the Claudio Moscatelli Collection*. London. 2011.

Gopal, Ram and Serozh Dadachanji. *Indian Dancing*. London. 1951.

Haidar, Navina Najat, Marika Sardar, et al. *Sultans of Deccan India, 1500–1700. Opulence and Fantasy*. New York. 2015

Koch, Ebba. *The Complete Taj Mahal and the Riverfront Gardens of Agra*. London. 2012.

Losty, J. P. and Malini Roy. *Mughal India. Art, Culture and Empire*. London. 2012.

MacGregor, Arthur. *Company Curiosities. Nature, Culture and the East India Company, 1600–1874*. London. 2018

Michell, George (ed.). *The Islamic Heritage of Bengal*. Paris. 1984

Michell, George. *Architecture and Art of Southern India: Vijayanagara and the Successor States 1350–1750*. Cambridge. 1995.

Michell, George and Mark Zebrowski. *Architecture and Art of the Deccan Sultanates*. Cambridge. 1999.

Mittal, Jagdish. *Deccani Scroll Paintings in the Jagdish and Kamla Mittal Museum of Indian Art*. Hyderabad. 2014.

Porter, Venetia. *Islamic Tiles*. London. 1995.

Shokoohy, Mehrdad. *Muslim Architecture of South India*. London and New York. 2003.

Skelton, Robert (ed.). *The Indian Heritage. Court Life and Arts under Mughal Rule*. London. 1982.

Stronge, Susan. *Bidri Ware. Inlaid Metalwork from India*. London. 1985.

Topsfield, Andrew. *Paintings from Rajasthan in the National Gallery of Victoria*. Melbourne. 1980.

Zebrowski, Mark. *Deccani Painting*. London. 1983.

Zebrowski, Mark. *Gold, Silver and Bronze from Mughal India*. London. 1997.

第 5 章：在印度的歐洲人和英國人

Archer, Mildred. *Company paintings. Indian Paintings of the British Period.* London. 1992.

Bayly, C. A. (ed.). *The Raj. India and the British 1600–1947.* London. 1990.

Coomaraswamy, Ananda K. *Medieval Sinhalese Art* (2nd ed.). New York. 1956

Crill, Rosemary. *Indian Embroidery.* London. 1991.

Dallapiccola, Anna L. *South Indian Paintings. A catalogue of the British Museum Collection.* London. 2010.

Dallapiccola, Anna L. *Kalamkari Temple Hangings.* Ahmedabad and London. 2015.

Dalrymple, W. (ed.). *Forgotten Masters. Indian Painting for the East India Company.* London. 2019.

Goswamy, B. N. *Nainsukh of Guler, a Great Painter from a Small Hill State.* Zürich. 1997.

Kwon, Charlotte and Tim McLaughlin. *Textiles of the Banjara: Cloth and Culture of a Wandering Tribe.* London. 2016.

Llewellyn-Jones, Rosie (ed.). *Lucknow. Then and Now.* Mumbai. 2003.

Mallebrein, Cornelia. *Die Anderen Götter. Volks-und Stammesbronzen aus Indien.* Köln. 1993.

Mallebrein, Cornelia and Heinrich von Stietencron. *The Divine Play on Earth. Religious Aesthetics and Ritual in Orissa, India.* Heidelberg. 2008.

Markel, Stephen with Tushara Bindu Gude. *India's Fabled City. The Art of Courtly Lucknow.* Los Angeles. 2010.

Noble, Christina. *At Home in the Himalayas.* London. 1991.

Noltie, H. J. *Botanical Art from India. The Royal Botanic Garden Edinburgh Collection.* Edinburgh. 2017.

Noltie, H. J. 'Moochies, Gudigars and other Chitrakars: Their Contribution to 19th-Century Botanical Art and Science' in *The Weight of a Petal: Ars Botanica.* Mumbai. 2018.

Noltie, H. J. 'Indian Export Art? The botanical drawings' in Dalrymple, W. (ed.). London. 2019.

Skelton, Robert and Mark Francis (eds.). *Arts of Bengal. The Heritage of Bangladesh and Eastern India.* London. 1979.

Stewart, Tony K. *Witness to Marvels. Sufism and Literary Imagination.* Oakland. 2019.

Stronge, Susan (ed.). *The Arts of the Sikh Kingdoms.* London. 1999.

Stronge, Susan. *Tipu's Tigers.* London. 2009.

第 6 章：殖民時期、獨立建國與現代性

Alam, Shahidul. *My Journey as a Witness.* Turin. 2011.

van Banning, Nicky, Shanay Jhaveri, and Stephan Sanders. *Lionel Wendt. Ceylon.* Amsterdam. 2017.

Blackburn, Stuart. *Himạlayan Tribal Tales. Oral Tradition and Culture in the Apatani Valley.* Leiden. 2008.

Craske, Oliver. *Indian Sun. The Life and Music of Ravi Shankar.* London. 2020.

Dadi, Iftikhar (ed.). *Anwar Jalal Shemza.* London. 2015.

Dallapiccola, Anna L. *Reverse Glass Painting in India.* New Delhi. 2017.

Dalmia, Yashodhara. *Painted World of the Warlis: Art and Ritual of the Warli Tribes of Maharashtra.* New Delhi. 1988.

Datta, Sona. *Urban Patua. The Art of Jamini Roy.* Mumbai. 2010.

Dehejia, Vidya (ed.). *Delight in Design. Indian Silver for the Raj.* Ahmedabad. 2008.

Dewan, Deepali and Deborah Hutton. *Raja Deen Dayal. Artist-Photographer in 19th-Century India.* New Delhi. 2013.

Dutta, Krishna and Andrew Robinson. *Rabindranath Tagore. The Myriad-minded Man.* London. 1996.

Dwyer, Rachel and Divia Patel. *Cinema India. The Visual Culture of Hindi Film.* London. 2002.

Elwin, Verrier. *The Art of the North-East Frontier of India.* Shillong. 1959.

Falconer, John. 'Photography in Nineteenth-Century India' in Bayly, C. (ed.). London. 1990.

Guha, Ramchandra. *India after Gandhi. The History of the World's Largest Democracy.* London. 2007.

Hyman, Timothy. *Bhupen Khakhar.* Bombay and Ahmedabad. 1998.

Jain, Jyotindra (ed.). *Other Masters. Five Contemporary Folk and Tribal Artists of India.* New Delhi. 1998.

Jain, Jyotindra. *Kalighat Painting. Images from a Changing World.* Ahmedabad. 1999.

Jain, Rahul. *Minakar: Spun Gold and Woven Enamel.* New Delhi. 1997.

Javeri, Shanay. *Mrinalini Mukherjee.* New York. 2019.

Jumabhoy, Zehra and Boon Hui Tan. *The Progressive Revolution: Modern Art for a New India.* London. 2018.

Kapur, Geeta, Sabeena Gadihoke and Christopher Pinney. *Where Three Dreams Cross. 150 Years of Photography from India, Pakistan and Bangladesh.* London. 2010.

Malani, Nalini. *Can You Hear Me?* London. 2021.

Mason, Darielle (ed.). *Kantha. The Embroidered Quilts of Bengal.* Philadelphia. 2010.

Mehra, Mona (compiler). *Foy Nissen. The Quiet Genius.* Mumbai. 2017.

Mitter, Partha. *Art and Nationalism in Colonial India 1850–1922. Occidental orientations.* Cambridge. 1994.

Mitter, Partha. *The Triumph of Modernism. Indian Artists and the Avant-garde.* London. 2007.

Mohanti, Prafulla. *Shunya. Prafulla Mohanti Paintings.* London. 2012.

Neumayer, Erwin and Christine Schelberger. *Popular Indian Art. Raja Ravi Varma and the Printed Gods of India.* Oxford. 2003.

Oppitz, Michael, Thomas Kaiser, Alban von Stockhausen, Rebekka Sutter and Marion Wettstein. *Naga Identities. Changing Local Cultures in the Northeast of India.* Ghent. 2008.

Robinson, Andrew. *The Art of Rabindranath Tagore.* London. 1989.

Robinson, Andrew. *Satyajit Ray. The Inner Eye* (3rd ed.). London. 2021.

Sheikh, Gulammohammed (ed.). *Contemporary Art in Baroda.* New Delhi. 1997.

Sunish, Lina Vincent. *Between the Lines: Identity, Place and Power.* Chicago. 2012.

Taylor, Roger and Crispin Branfoot. *Captain Linnaeus Tripe. Photographer of India and Burma, 1852–1860.* Munich. 2015.

Tonelli, Edith A. and Lee Mullican (eds.). *Neo-tantra. Contemporary Indian Painting Inspired by Tradition.* Los Angeles. 1985.

Weeraratne, Neville. *43 Group. A Chronicle of Fifty Years in the Art of Sri Lanka.* Melbourne. 1993.

Willcox, Timothy (ed.). *Pakistan. Another Vision. Fifty years of painting and sculpture from Pakistan.* London. 2000.

致謝

這本書隨大英博物館全新的南亞展覽出版。展覽是由何鴻卿爵士慈善團體（Sir Joseph Hotung Charitable Settlement）慷慨資助，女王伊莉莎白二世在 2017 年 11 月揭幕。本書內容既反映新的展覽，也反映作者本身對南亞歷史特別的關注。

博物館收藏品涵蓋漫長的歲月與遼闊的地域，代表作者虧欠的恩情太多太多。另外，文稿在新冠肺炎疫情期間撰寫，也面臨諸多挑戰。為此我拜訪許多人士，有些審閱書中章節，有些大方地提供我無法從其他途徑取得的資訊。在大英博物館的人士中，我要感謝 Jane Portal（亞洲部管理人）以及我的策展同事 Alexandra Green、Jessica Harrison–Hall、Sushma Jansari、Imma Ramos、Michael Willis。我也樂於感謝 Sophie Sorrondegui，沒有她，書裡的圖像就無法集合在一起；我虧欠她特別多。另外，當時的團隊成員 Daniela De Simone（現服務於根特大學）在考古學及更多方面給我莫大的幫助。在這個部門，我還要感謝 Simon Prentice 及他的幕僚 Paul Chirnside、Stephanie Richardson、Lucy Romeril、Daryl Tappin、Ben Watts、Nathan Harrison。Mica Benjamin–Mannix、Courtney Lovell 沉著地落實行政工作。在博物館其他部門，我要感謝 Philip Attwood、Robert Bracey、Joe Cribb、Vesta Sarkhosh Curtis、Elizabeth Errington、Irving Finkel、Imogen Laing、Venetia Porter、Roberta Tomber、Helen Wang、Sarah Watson、Helen Wolfe 和 Evan York 的指點。在攝影棚（Photo Studio），我要特別感謝 Kevin Lovelock 和 John Williams，以及 David Agar、Stephen Dodd、Joanne Fernandes、Dudley Hubbard、Claudio Mari、Saul Peckham、Mike Row。也要感謝博物館的安全組。最後，雖已退休，Marjorie Caygill 至今仍是博物館歷史方面非常豐富的資訊來源，我非常感謝她。

多虧大英博物館出版團隊鼎力相助，本書文字才得以完成，而我虧欠 Claudia Bloch、Bethany Holmes，尤其是 Kathleen Bloomfield 太多了。在 Thames & Hudson，Philip Watson、Susanna Ingram、Susannah Lawson 始終給予支援。我也希望向 Ben Plumridge 和 Anjali Bulley 致謝：前者擔任優秀的文字編輯，後者盡職地校對；最後——但絕非最不重要的——我要向設計師 Avni Patel 致謝。

親切地為本書提供圖像，或大方提供建言的人士包括：Thomas Antony、Anna Dallapiccola、Nasim Khan、Cornelia Mallebrein、Shanti Pappu、Anoushka Shankar、Sukanya Shankar、Diccon Pullen、Pepita Seth 和 Lanto Synge。我銘感五內。

我要特別感謝影片歷史家 Nasreen Munni Kabir 讓博物館的收藏得以涵蓋印度電影和音樂的作品。此外，在英國、歐洲、美國和南亞，我感謝下列人士：Roda Ahluwalia、Nick Barnard、Stuart Blackburn、Mehreen Chida–Razvi、Oliver Craske、Rosemary Crill、Steven Cohen、Sona Datta、Ann David、Rajan Dowerah、Arthur Duff、Guru Dutt 一家人、Robert Frykenberg、Robert Harding、Saiful Islam、Raj Kapoor 一家人、Mehboob Khan 一家人、Nurool Khan、Rosie Llewellyn–Jones、Donald S. Lopez, Jnr、Christian Luczanits、Arthur MacGregor、Father Pius Malakandathil、George Michell、Vayu Naidu、Christina Noble、Henry Noltie、已故的 Graham Parlett、Helen Philon、Christopher Pinney、Sandip Ray、Nasreen Rehman、Bimal Roy 一家人、Snehal Shah、Mehrdad Shokoohy、N Sivasambhu、Sharada Srinivasan、Tony Stewart、Richard Widdess、Michael Wood、Monika Zin。

一切錯誤和不正確皆為我個人責任。

圖片版權

歷史大講堂
大英博物館裡的印度史

2023年9月初版　　　　　　　　　　　　　　　　定價：新臺幣860元
有著作權·翻印必究
Printed in Taiwan.

著　　　者		T. Richard Blurton
譯　　　者		洪　世　民
叢書主編		李　佳　姍
特約編輯		陳　嫺　若
校　　　對		賴　韻　如
內文排版		連　紫　吟
		曹　任　華
封面設計		兒　　　日

出　版　者	聯經出版事業股份有限公司	副總編輯	陳　逸　華
地　　　址	新北市汐止區大同路一段369號1樓	總　編　輯	涂　豐　恩
叢書主編電話	(02)86925588轉5395	總　經　理	陳　芝　宇
台北聯經書房	台北市新生南路三段94號	社　　　長	羅　國　俊
電　　　話	(02)23620308	發　行　人	林　載　爵
郵政劃撥帳戶第0100559-3號			
郵撥電話	(02)23620308		
印　刷　者	文聯彩色製版有限公司		
總　經　銷	聯合發行股份有限公司		
發　行　所	新北市新店區寶橋路235巷6弄6號2樓		
電　　　話	(02)29178022		

行政院新聞局出版事業登記證局版臺業字第0130號

本書如有缺頁，破損，倒裝請寄回台北聯經書房更換。　ISBN　978-957-08-7057-2 (精裝)
聯經網址：www.linkingbooks.com.tw
電子信箱：linking@udngroup.com

國家圖書館出版品預行編目資料

大英博物館裡的印度史/ T. Richard Blurton著. 洪世民譯. 初版.
新北市. 聯經. 2023年9月. 320面. 17×24公分（歷史大講堂）
譯自：India: a history in objects
ISBN　978-957-08-7057-2（精裝）

1.CST：文化史　2.CST：印度

737.08　　　　　　　　　　　　　　　　112012283